BARBARA
BIZIOU

# Sahnehäubchen für die Seele

Wohltuende Rituale für jeden Tag
und für besondere Anlässe
Versüßen Sie Ihr Leben!

Aus dem Amerikanischen
von Tatjana Kruse



Mosaik
bei GOLDMANN

*Umwelthinweis:*
Alle bedruckten Materialien dieses Taschenbuches
sind chlorfrei und umweltschonend.

Deutsche Erstausgabe Juni 2000

Originaltitel: The Joy of Ritual
Originalverlag: Golden Books Publishing Co., Inc., New York
Umschlaggestaltung: Design Team München
unter Verwendung folgender Fotos:
Umschlag: IFA-Bilderteam, Jacques Alexandre
Umschlaginnenseiten: Tony Stone Bilderwelten,
Catherina Panchout
Redaktion: Doris Bampi-Hautmann
Satz/DTP: Martin Strohkendl
Druck: Elsnerdruck, Berlin
Verlagsnummer: 16276
Kö · Herstellung: Max Widmaier
Made in Germany
ISBN 3-442-16276-9

1 3 5 7 9 10 8 6 4 2

*Dem Gedenken meiner Schwester
Sandi Winer und meinem Vater Julius Winer.
Mögen Sie beide in der göttlichen
Präsenz ruhen.*

# INHALT

# EINFÜHRUNG

## Wie Sie zu einer Hüterin der Rituale werden

»Sie sind also eine Hüterin von Ritualen – wie sind Sie denn dazu gekommen?« »Führen Sie auch heidnische Riten durch?« »Sind Sie eine Hexe?«

Diese Fragen bekomme ich immer wieder zu hören, wenn bekannt wird, dass ich Workshops zum Thema Rituale abhalte. Aus den bisweilen erstaunten, häufig skeptischen Blicken der Menschen kann ich mühelos schließen, dass das Wort *Ritual* das Bild hektisch herumhüpfender, nackter Wilder hervorruft, die um ein flackerndes Feuer tanzen und dabei auf Trommeln einschlagen. Andere wiederum stellen sich vor, wie ich geheimnisvollen Hokuspokus vollziehe. Für viele ist ein Ritual gleichbedeutend mit Magie – etwas Überirdisches, Heiliges, vielleicht sogar Böses. Manche Menschen denken bei Ritualen auch an die religiösen Riten, zu denen sie in ihrer Kindheit gezwungen wurden und die sie verabscheut haben.

Doch ich will fair sein – nicht alle reagieren zynisch. Häufig erinnern sich Erwachsene mit einem Lächeln an die alljährliche Ostereiersuche, an das Schmücken des Weihnachtsbaumes, an eine Kerzenzeremonie zu Chanukka oder an die Lieder und Choräle, die zu jedem religiösen Feiertag gesungen wurden. Dennoch glauben die meisten Menschen, dass Rituale etwas Esoterisches und Feierliches sind und von einem Geistlichen oder spirituellen Führer abgehalten werden sollten. Der Gedanke, *sie selbst* könnten Rituale durchführen, ist ihnen fremd. Und zweifelsohne ist ihnen auch nie der Gedanke gekommen, dass Rituale Teil ihres Alltagslebens werden könnten.

Wenn Sie dieses Buch lesen, dann sind Sie wahrscheinlich neugierig, möglicherweise aber auch misstrauisch. Vielleicht hegen Sie sogar negative Assoziationen in Bezug auf Rituale. Falls dem so sein sollte, dann lesen Sie trotzdem ruhig weiter. Sie stehen nicht alleine da. Viele der Teilnehmerinnen und Teilnehmer an meinen Workshops kommen mit falschen Vorstellungen darüber, was Rituale sind und warum sie unser Leben bereichern können.

## Ein Wendepunkt

Es dauerte seine Zeit, bis ich meine innere Kraft anerkannte, ganz zu schweigen von der Vorstellung, ich könnte sie mit Hilfe von Ritualen verstärken. Als Kind, sogar noch als Jugendliche, schwamm ich mit dem Strom, fand zuerst Trost in den Bräuchen meiner Familie und übernahm später fröhlich die Gepflogenheiten meiner Freundinnen und Freunde. Ich wurde in den Sechzigern volljährig und stürzte mich freudig in die Hippiekultur. Da war ich also, von Kopf bis Fuß in Batik und Samt gekleidet, mit Freundschaftsbändern geschmückt, und wollte Liebe geben und die Welt verändern. Nach dem Studium unternahm ich ausgedehnte Reisen, lebte in vielen verschiedenen Ländern und bekam in Italien sogar eine Rolle in dem Film *Barbarella*. Von außen besehen schien ich exzentrisch, was mir meine konventionelleren Kommilitoninnen aus meiner Studentinnenverbindung, die mir von zu Hause schrieben, neideten, aber innerlich fühlte ich mich wie ein unschuldiges kleines Mädchen. Schneller, als mir klar war, fand jedoch die abenteuerliche Phase meines Lebens ihr Ende. Meine Wurzeln waren stärker als meine unbekümmerte Lebensweise glauben ließ, und bald schon war ich verheiratet und lebte als werdende Mutter in Kalifornien.

Im Juli 1971, siebenundzwanzig Lenze jung und im dritten Monat schwanger, kehrte ich nach New York zurück. In meiner Familie gab es einen Notfall. Sandi, meine 24-jährige Schwester, litt an einem Gehirntumor. Einen Monat vor meiner Hochzeit im Jahr 1969 war der Tumor diagnostiziert worden und jetzt sah es so aus, als ob das Ende nahe wäre. Obwohl ihre Krankheit unsere Familie zwei Jahre lang schwer mitgenommen hatte, wollte bis zu diesem Augenblick keiner von uns offen zugeben, dass sie im Sterben lag. Damals redete *niemand* über den Tod, und *Krebs* war ein Wort, das man nur flüsternd aussprach. Ich versuchte, den Mut aufzubringen und mit Sandi zu reden, aber als ich endlich so weit war, war es zu spät. Mein Bruder teilte mir sogar mit, dass sie mir noch etwas Wichtiges sagen wolle, aber als ich in New York eintraf, ließen sie bereits ihre Stimme und ihr Gedächtnis im Stich. Sie redete, aber ihre Worte ergaben keinen Sinn. Bis heute weiß ich nicht, was sie mir sagen wollte oder ob sie noch verstand, was ich ihr sagte.

Nach Sandis Tod vollzogen meine Familie und ich mechanisch alle Gebräuche und Riten. Als wir alle das Kaddisch, das Gebet für die Toten, sprachen, quälte mich das Gefühl, die Worte hätten keine wirkliche Bedeutung. Aber während des traditionellen Begräbnisses spürte ich Sandis Gegenwart so stark, dass ich verblüfft aufblickte. Und da sah ich sie – nur wenige Meter entfernt. Ich war mir nicht sicher, ob sie real war oder ob ich sie mir nur einbildete, aber es war mir seinerzeit ein großer Trost. Dennoch habe ich nie richtig um meine Schwester getrauert. Nach der Beerdigung fuhren wir alle zu meinem Elternhaus, wo wir uns zur Schiwa zusammenfanden, der einwöchigen Trauerperiode. Aus irgendeinem Grund konnte ich damals nicht weinen – nicht um die unausgesprochenen Worte, die ich aus ihrem Mund hatte hören wollen, und auch nicht um all die Gespräche, die wir nun niemals führen würden.

Ich wurde sogar von allen gewarnt, Sandi nicht zu sehr zu betrauern. »Das schadet deinem Baby«, hieß es. Ich glaubte ihnen, weil sich ein Teil von mir vor der Trauer so sehr fürchtete, dass ich wahrscheinlich erleichtert war, mich diesem Prozess nicht unterwerfen zu müssen. Ich war innerlich so verschlossen, wurde mir rückblickend klar, dass es den Anschein hatte, als ob ich an dem Begräbnis niemals teilgenommen hätte.

Außerdem quälte mich das beunruhigende Gefühl, dass Sandi in meinem Sohn Jourdan wiedergeboren wurde, der sechs Monate nach ihrem Tod auf die Welt kam. In der Zwischenzeit hatte ich viel über veränderte Bewusstseinszustände und östliche Spiritualität gelesen. Ich hatte Vorträge über den Zyklus von Geburt und Tod gehört – wie eine Großmutter stirbt und dann ein Kind geboren wird, das die Kontinuität des Lebens fortführt. Weil Sandis Tod und Jourdans Geburt so nahe beieinander lagen, dachte ich, *er* könnte vielleicht irgendwie *sie* sein. Ich teilte meine Befürchtungen niemandem mit, ich verpackte die Gefühle einfach in ein hübsches Päckchen aus Unwohlsein, eingewickelt in Trauer, und versuchte, sie zu ignorieren.

Doch häufig wird das, was wir am mühevollsten zu verdrängen suchen, zu unserem größten Lehrer, zu unserem kostbarsten Geschenk. Es überrascht daher nicht, dass sich Sandis Tod für mich als genau das erwies, wenn auch erst zwanzig Jahre später.

## Meine beiden Hälften

Als meine Generation in die ich-bezogenen Siebziger eintrat, löste das Fördern des Bewusstseins gerade die Love-ins ab – die Welt zu verändern wurde weniger wichtig als sich selbst zu verändern. Dreh- und Angelpunkt dieses Wechsels waren sich verändernde Definitionen und Erwartungen, insbesondere im Hinblick auf die Geschlechterrollen. In dieser Phase des kulturellen Wandels zerbrachen viele Ehen, einschließlich meiner eigenen. Ich war 32, Jourdan war fünf, und zum ersten Mal in meinem Leben musste ich mich nicht nur selbst »finden«, ich musste mir auch etwas einfallen lassen, um uns beiden den Lebensunterhalt zu sichern. Ich zog von Kalifornien nach New York – zum einen, um mein Glück zu suchen, zum anderen, um wieder bei meiner Familie und meinem Freundeskreis zu sein. Außerdem hoffte ich, das zunehmend stärkere Verlangen nach etwas Tieferem in meinem Leben befriedigen zu können.

Wie so viele andere der so genannten Baby-Boomer hatte auch ich damit angefangen, die diversen Aspekte des *Human Potential Movement* zu erforschen – wir waren eine Gemeinschaft von Suchenden, die sich in einer Mischung aus nicht-Freudianischer Psychotherapie, feministischer Philosophie, östlichen Religionen und verschiedenen Yoga- und Meditationsschulen versenkte. Zu meinen beiden wichtigsten spirituellen Mentoren gehören Omraam Mikhaêl Aîvanhov, der bulgarische Meister, der Surya-Yoga unterrichtete, und Hilda Charlton, eine Amerikanerin, die 18 Jahre in Indien verbracht hatte und bei heiligen Männern und Frauen in die Lehre gegangen war, unter anderem bei dem hochverehrten Sai Baba. Durch ihre Anleitung lernte ich zu meditieren, mich mit meinen spirituellen Führern zu verbinden und klare Anweisungen über den Sinn meines jetzigen Lebens zu empfangen. Ich erlernte auch zahlreiche Techniken des Heilens, die zur Grundlage meiner späteren Arbeit wurden. Robert Fritz, Gründer des *Institute for Human Evolution*, erschloss mir mit seinem Kurs »Technologien zur Schöpfung« den kreativen Prozess. Zuerst kam ich als Schülerin zu ihm, später unterrichtete ich selbst an seinem Institut. Viele Jahre lang betreute ich darüber hinaus als persönliche Beraterin Menschen aus allen Lebensbereichen und half ihnen, ihre Visionen zu finden und Veränderung in ihrem Leben zu bewirken.

Von jedem meiner Lehrer und Lehrerinnen nahm ich etwas auf, das eine persönliche Saite in mir zum Klingen brachte. Und ich entdeckte auch einen roten Faden, der allen gemeinsam war: In allem Sein existiert ein Geist, der uns mit den größeren Mächten des Universums verbindet. Wir sind alle Teil dieses universellen Geistes und er ist Teil von uns. Ich erkannte, dass ich allmählich zu diesem tieferen »Etwas« vordrang, nach dem ich mich einst so sehr gesehnt hatte.

Aber ich erhielt weit mehr, als ich erwartet hatte, denn als ich mit dem Meditieren begann, erschien mir Sandi. Ich war nicht länger in der Lage, den Gedanken an sie abzuwehren, und erlebte ungeheuere Traurigkeit und Qual. Je mehr ich mich für ihre Gegenwart öffnete, desto stärker war sie bei mir. In meinen Träumen und bei meinem automatischen Schreiben waren die Visionen und Botschaften unglaublich klar. Häufig konnte ich Sandi nachts, wenn es am stillsten war, in meiner Nähe spüren. Manchmal war es, als ob sie tatsächlich mit mir redete. (Jahre später erzählte mir mein Sohn, dass er ungefähr im Alter von drei Jahren einmal ihr Gesicht sah. Er erinnert sich, wie er mit seinen Sachen spielte oder malte und plötzlich etwas im Zimmer spürte – eine sanfte, liebevolle Präsenz. Aus den Augenwinkeln sah er das Gesicht einer Frau und das gab ihm Trost.)

Im Laufe der Zeit konnte ich mich während dieser Erlebnisse nicht nur entspannen, ich begrüßte sie sogar. Doch zu Anfang fiel mir das Meditieren schwer – zwanzig Minuten stillzusitzen erschien mir furchtbar lange. Mit etwas Übung und der Erkenntnis, dass ich tatsächlich eine universelle Kraft anzapfte, die geheimnisvoll, mächtig und liebevoll war, verwandelte sich dieses »Stillsitzen« von der Übung, die Disziplin erforderte, zu einer freudigen Erfahrung.

Mitte der Achtziger galt ich als große Lehrerin der Eigenmacht, die fähig war, anderen Zugang zu ihren Träumen zu verschaffen und ihnen die Werkzeuge an die Hand zu geben, um diese Träume wahr werden zu lassen. Ich wurde immer öfter um private Termine gebeten und trotzdem hielt ich meine wachsende Praxis nie für meine »richtige Arbeit«. Mein Leben war in der Tat ein wenig schizophren. Ich verdiente mir meinen Lebensunterhalt zuerst in der Mode-Industrie und später beim Fernsehen. Ich lebte die Erwartungen anderer Menschen aus, formte mein berufliches Ich nach den einzigen Vorbildern, die ich kannte – meinem Vater und anderen Karrieremenschen, die sich in erster Linie auf das Geschäftliche konzentrierten. Obwohl ich in jeder Hinsicht – was Gehalt, Status und das Ansehen bei Kollegen und Kolleginnen betraf – Erfolg hatte, quälte mich das Gefühl, gleichzeitig in zwei ganz verschiedenen Welten zu leben. In der einen strebte ich ständig danach, etwas zu leisten, war immer unterwegs, um etwas zu erreichen. In der anderen versuchte ich zu entdecken, wer ich als Frau, Mutter, Lehrerin, Freundin, Tochter und sogar Geschäftsfrau war, indem ich das genaue Gegenteil tat, nämlich versuchte, langsamer zu werden und mehr Zeit mit Meditation und Gebet zu verbringen.

»Das Sein verliert sich im Werden«, warnt Meister Sai Baba, als ob er mein damaliges Leben beschreiben wollte. Meine wahre Leidenschaft – der Ort, an dem ich eine innere Verbindung spürte – erfüllte sich in den Kursen, die ich hielt, und in den persönlichen Beratungsgesprächen. Durch diese Beschäftigung war ich in der Lage, eine Verbindung zu meinem inneren Selbst *und* zu etwas Größerem zu finden.

Während ich jedoch allmählich begriff, worum es beim »ganz sein« wirklich ging – um die Integration von Geist, Körper und Seele –, wusste ich lange Zeit nicht, wie ich mein spirituelles Selbst in meine Arbeit einbringen sollte oder wie ich meine Arbeit verändern konnte, so dass sie einen spirituellen Brennpunkt bekam. Außerdem machte ich mir Sorgen, wie ich meine Rechnungen bezahlen sollte, wenn ich die Welt des kommerziellen Erfolgs verließ. Würde mich meine Familie für verrückt halten, wenn ich nur noch »diese merkwürdigen Workshops« abhielt, wie es mein Vater einmal genannt hatte? Was für ein Vorbild wäre ich dabei für meinen Sohn? Die furchtbare Verwirrung weckte in mir das Gefühl, eine Versagerin und eine Scharlatanin zu sein. Da war ich nun, eine geschäftliche »Superfrau« am Tag und eine »Priesterin« in der Nacht, die an den Abenden und am Wochenende Workshops über Eigenmacht und Erfolg abhielt – mir war einfach nicht klar, wie ich mein eigenes Leben harmonisch in Einklang bringen konnte.

## Den Sandkörnern lauschen

Jetzt könnten Sie natürlich fragen, was das alles mit Ritualen zu tun hat. Mir war das zu jener Zeit selbst nicht klar, aber ich hatte Rituale bereits zu einem festen Bestandteil meines Lebens gemacht: Außer den jüdischen Feiertagen feierte ich auch einige christliche Feiertage mit Jourdan, da sein Vater christlich getauft war. Damals meditierte ich auch jeden Morgen, was mir half, den Tag zu planen. Ich zündete Kerzen an, bediente mich der Aromatherapie, wenn ich mich beruhigen wollte, und ich nahm ein Bad, wann immer ich eine »Auflockerung« brauchte.

Jeden Dienstagabend empfing ich in meiner New Yorker Wohnung eine Gruppe, bei der sich regelmäßige Teilnehmer und ausgewählte Gäste trafen, um gemeinsam zu meditieren und unsere gemeinschaftliche Energie in die Welt zu entsenden. Zu diesen Abenden gehörte auch der »heilende Zirkel«. Einer nach dem anderen rief einen Namen, und als Gruppe visualisierten wir daraufhin einen glühenden Ball aus weißem Licht – das Symbol der Heilung – und richteten unsere Gedanken und unsere kollektive Energie darauf, diesem Menschen zu helfen. Viele von uns hatten Eltern, die langsam gebrechlich wurden, und einige hatten Freunde, die an AIDS erkrankt waren, darum war unser »heilender Zirkel« stets eine machtvolle, tröstliche Zeremonie. Diese Erfahrungen wichen stark von den üblichen, mechanischen Ritualen meiner Kindheit ab, denn sie waren individuell angepasst und wurden bewusst ausgeübt. Obwohl ich eine starke Bindung zu ihnen verspürte, erkannte ich sie immer noch nicht als *Rituale* an.

Ende der Achtziger änderte sich das alles. Ich war in die östlich-spirituelle Praxis des Johrei eingewiesen worden. Ein wesentlicher Teil des Johrei dreht sich um Rituale der Wertschätzung, der Reinigung und der Heilung. Ich lernte, wie ich eine gottgleiche Heilungsenergie aus dem Universum ziehen konnte – manche würden es Handauflegen nennen –, und nach vielen Jahren der Übung wurde ich mit einer heiligen Schriftrolle geehrt, die meinem Heim gewidmet war. In japanischen Schriftzeichen stand darauf zu lesen: »Großartiges leuchtendes Licht der obersten Gottheit.« Ich spürte förmlich, wie die Kraft dieser Worte meine Wohnung von negativer Energie reinigte. Johrei wurde zu einem festen Bestandteil meines Alltags. Ich errichtete einen Altar in meiner Wohnung, an dem ich meine Morgengebete sprach und mir die Zeit nahm, für all meine Segnungen Dank zu sagen. Ich fing auch an, Johrei an andere weiterzugeben und ihrem Geist das göttliche Licht zu schicken.

Wann mir klar wurde, dass ich auf dem Weg zu einer »Hüterin der Rituale« war? Erst ganz allmählich, im Laufe der Zeit. Wie die meisten Menschen bekomme ich große Erkenntnisse nicht per Lichtblitz zugesandt wie Charlton Heston in *Die zehn Gebote*. Stattdessen werden mir Antworten und Führung in handlichen Portionen zugeteilt, eine nach der anderen, wie winzige Sandkörner. Wenn ich meinen Träumen und den Gedanken, die mir während Gebet und Meditation in den Sinn kommen, sorgsam lausche, dann erhalte ich ein winziges Stück Wissen, das ich in meinem Verstand gewissermaßen auf ein Regal lege. Irgendwann fällt mir dann auf, dass sich ein recht ansehnlicher Haufen an Sandkörnern auf dem Regal angesammelt hat.

Diese Sandkörner hatten sich 1994 angehäuft, als ich nach Prescott (Arizona) fuhr, um an einem zweiwöchigen spirituellen Seminar von Dr. William Brugh Joy teilzunehmen, einem Arzt, der Workshops zur Verbindung von Körper und Geist abhält, aber auch zu der Verbindung von östlichem und westlichem Gedankengut. Möglicherweise lag es an der Arbeit, die ich selbst schon getan hatte, oder an Brughs Schwerpunkt, der darin bestand, diese wichtigen Gegensätze zu vereinen, warum ich gerade zu diesem Zeitpunkt den angesammelten Haufen an Sandkörnern so sorgfältig prüfte.

Mehrere wichtige Veränderungen wurden mir bewusst, als ich die Abfolge von individuellen Übungen und Gruppenübungen durchlief, die Brugh für uns vorgesehen hatte. Ich spürte in den ausgedehnten Schweigezeiten großen inneren Reichtum und große Macht bei den kollektiven und individuellen Ritualen, die wir uns erschufen. Zum ersten Mal erlebte ich mehr als nur einige wenige Stunden des Schweigens. Meine Sinne wurden aufmerksamer und feiner; ich *sah* Farben, ich *hörte* Geräusche und ich *roch* die Düfte um mich herum. Nach zwei Tagen des Fastens und des Schweigens schärfte sich meine Intuition; ich konnte die Gefühle der anderen spüren und die Weisheit meiner spirituellen Führer hören. Endlich verstand ich, dass es an der Zeit war, mein ureigenstes Ritual zu vollenden – mich von Sandi zu verabschieden und über ihren Tod zu trauern.

Am siebten Tag, während einer dreitägigen Phase des Schweigens und Fastens, verließ ich die Gruppe und machte mich auf den Weg in die karge Landschaft Arizonas. Ich spazierte in schweigender Meditation, bis ich einen herrlichen Baum entdeckte. Ich grub ein Loch in der Nähe des Baumes, in das ich meine Trauer – und meine Tränen – buchstäblich ergießen konnte. In diesem aufrichtigen und offenen Raum, verletzlich und mit der Freiheit, meine Emotionen auszuleben, war es mir nicht länger unangenehm, mit Sandi zu reden. Ich erzählte ihr, wie sehr ich sie vermisste, wie leid es mir tat, dass wir uns nie wirklich voneinander verabschiedet hatten, und wie sehr ich mich nach der lebendigen Beziehung sehnte, die ihr Tod unterbrochen hatte. Je mehr ich redete, desto mehr weinte ich. Ich schaukelte mich selbst – aufgrund meiner Lektüre über die Rituale anderer Kulturen wusste ich, dass diese Bewegung mir ebenfalls Zugang zu meiner Trauer verschaffen konnte. Ich redete und weinte und die Tränen strömten nur so in dieses Loch. Irgendwann fing es an zu regnen und ich spürte, dass Gott mein Ritual anerkannte. (Jahre später erfuhr ich, dass nach dem Glauben der Balinesen Gott unsere Gebete erhört, wenn es nach einer heiligen Zeremonie regnet.)

Ich war schlammverkrustet, als ich auf mein Zimmer zurückkehrte. Ich duschte und ging schwimmen, um meinen Wunsch nach Reinigung zu symbolisieren – ich wollte all den Schmerz und all die Trauer hinter mir lassen. Seitdem verstehe ich den Brauch, sich die Hände zu waschen, wenn man einen jüdischen Friedhof verlässt. Anschließend zog ich mir etwas Weißes an, um meinem Gefühl der Reinheit Ausdruck zu verleihen, rieb mich ein wenig mit meinem Lieblingsjasminöl ein, das die Liebe verkörpert, und schrieb alle Maßnahmen auf, die ich mir selbst versprochen hatte. Ich fühlte mich anders – neu, leichter, frei von Bürden.

Es mag gekünstelt klingen, aber die Erfahrungen während dieses Aufenthalts – insbesondere der bewusste Akt, mein erstes eigenes Ritual zu schaffen – führten mich in eine neue Phase meines Lebens. Das einst unablässige Geschnatter in meinem Kopf ebbte zu einem Flüstern ab. Ich spürte plötzlich das Gefühl der Freiheit und mir wurde klar, dass mein spiritueller Fortschritt nicht länger von der Bestätigung anderer abhing. Statt mir Ziele zu setzen, weil ich etwas wollte oder weil ich glaubte, es wäre gut für mich, trat ich in einen »herz-zentrierten« Raum ein – ich folgte meinen *Gefühlen*, nicht meinem Kopf. Mein Schwerpunkt lag nicht länger auf dem *Tun* und dem *Manipulieren*, sondern ich *erlaubte* dem universellen Geist, durch mich zu leben. Ich hörte auf die innere Stimme, die mich führte. Und zum ersten Mal in meinem Leben bekam ich eine Ahnung, auf welche Weise ich in das größere Schema aller Dinge hineinpasste.

## Wie ich zur »Hüterin der Rituale« wurde

Nach meiner Rückkehr sah ich die Welt mit neuen Augen. Ich erkannte all die Rituale, die ich vor meiner Reise nach Arizona bereits unbewusst vollzogen hatte, und fing nun an, Rituale zu schaffen mit dem Zweck, Alltagsereignisse in heilige Augenblicke zu verwandeln. Meine morgendliche Dusche wurde zu einem Reinigungsritual. Vor jeder Mahlzeit segnete ich die Speisen. Ich nahm mir die Zeit, für alles, was ich besaß, Dank zu sagen.

Allmählich wurde mir eines klar: Wenn ich bewusstes Denken und positive Energie weitergebe, dann erhalte ich im Gegenzug positive Energie zurück. Durch meine Rituale pflanze ich symbolisch den Samen der Wertschätzung für mein Leben und kann dann zusehen, wie er sprießt. Schon die einfachsten Rituale geben mir Kraft, beruhigen mich und bringen neue Vitalität und Fülle in das alltägliche Einerlei.

Ich studierte die Rituale alter Kulturen und der modernen Gesellschaft. Ich dachte über die verschiedenen Kulturen nach, denen ich als Erwachsene bereits begegnet war, und verstand, wie wichtig und prägend Rituale für diese Gesellschaften waren. Als ich mich in Israel befand, hoch oben auf dem Masada, einem Berg, dessen Besteigung fast unmöglich ist, sah ich eine Mikwe, ein rituelles Badehaus für Frauen. In Italien hatte ich zwischen Ruinen und archäologischen Ausgrabungsstätten Artefakte und Wandmalereien gesehen, die Rituale zeigten, bei denen junge Mädchen zur Frau initiiert wurden. Plötzlich waren meine Augen offen für deren Bedeutung, die ich früher stets übersehen hatte.

Meine intensive Neugier veranlasste mich dazu, an verschiedenen Riten und Ritualen teilzunehmen – an einer Vollmondzeremonie der amerikanischen Ureinwohner, einem chinesischen Neujahrsfest, einem skandinavischen Tribut an Santa Lucia und einem buddhistischen Ermächtigungsritus. Obwohl meine Eltern am Sabbat keine Kerzen entzündet hatten, wurde mir auf einmal klar, dass ich eine Version dieses uralten jüdischen Rituals angenommen hatte, als ich während meiner eigenen Gebete und Meditationen Kerzen entzündete.

Ich forschte und erweiterte mein Repertoire. Ich experimentierte, schuf spezielle Rituale, um alte, begrenzende Anschauungen loszulassen und neue anzunehmen, um mit Stress und Ängsten umzugehen und, ganz wichtig, um mir durch die Übergänge der verschiedenen Lebensabschnitte zu helfen. Bald schon teilte ich meine Rituale mit anderen und schuf neue für meinen Sohn, meine Familie und meine Freunde. In meinem und in ihrem Leben konnte ich erkennen, dass das Hinzufügen des Heiligen wichtigster Bestandteil für ein fröhliches, bedeutsames Leben war. Das Anerkennen einer größeren Kraft als der unseren – ob wir es nun Gott, Göttin oder Höhere Macht nennen – führt uns zu der Erkenntnis, dass wir niemals alleine oder ohne Führung sind. Es ist so einfach, wird aber im schnellen Tempo des Lebens leicht übersehen.

Der nächste natürliche Schritt bestand darin, Rituale in den von mir durchgeführten und zuvor schon erwähnten Eigenmachtworkshops einzugliedern – eine Maßnahme, an die ich mich mit viel Beklommenheit wagte. Ich beschloss, ein Ritual des Loslassens in meinen »Frauen und Erfolg«-Workshop aufzunehmen, den ich mit der Berufsberaterin Allie Roth gemeinsam erdacht und seit sechs Jahren durchgeführt hatte. Allerdings fragte ich mich, wie die Teilnehmerinnen – hochrangige Managerinnen, die Seminare mit Flip-Charts und einfaches Diskutieren gewöhnt waren – auf mein »Coming Out« als eine Art Priesterin reagieren würden.

Bei meinem nächsten Workshop spielte ich als Hintergrundmusik ein Trommelstück der amerikanischen Ureinwohner, um den Teilnehmerinnen Zugang zu einem rituellen Ort in ihren Herzen zu ermöglichen. Im Raum war es totenstill, abgesehen von der Musik. Ich reichte allen Frauen ein Blatt Papier, auf das sie alle Menschen, Gefühle und Ängste schreiben sollten, die ihnen in ihrem Leben nicht länger dienten und die sie loslassen wollten. Alle Frauen, selbst jene in den Nadelstreifen-Kostümen, folgten meinen Anweisungen gewissenhaft.

Schließlich sahen die ersten Köpfe auf, dann die nächsten. Auf dem Boden hatte ich einen schwarzen »Verbrennungstopf« aufgestellt, der einem gigantischen Suppenkessel ähnelte. Ich erklärte ihnen: »Das Feuer in diesem Topf symbolisiert die Fähigkeit des Loslassens. Feuer kann die Dinge verändern, sie von einem Zustand in den anderen bringen und in diesem Fall etwas Negatives in etwas Positives verwandeln. Ich werde jede von Ihnen bitten, vorzutreten, die Dinge in Brand zu stecken, die Sie loswerden wollen, und sie in den brennenden Topf zu werfen. Wenn Sie das tun, werden Sie nicht nur loslassen, Sie werden in Ihrem Leben Raum schaffen, in dem sich Neues manifestieren kann – neue Ideen, neue Beziehungen, neue Gefühle.«

Eine nach der anderen trat vor und übereignete dem Feuer des Loslassens ihre Gabe. Das mag etwas sehr vereinfacht klingen, aber in Wirklichkeit ist es ein überaus mächtiges Ritual, das seit Jahrhunderten angewendet wird, um das Leben von Ungewolltem zu läutern. In diesem Fall bot dieses Ritual jeder Frau das Gefühl von Vollendung, das Ende eines bestimmten Seinszustands, der ihr nicht länger dienlich war, und den Übergang zu neuen Ufern.

Zu meiner großen Freude war selbst die konservativste Konzernmanagerin in der Gruppe von diesem Ritual tief bewegt. Einige Frauen schluchzten, als sie ihre ungewollten Ängste und Gefühle verbrannten und symbolisch die schlechten Beziehungen und unproduktiven Muster losließen. Hinterher erzählten mir viele, dass es eine der machtvollsten Erfahrungen ihres Lebens war. Ihre Kommentare bestätigten nur, was ich bereits vermutet hatte: Die Menschen hungern nach Möglichkeiten, mit dem Heiligen in Kontakt zu treten.

Gestärkt und ermutigt von diesem Anfangserfolg, machte ich mich daran, für all meine Workshops Rituale zu erschaffen. Die Kunde verbreitete sich rasch. Klienten riefen an und baten mich um Rituale für Geschäftseröffnungen, Hochzeiten, Taufen, Schulabschlüsse, Arbeitsstellenwechsel und andere Arten von Übergangsfeiern, aber auch um Rituale für das Beenden einer Beziehung oder zur Heilung. Immer wieder erschütterte mich, welche Sehnsucht wir Menschen scheinbar danach haben, etwas Sinn in unser geschäftiges und hektisches Leben zu bringen.

## Zu diesem Buch

Heute bilden Rituale einen natürlichen Teil meines Lebens. Ich habe sogar Rituale für die profansten Gelegenheiten geschaffen – zum Beispiel Essen oder Zähneputzen. Das mag Ihnen möglicherweise ein wenig extrem erscheinen, aber die Absicht, die dahinter steht, ist wichtig: *Achtsamkeit zu einer lieben Gewohnheit zu machen und zu bewahren.* Meine Vorträge, Kassetten und Workshops haben Tausende von Menschen dazu inspiriert, es ebenso zu halten.

Ich möchte mit diesem Buch meine »Rezepte« mit Ihnen teilen. Ich möchte Ihnen beibringen, wie und wann Sie Rituale als praktisches, einfaches Hilfsmittel verwenden können, um Ihre Probleme in den Griff zu bekommen, um Einsichten zu gewinnen, Ihre Intuition zu schärfen und Elemente des Heiligen zu entdecken. Ich glaube fest, dass diese Rezepte Ihr Alltagsleben bereichern und vitalisieren können und gleichzeitig buchstäblich Ihre Seele nähren werden.

Mein Buch ist wie ein Kochbuch aufgebaut. Im Kapitel »Was ist ein Ritual?« finden Sie einen ersten Überblick über Vorgehensweisen und Praktiken. Ich werde Ihnen erklären, was ein Ritual ausmacht und wie Sie sich die Voraussetzungen schaffen können, die Sie an einen heiligen Ort entführen. Im Kapitel »Die Gerätschaften« führe ich Sie auf einen Rundgang durch die »Küche«. Ich gebe einige allgemeine Hinweise für den Umgang mit verschiedenen Arten von Zutaten und dafür, ein Ritual »zuzubereiten«. In den daran anschließenden Kapiteln werde ich Ihnen jeweils verschiedene Rituale für besondere Gelegenheiten, Gefühle oder Bedürfnisse vorstellen. In jedem Kapitel finden Sie die Zutaten, das Rezept und – soweit anwendbar – die Nachbereitung. Ein Beispiel aus dem echten Leben, ein »Ritual im Einsatz«, wird jedes Rezept weiter verdeutlichen.

Ich schreibe hier über die häufigsten Einsatzmöglichkeiten für Rituale und kann natürlich nicht all die besonderen Ereignisse oder Kümmernisse vorhersehen, die es in Ihrem Leben geben mag. Verwenden Sie meine Vorschläge als Inspiration und schaffen Sie mit Hilfe Ihrer Fantasie eigene Rituale, die Ihre ganz persönlichen Bedürfnisse erfüllen. Denken Sie daran, dass alles zu einem Ritual werden kann, solange nur Ihre Absicht klar und konkret ist und Sie eine heilige Zeit und einen heiligen Raum schaffen. Dann wird das Licht des Universums in Ihr Herz strahlen.

# I

# Was ist ein Ritual?

Das Wort *Ritual* stammt von einer alten indo-europäischen Wurzel ab, die so viel wie »zusammenpassen« bedeutet. Es meint einen Akt, bei dem wir das Metaphysische mit dem Körperlichen buchstäblich verschmelzen, um auf diese Weise den universellen Geist in unser materielles Leben zu rufen. Rituale erinnern uns außerdem daran, dass wir die Macht besitzen, unser Leben selbst zu entwerfen. Wie Angeles Arrien, Autor von *Der vierfache Weg*, ausführt, erkennen wir mit Ritualen Veränderungen in unserem Leben an und ehren und unterstützen diese Veränderungen, wenn wir Rituale durchführen. Darum kann uns beispielsweise das rituelle Trauern helfen, mit unserer privaten Trauer umzugehen, damit wir nach dem Tod eines geliebten Menschen unser Leben fortsetzen können; ein Heilungsritual kann uns zusätzlich helfen, mit den Herausforderungen des Lebens umzugehen. Arrien fügt noch hinzu, dass wir Menschen mit dieser Methode die Veränderungen, die wir durchleben, unterstützen und die Möglichkeit schaffen, wieder alle Dinge »zusammenpassen« zu lassen. Durch unsere Rituale nehmen wir aktiv an unserer eigenen Entfaltung teil, und das befähigt uns, ein besseres Verständnis für unsere Situation zu entwickeln und wie sie zum Leben im Allgemeinen beiträgt.

Wenn wir uns die Zeit nehmen, innezuhalten und alles zu segnen, was wir haben – unser Essen, unser Heim, unsere Familie –, können wir lernen, jeden Augenblick zu schätzen und unser Glück zu finden, indem wir die Fülle des Augenblicks erleben. Thomas Moore schreibt in *The Education of the Heart*, dass man unter Rituale »alle Handlungen versteht, bei denen wir zu unserer Seele sprechen und zu unserer innersten Vorstellungskraft, ob das nun praktische Wirkungen zeitigt oder nicht ... Selbst die kleinsten Riten des Alltagslebens sind für die Seele wichtig.« In Südamerika ist es beispielsweise üblich, dass die Mutter oder Großmutter alle segnet, die das Haus am Morgen verlassen, um so die Familienbande, aber auch die Verbindung jedes einzelnen Familienmitglieds zum universellen Geist zu stärken.

Wenn wir ein Ritual durchführen, kann sich unser Denken erweitern, unsere Stimmung ändern und unser Geist erheben. Durch kleine symbolische Ereignisse stellen wir die größeren Ereignisse dar. Daher gehören zu Ritualen alle Arten von *Riten* (beispielsweise eine Taufe), *Zeremonien* (eine Hochzeit), *Gebräuche* (eine Weihnachtskrippe aufstellen), *Gottesdienste* (jede Form der Anbetung, beispielsweise das hinduistische *Puja*, bei dem man einem Guru Blumen offeriert), *Liturgien* (die katholische Messe), *spirituelle Gegenstände* (tibetanische Gebetsfahnen), *Mantras* (eine Lautfolge wie »Om«, die wiederholt ausgesprochen wird) und sogar *Etiketteregeln* (Händeschütteln, »Hallo« oder »Danke« zu sagen). Ein Ritual hat darüber hinaus viel mit einem *Gebet* gemeinsam, denn es ermutigt uns, in den Zustand der Gnade einzutreten. (Einer der am tiefsten verwurzelten Instinkte des Menschen ist die Suche nach der Spiritualität.)

Rituale können vielen Zwecken dienen – sich mit anderen innerlich zu verbinden, zu heilen, die Kreativität anzukurbeln, in eine neue Lebensphase einzutreten oder auch nur einfache Alltagshandlungen aufzuwerten. Rituale können wenige Sekunden oder viele Stunden dauern. Sie können einfach oder komplex sein, in traditioneller Weise vollzogen oder aus der Laune des Augenblicks heraus geschaffen werden, um ein bestimmtes Bedürfnis zu erfüllen. Man kann sie allein durchführen, mit einem oder zwei Partnern oder in einer großen Gruppe.

So gibt es zum Beispiel eine alte Tradition am Broadway, die man *Gypsy Robe* nennt. Bevor sich am Premierenabend der Vorhang hebt, stellen sich alle Schauspieler und Schauspielerinnen auf der Bühne im Kreis auf. Der Darsteller, der diese Robe bei der letzten Broadway-Premiere erhielt, heißt Gypsy. Er oder sie tritt in die Mitte des Kreises und wählt als neuen Gypsy den Schauspieler beziehungsweise die Schauspielerin mit der längsten Bühnenerfahrung aus. Diese Person legt die Robe an, die in den letzten 45 Jahren von Premiere zu Premiere, von Theater zu Theater weitergereicht wurde. Der neue Gypsy schreitet dreimal um den Kreis herum, damit jeder die Robe berühren, ehren und segnen kann.

Das *Gypsy-Robe*-Ritual intensiviert die Bindung, die die Schauspieler und Schauspielerinnen zu ihrem Beruf haben und gleichzeitig stärkt es ihre Absicht, dem Stück eine erfolgreiche Laufzeit am Broadway zu verschaffen. Ein altgedienter Schauspieler beschrieb dieses Ritual anlässlich der Neuaufführung von *A Funny Thing Happened on the Way to the Forum* im Jahr 1997 in der *New York Times*: »Auf der Bühne herrscht in diesem Moment eine fast religiöse Atmosphäre, wenn alle ihre Hände ausstrecken, um der neuen Show Glück zu bringen. Es gehört ebenfalls zum Ritual, dass der Träger der Robe noch jede einzelne Garderobe aufsucht.«

Bei jedem Ritual verbinden wir uns mit etwas, das größer ist als wir selbst, und rufen eine höhere Macht zu uns. Somit sind wir in der Lage, ein Gefühl der Heiligkeit in gewöhnliche Ereignisse einzubringen, sie in eine Zeit des stillen Nachdenkens und des inneren Kontakts zu verwandeln. Rituale leiten uns in unserem Alltagsleben an und führen uns auf eine höhere spirituelle Ebene. Sie markieren bedeutsame Augenblicke, machen uns Übergänge leichter und bringen – insbesondere in Zeiten rascher Veränderungen – Struktur und Stabilität in unser Leben. Durch sie ist es uns möglich, aus den gewöhnlichsten Dingen wertvolle neue Erkenntnisse zu ziehen oder sogar alte Wunden zu heilen, selbst wenn die Person, die wir verletzt haben oder die uns verletzt hat, an dem Ritual nicht teilnehmen kann. Das Frühstück kann zu einer Zeit werden, in der wir uns vor einem anstrengenden Tag beruhigen, ein Tagebuch zu führen kann unsere angestauten Emotionen freisetzen und Scheidungsrituale können uns ein Gefühl von Vollendung vermitteln, ob man sie nun alleine oder mit dem Ex-Partner durchführt.

Die meisten von uns nehmen regelmäßig an Ritualen teil. Häufig führen wir sie jedoch durch, ohne an ihre tiefere Bedeutung oder ihre heilige Verbundenheit mit der Vergangenheit zu denken. Ich spreche in diesen Fällen gern von *unbewussten* Ritualen – Dinge, die wir jeden Tag tun oder zumindest häufig, beispielsweise Spaziergänge, der Bowlingabend am Donnerstag oder das gemeinsame Pfannkuchenfrühstück mit den Kindern am Sonntag. Häufig pflegen wir diese »Gewohnheiten« zwar oft und freuen uns sogar auf sie, aber traurigerweise ist uns ihre Bedeutung nicht klar. Sogar religiöse Riten können zu *rein mechanischen* Ritualen verkommen, wie ich es nenne. Wir nehmen an Gottesdiensten und Zeremonien teil, die zu unserem familiären Erbe gehören, aber wir tun das, weil das schon immer so gehandhabt wurde, und nicht, weil sie uns ganz persönlich etwas bedeuten.

Viele der Rituale meiner Kindheit – und wahrscheinlich auch Ihrer Kindheit – waren rein mechanische Rituale. Ich wuchs in den Fünfzigern als braves jüdisches Mädchen auf Long Island auf. Meine Mutter stammte ursprünglich aus einer chassidischen Familie. Es herrschte zwar keinerlei Zweifel dran, dass unsere

Kernfamilie – meine Eltern, mein Bruder, meine Schwester und ich – jüdisch war, aber man konnte uns keinesfalls als religiös bezeichnen. Wir gingen an den hohen Festtagen in die Synagoge, fasteten an Jom Kippur und nahmen jedes Jahr an den Seder-Feiern zu Pessach teil. Ich nahm Unterricht in Hebräisch, wo ich auch etwas über die jüdische Geschichte lernte, zu deren Gedenken die verschiedenen Festtage gefeiert werden. Aber ich fühlte mich diesen Ritualen nie wirklich verbunden. Als Kind besuchte ich Dutzende von Bar Mizwas von Freunden. Im Voraus zogen wir die Jungs immer damit auf, dass sie nun schlagartig zum Manne reifen würden, aber in Wirklichkeit dachten wir alle nur daran, was für eine Party er wohl geben und welche Geschenke er bekommen würde, und nicht daran, warum wir eine uralte Tradition feierten, die uns mit unseren Ahnen verband.

Ich habe diese mechanischen Rituale nie hinterfragt; ich führte sie durch, weil das von mir erwartet wurde. In der Rückschau ist mir allerdings klar, dass ich zwar viele der religiösen Bräuche meiner Kindheit sehr genossen habe, aber dennoch der Geist im Herzen jedes Rituals zu fehlen schien – es war, als ob man ein herrliches Musikstück in der falschen Tonart hörte. Selbst als Kind fühlte sich das für mich nicht ganz richtig an, auch wenn ich das Problem nicht in Worte fassen konnte. Ich spürte, dass diesen Ritualen eine tiefere Bedeutung innewohnen musste, und ich sehnte mich danach, diese Bedeutung zu entdecken.

## Warum wir gerade heute Rituale brauchen

In Wahrheit denken die meisten von uns keine Sekunde über die *Bedeutung* der Rituale nach, die wir durchführen, und manche Menschen ehren die Gebräuche ihrer Herkunft oder Religion überhaupt nicht mehr. Zusammen mit der Komplexität des modernen Lebens führt das häufig zu einem Gefühl emotionalen oder spirituellen Gelähmtseins. Wir fühlen uns verloren und entfremdet. Unsere materiellen Güter – unsere »Spielzeuge« – schenken uns nicht die Zufriedenheit, die wir erwartet haben. Wir sehnen uns danach, zu einer Zeit zurückzukehren, in der eine Hochzeit noch wahrhaft als Übergangsritus gefeiert wurde, als die Geburt eines Kindes als heiliges Ereignis gesegnet war und das Entzünden von Kerzen das reale Verlangen symbolisierte, Licht – Tugend, Heilung und die Anwesenheit des Göttlichen – in unser Heim zu bringen. Wir hungern sowohl nach Gemeinschaft als auch nach spiritueller Verbundenheit, denjenigen Gefühlen, die man im *bedeutsamen* Ausüben von Ritualen findet. Solche Rituale helfen uns nicht nur, dem Leben einen Sinn zu verleihen und zu erkennen, wo unser Platz in der Welt ist, sie erweitern auch unser Bewusstsein und verbinden uns mit dem großen Geheimnis des Lebens.

Das Ausüben von Ritualen reicht Tausende von Jahren zurück. Im Shintoismus, der uralten Religion Japans, geht man davon aus, dass alles lebendig ist und dass alles Lebendige in Harmonie mit der Natur bleiben muss. Auf ähnliche Weise haben die Ahnen anderer Kulturen der Beziehung zu den Göttern und Göttinnen und dem Auftreten von günstigen Ereignissen viel Aufmerksamkeit geschenkt. Sie schufen ausgefeilte Rituale, um dieses empfindliche Gleichgewicht zu wahren, etwa um die Gefahr einer Missernte, eines Erdbebens oder einer Überschwemmung abzuwenden und alle anderen Katastrophen, die die Gemeinschaft zerstören konnten.

Übergangsrituale wurden zu allen Zeiten und von praktisch jeder Kultur durchgeführt. Mit Ritualen wurde alles geheiligt, vom Jahreswechsel zu wichtigen Übergängen im Leben wie Geburt, Pubertät, Eheschließung und Tod. Wie schon unsere Vorfahren müssen auch wir unbedingt begreifen, dass diese Übergänge wichtig sind und dass Rituale unsere Reise von einem Seinszustand zum nächsten erleichtern. Wir können sie auf unterschiedliche Weise durchführen – so symbolisiert beispielsweise die Farbe Schwarz in unserer Gesellschaft Tod und Trauer, während Trauernde in vielen östlichen Kulturen Weiß tragen –, aber die zugrunde liegende Bedeutung ist identisch.

Rituale überdauern, weil sie funktionieren. Das Volk der Zulu etwa glaubt, dass traditionelle Rituale den Familienschatz verkörpern. Weder Geld noch Besitztümer bieten ein Gefühl der Sicherheit – nur die Rituale, die ihnen von ihren Vorfahren überliefert wurden, vermitteln ihnen das Gefühl der Stabilität. Bei den Amish und den Mormonen ist das sonntägliche Abendessen eine wichtige gemeinsam erlebte Zeit der Verbundenheit für Kinder, Eltern, Großeltern, Tanten und Onkel, bei dem gleichzeitig die Bande zur Vergangenheit bewahrt und gestärkt werden. In einer bahnbrechenden Studie von alkoholkranken Familien hat der Psychiater Dr. Steven J. Wolin aus Washington herausgefunden, dass trotz der Dysfunktion von einem oder beiden Elternteilen die Fortsetzung von Familienritualen als wichtiger Schutzfaktor für die Kinder diente. Leider schwingt das Pendel in unserer modernen Zeit, insbesondere in hoch industrialisierten Nationen wie der unseren, von der Tradition zum Materialismus. Unser ständiges Streben nach Geld und materiellen Erfolgen hat uns vom Spirituellen und Heiligen weggeführt.

Das Weiterreichen von Ritualen von einer Generation zur nächsten ähnelt dem Spiel »Stille Post«. Bis ein uraltes Ritual zu uns gelangt, wurde seine Botschaft längst verzerrt oder ging verloren. Wissen Sie beispielsweise noch um die ursprüngliche Bedeutung des Brauches, dass eine Braut an ihrem Hochzeitstag etwas Altes, etwas Neues, etwas Geborgtes und etwas Blaues tragen sollte? Das »Alte« symbolisierte die Verbundenheit mit ihren Ahninnen und das »Neue« ehrte den Anfang der Partnerschaft. In alter Zeit »borgte« sich die Braut einen Gegenstand von der fruchtbarsten Frau in ihrem Dorf und sicherte sich somit die Geburt vieler Kinder. Etwas »Blaues« zu tragen symbolisierte die Verbindung zur Göttin. Oder wussten Sie, dass die Taufe als einfacher Ritus der Reinigung begann? Später wurde sie in ein Sakrament der Initiation verwandelt, mit dem man neue Mitglieder in eine Religionsgemeinschaft aufnahm.

Heute, zu Beginn des 21. Jahrhunderts, schwingt das Pendel langsam wieder zurück. Das Heilige zupft uns am Ärmel, drängt uns, wieder zu einem Gleichgewicht zu finden: Wir müssen in die Zukunft sehen, dabei aber die Vergangenheit im Auge behalten; wir müssen in einer materiellen Welt leben, die durch das Spirituelle bereichert wird, und unseren Kopf benützen, ohne dabei unser Herz zu verleugnen. Rituale können helfen, diese Gegensätze auf leichte, unkomplizierte Weise zu überbrücken.

Anzeichen dieser Veränderung sind in aller Welt zu finden: Auf den Philippinen kommt beim Ausbruch eines Feuers nicht nur der Feuerwehrwagen sondern auch ein Schamane, der die Feuerdämonen austreibt – moderne Technologie und uralter Brauch gehen hier Hand in Hand. Bei der Eröffnungszeremonie der Winterolympiade von 1998 im japanischen Nagano nahmen die Organisatoren ein uraltes Sumo-Ritual in die Veranstaltung auf, das den Boden reinigte, vor den *Jaki* (den bösen Geistern) schützte und die Teilnehmer und Teilnehmerinnen aus aller Welt willkommen hieß. Im Westen wenden sich immer mehr Menschen Feng Shui zu – der chinesischen Kunst der Raumgestaltung –, um neue Räumlichkeiten zu segnen und zu reinigen. Wie immer wir unseren Glauben an den universellen Geist in allen Dingen auch ausdrücken, wir alle finden durch ihn zu Harmonie in unserer Umwelt und zu größerem körperlichen und emotionalen Wohlbefinden.

Die Psychologen Hal und Sidra Stone, Gründer der »Voice Dialogue Therapie«, bei der die Klienten lernen, mit verschiedenen Aspekten von sich selbst zu kommunizieren, sind der

Ansicht, dass »uns der Einsatz von Ritualen in unserem Leben die Chance gibt, eine Brücke zwischen dem Gewöhnlichen und dem Außergewöhnlichen zu schlagen. Rituale bieten einen Übergang von unserem Alltagsleben zur Realität des Heiligen ... Der Einsatz von Ritualen in unserem Leben verleiht unserem Gefühl, wer wir sind und warum wir hier auf Erden sind, Sinn und Kraft.«

## Die verschiedenen Bestandteile eines Rituals

Alle Rituale, ob Alltagsrituale oder Rituale für besondere Gelegenheiten, bestehen aus fünf Schlüsselelementen, die gemeinsam ein Grundrezept bilden.

### *Absicht*

Da ist zum einen der *Zweck* eines Rituals. Sie können zum Beispiel Ihre Tasse Kaffee am Morgen mit der Absicht trinken, diese Zeit zum Nachdenken und zur Entspannung zu nutzen. Oder Sie planen ein bedeutsames Ritual zum Jahrestag Ihrer Partnerschaft – anstatt eine wilde Party zu feiern – mit der Absicht, Ihre gemeinsamen Jahre Revue passieren zu lassen und Ihre gegenseitige Liebe zu erneuern. Wichtig ist hierbei, dass Ihre Absicht rein ist und dass Sie es aufrichtig meinen.

### *Abfolge*

Jedes Ritual hat einen klaren Anfang und ein klares Ende. Beginnen Sie mit einer speziellen Handlung, beispielsweise einer Meditation oder dem Entzünden einer Kerze, um den Anfang sichtbar zu machen. Führen Sie am Ende eine Abschlusshandlung durch, meistens reicht dafür ein Augenblick stummen Gedenkens.

### *Heiliger Ort*

Da Rituale einen Bewusstseinswandel hervorrufen, benötigen Sie einen Ort, der abseits des gewöhnlichen Treibens liegt. Das ist kein schwieriges Unterfangen, denn die *Absicht* und ein *klarer Anfang* tragen von sich aus dazu bei, einen heiligen Raum zu schaffen. Wenn Sie also einfach ein paar Mal tief durchatmen oder in eine Wanne mit heißem Wasser steigen, können Sie Ihre Alltagsumgebung in einen rituellen Ort verwandeln. Natürlich können Sie auch etwas mehr Mühe investieren und beispielsweise einen Altar errichten oder ein Feuer entfachen.

### *Zutaten*

Zu zahlreichen Ritualen gehören Kerzen, Farben, Düfte, Nahrungsmittel, Musik, Kristalle, diverse Gegenstände und sogar körperliche Handlungen als symbolische Elemente dazu. Ich habe das gesamte Kapitel »Die Gerätschaften« der großen Vielzahl an verfügbaren Zutaten gewidmet.

### *Die persönliche Bedeutung*

Obwohl dieses Buch vor Vorschlägen förmlich überquillt, mag das, was für den einen funktioniert, bei einem anderen völlig nutzlos sein. Natürlich besitzen Rituale, die schon seit Tausenden von Jahren durchgeführt werden, eine eigene Kraft, und wenn man sie nachvollziehen will, ist es wichtig, bestimmten Schritten zu folgen. Aber wenn ein Ritual für Sie persönlich bedeutungslos ist, dann geht dessen Kraft, verloren. Das Ritual muss etwas in *Ihrem* Herzen zum Klingen bringen, damit es *Sie* erreichen kann. Wenn Alltagsgewohnheiten für uns wichtig werden, dann erlangen sie eine fast heilige Bedeutung. Es kann daher durchaus sein, dass die größte Kraft dann freigesetzt wird, wenn Sie Ihre eigenen Rituale erschaffen.

Sie werden überrascht sein, wie leicht Sie ein alltägliches Ereignis in ein Ritual verwandeln können. Vielleicht gehen Sie ohnehin schon jeden Tag zur selben Zeit spazieren. Ihr Hund kommt mit und Sie tragen immer dasselbe Paar Turnschuhe. Aber Sie *denken* nicht über den Sinn Ihres Spaziergangs nach – Sie halten den Spaziergang einfach für eine gute Möglichkeit, Lassie etwas Bewegung zu verschaffen. Lassen Sie uns einmal annehmen, dass Sie Ihren täglichen Spaziergang zu einer Zeit der inneren Einkehr machen wollen, damit Ihnen jeder Schritt hilft, Sie in Einklang mit Ihrem Geist und Ihrem Körper zu bringen. Lassen Sie uns weiterhin annehmen, dass Sie über die Abfolge nachdenken – besonders aufmerksam sind, wann die Übung beginnt, nämlich in dem Augenblick, wenn Sie die Schnürsenkel Ihrer Turnschuhe zubinden und mit den Schultern rollen, um sich zu lockern. Nach dem Spaziergang nehmen Sie bewusst ein paar erfrischende Atemzüge, trinken ein Glas Wasser, um Ihr System zu reinigen, und belohnen Lassie mit einem Stück Hundekuchen, um ihr zu zeigen, dass Sie für ihre Begleitung durch das Ritual dankbar sind. Sie werden sehen, wie Ihr gewohnter Spaziergang zu einem Ritual der inneren Einkehr und der Verjüngung wird!

Das gilt auch für Rituale zu besonderen Gelegenheiten, beispielsweise Hochzeiten oder Kindertaufen. Anstatt einfach eine Gästeliste zu erstellen und die Speisenfolge zu planen, halten Sie kurz inne und machen Sie sich klar, dass Sie eine Tradition fortführen, die seit Urzeiten hochgehalten wird und die Sie mit Ihrer Vergangenheit verbindet. Konzentrieren Sie sich auf Ihre Absicht – einen wichtigen Übergangsritus zu feiern – und Sie werden solchen Ereignissen eine tiefere Bedeutung beimessen und ein starkes Gefühl der Verbundenheit aus ihnen ziehen.

## Warum Rituale funktionieren

Rituale besitzen große Macht und üben einen starken Einfluss auf unser Denken aus. Dr. William Brugh Joy sagt, dass »ein Teil unserer Psyche den Unterschied zwischen einem Ritual und einem tatsächlichen Ereignis nicht erkennen kann«. Wenn Sie daher ein rituelles Bad nehmen mit der Absicht, sich zu läutern, denkt ein Teil von Ihnen, dass Sie sich in der Tat geläutert haben und jetzt neu beginnen können. Oder wenn Sie am Morgen mit der Absicht der Erneuerung meditieren, werden Sie sich energiegeladener, einsichtsvoller und frischer fühlen, weil Sie Ihrem Gehirn zu verstehen gegeben haben, diese Veränderungen zu erwarten. Sie können auch ein Ritual durchführen, um Ihre Wut auf einen Freund loszulassen, ohne mit diesem Menschen sprechen zu müssen, oder ein Ritual durchführen, um mit dem Rauchen aufzuhören und Ihrer Psyche dadurch vorgaukeln, dass Sie bereits aufgehört hätten.

Stellen Sie sich Ihr Gehirn als Computer vor, in den Sie ständig Daten von gleicher Bedeutung einspeichern. Ihr Gehirn kann den Grad der Bedeutung nicht erkennen. Wenn Sie daher an einem Ritual teilnehmen, dann lassen Sie Ihr Gehirn im Grunde glauben, dass Sie bereits vollendet haben, was immer Sie symbolisch gerade beginnen. Visualisierungstechniken funktionieren aus demselben Grund. Kurz gesagt, Rituale sind bewusst strukturierte Handlungen mit der Absicht, unser Unterbewusstsein zu beeinflussen. Auf diese Weise stärken Rituale unseren Entschluss, auf das hinzuarbeiten, was wir uns wünschen.

Vor kurzem führte ich einen Rituale-Workshop auf einer Konferenz der *International Women's Writing Guild* am Skidmore College durch. Als ich die Teilnehmerinnen bat, mir von ihren Schreibritualen zu erzählen, starrten sie mich allesamt verständnislos an. Aber als ich sie fragte, was sie denn taten, um ihre Kreativität zu stimulieren, gab eine Frau zu, dass sie ihre spezielle Schreibbluse anzog. Eine andere trank morgens eine Tasse Kaffee und machte einen Spaziergang, bevor sie sich an ihren Computer setzte. Ich schlug vor, den Ritualen, die sie bereits durchführten, die *Absicht* hinzuzufügen, dann würden sie den Schreibvorgang elektrisieren.

Um den Frauen zu helfen, sich für ihre schriftstellerische Tätigkeit noch intensiver zu engagieren, vollzog ich ein Ritual der Hingabe, führte sie auf eine Meditation unter Anleitung und forderte sie anschließend zu einem Dialog mit ihrer inneren Schriftstellerin auf. Ich bat sie, ihre Absicht aufzuschreiben – was sie sich von diesem Ritual erhofften. Als das Ritual zu Ende war, schenkte ich jeder Frau eine Armkette und ließ sie vor der Gruppe einen Eid ablegen, während sie sie anlegte. Sie musste versprechen, das Schreiben ganz oben auf ihre Prioritätenliste zu setzen. Die Frauen, viele von ihnen tränenüberströmt, waren geschockt von der Macht des Rituals und den Erkenntnissen, die sie daraus gewonnen hatten. Es überrascht nicht, wie viele von ihnen von ihrer inneren Schriftstellerin zu hören bekamen, dass sie sich ihrer Schreibarbeit nicht wirklich hingegeben hatten – Partner und Kinder kamen immer an erster Stelle.

Gloria, eine 80-jährige Frau, die an dem Workshop teilnahm, war von dem Ritual zutiefst bewegt. Sie erzählte, dass ihre Absicht darin lag, einen Agenten für ihr neues Buch zu finden, aber ich sah, dass sie immer noch skeptisch war. Am nächsten Morgen trat sie beim Frühstück mit einem Ausdruck schierer Freude auf dem Gesicht an mich heran. Stellen Sie sich ihre Überraschung vor, als eine andere Konferenzteilnehmerin, die zufällig Agentin war, sie ansprach und fragte, ob sie irgendwelche neuen Projekte hätte!

Obwohl ich derart umgehende Ergebnisse nicht immer garantieren kann, verändern Rituale die Dynamik einer Situation. So bin ich beispielsweise immer noch traurig über den Tod meiner Schwester, aber ich trage dank des Trauerrituals, das ich im Laufe der Jahre regelmäßig vollzogen habe, die Last der unverarbeiteten Trauer und Spannung nicht länger mit mir herum. Ob Sie in einem Projekt feststecken, unter der Last der Trauer stöhnen oder vor Angst wie gelähmt sind – das geeignete Ritual, das für Sie von Bedeutung ist, wird Ihnen helfen, Ihr Bewusstsein zu verändern.

Rituale bewirken keine Magie. Ob sie jedoch in der Privatsphäre Ihres Schlafzimmers durchgeführt werden oder in Ihrem Garten, in der Heiligkeit einer Kirche oder eines Tempels, oder in einer Halle mit Tausenden von Menschen, Rituale können auf jeden Fall magisch *erscheinen*. Sie erleichtern Übergänge, enthüllen neue Ansätze an ein altes Problem, heilen die Wunden einer schlimmen Beziehung oder schweißen eine Gruppe fest zusammen.

Es gibt noch einen weiteren Grund, warum Rituale funktionieren: *Sie verlangsamen unser Tempo*. Die Buddhisten kennen eine gedankliche Vorstellung, die sie *Achtsamkeit* nennen. Sie verstehen darunter, dem Hier und Jetzt seine Aufmerksamkeit zu schenken. Wenn wir unser Tempo verlangsamen, gewinnen wir eine neue Perspektive in Bezug auf unser Leben und sind besser in der Lage, mit dessen Auf und Ab umzugehen. Viele von uns verbringen jede Menge Zeit damit, die Vergangenheit immer neu zu durchleben oder sich über die Zukunft Sorgen zu machen. Letztendlich ruinieren wir dadurch unsere Gegenwart. Rituale halten uns in der Gegenwart zentriert und erlauben uns gleichzeitig, unsere Vergangenheit in den Griff zu bekommen und unsere Zukunft auf eine überaus gesunde und direkte Art und Weise anzugehen.

2

# Die Gerätschaften

## Wie Sie sich in der Küche zurechtfinden

Jede gute Köchin muss erst lernen, sich in der Küche zurechtzufinden – wie man die verschiedenen Hilfsmittel und Gerätschaften verwendet, welche Eigenschaften die Zutaten besitzen und wie sie sich auf das Rezept auswirken werden. Eine gute Küchenchefin muss auch einen Überblick über den Gesamtvorgang haben – wie man anfängt, was zu tun ist, wenn eine bestimmte Zutat nicht zur Verfügung steht, und wann das Gericht fertig ist. Das trifft auch auf Rituale zu. Bevor Sie einige dieser wunderbaren Köstlichkeiten auftischen, müssen Sie alles lernen, was es über die Ritualküche zu lernen gibt.

### Was befindet sich in Ihrer Vorratskammer?

Ob Sie es glauben oder nicht, Sie besitzen bereits viele der notwendigen Zutaten für ein Ritual in Ihren Schränken, Truhen und in der natürlichen Umgebung. Sie werden sogar einige überraschende Rohmaterialien in sich selbst entdecken. Lassen Sie mich das erklären: Die Zutaten eines Rituals – symbolische Gegenstände, Farben, Aromastoffe, Strukturen, Bewegungen und Klänge – haben alle eine besondere Bedeutung. Seit Jahrhunderten werden sie von Kulturen in aller Welt benützt und haben sich in Eigendynamik zu *universellen Symbolen* entwickelt. Ein Kreis gilt beispielsweise fast überall als Zeichen für Ganzheit, ein Ei verkörpert das Leben und die Wiedergeburt. Andere Zutaten, die Sie für ein Ritual auswählen – ein gerahmtes Foto Ihrer Großmutter oder ein Duft, der Sie an glückliche Zeiten erinnert – haben eine *persönliche* Bedeutung. Häufig werden Rituale ausgehend von den verfügbaren Materialien, dem vorherrschenden Klima und den Lebensbedingungen entwickelt: Die Hawaiianer nützen die üppige Flora und den Ozean, der sie umgibt, während Stadtbewohner mehr zu Ritualen in überdachten Räumen neigen.

Ich werde Sie mit den Grundzutaten in meiner Speisekammer vertraut machen, und im Laufe dieses Kapitels werden wir über bestimmte Möglichkeiten sprechen, sie zu nutzen. Ich habe die Bedeutung jeder einzelnen Zutat mit der verbreitetsten *westlichen* Interpretation wiedergegeben. In unserer Kultur etwa gilt die Farbe Rot als Sinnbild für Leidenschaft, Energie und Schöpfungskraft; doch kaum eine amerikanische Braut würde zu ihrer Hochzeit Rot tragen, wie es chinesische Bräute tun!

Denken Sie daran, dass es sich hierbei nur um Empfehlungen handelt, die Ihnen den Einstieg erleichtern sollen. Einige der Zutaten sind für Sie eventuell schwer zu beschaffen, wenn Sie in einer Kleinstadt leben, darum habe ich im Anhang eine Liste von Versandhäusern beigefügt, bei denen Sie Öle, Räucherwerk und spezielle Musik bestellen können. Aber nichts hindert Sie daran, jederzeit zu improvisieren und Ersatzstoffe zu verwenden, die Sie bei sich vor Ort finden. Je geübter Sie werden, desto kreativer werden Sie auch – wie jede gute Köchin.

### *Kerzen*

Seit Jahrhunderten werden Kerzen entzündet, um den universellen Geist willkommen zu heißen und um eine Verbindung zum inneren Licht zu symbolisieren. Das Entzünden einer Kerze schafft ein Gefühl der Gelassenheit und Heiligkeit, das Sie in die Welt tragen können. Um die Kraft einer Kerze zu erhöhen, sollten Sie eine bestimmte Farbe und/oder einen bestimmten Duft wählen.

### *Farben*

Farben rufen Gefühle hervor. Wassily Kandinsky, der russische Maler abstrakter Gemälde, sagte einmal: »Farben beeinflussen die Seele unmittelbar und direkt.« In diesem Buch werde ich immer wieder die passende Farbe vorschlagen, die Sie mittels einer bestimmten Kerze, einem Stück Stoff, farbigem Papier, Obst, Blumen, Blättern und anderen Dingen in Ihr Ritual integrieren sollten. Sie interpretieren Farben jedoch auch auf Ihre eigene Weise – vielleicht erinnert Grün Sie an Ihre Mutter, die am liebsten diesen Farbton trug. Ehren Sie Ihre Assoziationen, indem Sie sie in Ihre Rituale aufnehmen.

#### *Farben*

Blau: Klarheit, Kommunikation, Friede,
Vertrauen, Kreativität, Innovation
Braun: Erde, sich erden, die Fähigkeit, produktiv zu sein
Gelb: Macht, Manifestation, Willenskraft,
Intellekt, logisches Denken
Gold: Wohlstand, Stärke, Mut, Selbstvertrauen,
die Herrschaft der Sonne, das Männliche
Grün: Heilung, Gleichgewicht, Wohlstand,
Harmonie, Großzügigkeit

INDIGO: Intuition, Vertrauen,
Gefühle, Klarheit, Vision, Furchtlosigkeit
KASTANIENBRAUN: Sinnlichkeit
ORANGE: Freude, Sexualität, Vitalität,
Spontaneität, Optimismus, Verspieltheit
PURPUR: Spiritualität, Inspiration, Führung
ROSA: Liebe, Mitgefühl
ROT: Leidenschaft, Energie,
Schöpfungskraft, Ausdauer
SCHWARZ: Loslassen, das Unbekannte
SILBER: Weisheit, Fruchtbarkeit, Pflege, Wachstum,
die Herrschaft des Mondes, das Weibliche
TÜRKIS: Klarheit, Friede
WEISS: Reinheit, die universelle
Farbe für »alles«

### *Düfte*

Seit Jahrhunderten verwendet man Pflanzen und ihre Düfte bei Ritualen. Heute nennen wir das *Aromatherapie*. Wir ziehen Energie aus Pflanzen und ätherischen Ölen, um Veränderung in unserem Leben zu bewirken. Wissenschaftliche Untersuchungen bekräftigen deren Wert und beweisen, dass schon die Düfte allein die Kraft haben, den Bewusstseinszustand eines Menschen zu verändern. Der Aromatherapeut John Steele meint, »das *li* [die physische Manifestation der Lebenskraft] eines Duftes offenbart die verborgene Tiefe der Dinge hinter ihrer sichtbaren Oberfläche. Gleichzeitig ruft es Erkenntnisse unseres tiefsten Selbst hervor, die uns nie bewusst waren.«

Aromen haben eine unglaubliche Kraft, denn von allen fünf Sinnen geht nur der Duft direkt ins Gehirn. So kann Sie Vanille an die Sicherheit der Küche Ihrer Mutter erinnern, als Sie erst drei Jahre alt waren, der Geruch von Kreide ruft sofort Bilder Ihres Klassenzimmers hervor, in dem Sie in der zweiten Klasse von Ihrer Lieblingslehrerin unterrichtet wurden, und eine

Meeresbrise kann Erinnerungen an einen wunderbaren Urlaub mit Ihrem Partner wecken.

Kräuter, Gewürze und Blumen gibt es in Form von Räucherwerk, ätherischen Ölen oder in ihrem natürlichen Zustand. Sehen Sie sich in Ihrem örtlichen Reformhaus oder Supermarkt um oder ziehen Sie sie in Ihrem Garten. Experimentieren Sie mit den verschiedenen Düften und wählen Sie jene aus, die Ihnen am meisten bedeuten – wenn es um Räucherwerk und ätherische Öle geht, dann streben Sie immer danach, Ihre Sinne damit zu verwöhnen. Ein Heilungsritual mit Lavendelöl wird Ihnen nicht helfen, wenn Lavendel in Ihnen negative Erinnerungen an eine furchtbare Tante hervorruft, die Sie als Kind terrorisierte.

Es gibt viele Möglichkeiten, Öle, Kräuter, Blumen und Gewürze zu verwenden. So kann es ein Freisetzungsritual beispielsweise erforderlich machen, Kräuter wie Kopal oder Salbei zu verbrennen. Bei anderen Ritualen (etwa einem Segen für Ihr Büro) ist es sinnvoller, die Kräuter oder Öle mit Wasser zu kombinieren und sie in eine Sprühflasche zu geben.

Sie können das Aroma von ätherischen Ölen, Blumen, Kräutern und Gewürzen wie folgt freisetzen:

- Geben Sie das Öl auf einen Wattebausch und atmen Sie den Duft ein.
- Geben Sie einige Tropfen des Öles in eine Duftlampe, die wie ein Luftverbesserer das Aroma in Ihrer Wohnung verbreitet. Im Handel sind drei verschiedene Arten von so genannten Diffusionsgeräten erhältlich. Die einfachste ist eine kleine Schale, in der Sie die Kräuter oder einige Tropfen Öl mit etwas Wasser vermischen; eine Kerze unterhalb der Schale erhitzt daraufhin den Inhalt. Die anderen beiden Duft- beziehungsweise Aromalampen funktionieren elektrisch. Eine besitzt einen kleinen Ventilator, der die duftende Luft verteilt, die andere ein Stück Pappe, das in den Duft

eingetaucht wird wie ein Luftverbesserer, den man in eine Steckdose steckt. (Räucherkelche sowie Duft- und Aromalampen sind in Kerzengeschäften, Esoterikläden oder über den Versandhandel erhältlich.)

- Geben Sie einige Tropfen des Öls in eine Sprühflasche mit Wasser und versprühen Sie den duftenden Nebel in Ihrer Wohnung.
- Verbrennen Sie ein kleines Stück Holzkohle (die in Packungen zu sechs bis acht Stück käuflich zu erwerben sind) in einer Schale voller Sand oder Erde. Zünden Sie eine Seite an und warten Sie, bis die Holzkohle durchgebrannt ist. Geben Sie anschließend einige Tropfen Öl oder einige Kräuter auf die schwelende Holzkohle.
- Kräuter wie Basilikum oder Salbei können klein gehackt werden; Gewürze wie Pfeffer oder Gewürznelken lassen sich zerdrücken. Geben Sie sie – mit oder ohne Öl – in eine Schale warmes Wasser. Atmen Sie den Duft ein oder lassen Sie das Aroma den Raum wie ein Duftsäckchen durchdringen.
- Bestimmte Kräuter – beispielsweise Salbei, Zeder, Süßgräser und Lavendel – können »angekohlt« werden: Binden Sie sie zusammen, zünden Sie sie an einem Ende an und blasen Sie die Flamme aus. Die schwelenden Kräuter werden mit ihrem Duft die Luft durchsetzen.
- Geben Sie einige Tropfen Öl in Ihr Badewasser.

Ich empfehle, möglichst immer natürliche Öle zu verwenden, denn die synthetischen besitzen nicht dieselbe Schwingung. Scott Cunningham erklärt in seinem Buch *Magical Aromatherapy*, dass »ätherische Öle konzentrierte Pflanzenenergie darstellen, darum sind sie auch so ein machtvolles Reservoir an natürlicher Energie«.

Manche Menschen reagieren auf bestimmte Kräuter oder Düfte allergisch. Wenn Sie ebenfalls unter Allergien leiden (oder wenn Sie schwanger sind), dann verwenden Sie ätherische Öle erst, nachdem Sie sich in Robert Tisserands *The Essential Oil Safety Guide* oder Scott Cunninghams *Magical Aromatherapy* kundig gemacht haben (siehe Buchtipps im Anhang). Denken Sie auch daran, dass ätherische Öle fern von Hitze, Licht und Feuchtigkeit gelagert werden müssen, wenn sie ihre Frische behalten sollen.

### *Düfte*

BASILIKUM: Klarheit, Erfolg, Wohlstand
BERGAMOTTE: Friede, Entspannung,
Schlaf, ein offenes Herz
DILL: Geistige Klarheit, ein Schärfen der Sinne
EUKALYPTUS: Heilung, Läuterung, Flexibilität
FREESIEN: Liebe, Friede
GEISSBLATT: Wohlstand, Gewichtsverlust
GEWÜRZNELKEN: Erinnerung, Klarheit
HÖLZER/WURZELN: (Pinie, Zeder, Vetiver, indische
Narde): Verbindung mit der Erde, sich erden
INGWER: Mut, Zuversicht,
das männliche sexuelle Verlangen
IRIS: Liebe
JASMIN: Sexualität, Liebe, Hilfe für die Geburt
eines Kindes oder um Hindernisse
aus dem Weg zu räumen, Antidepressivum
KAMILLE: Friede, Entspannung
KOPAL (mein Favorit, für gewöhnlich
als Harz zu erstehen): Läuterung
LAVENDEL: Beruhigung (gut bei Schlaflosigkeit),
Reinigung der karmischen Muster und emotionaler
Konflikte, Hilfe für den Zugang zur Trauer
LOTUSBLÜTEN: Unerkannte Träume
MAGNOLIE: Liebe
MELISSE: Besänftigung, Akzeptanz,
Stärkung des Nervenkostüms

Mimose: Träume
Muskat: Wohlstand, Glück
Narzisse: Neuanfänge, Übergänge
Patchouli: Aphrodisiakum, Hilfe
bei Frigidität und Impotenz
Petersilie: Schutz
Pfeffer (rot): Mut, Energie
Pfeffer (schwarz): Schutz, Energie, Mut
Pfefferminze: Klarheit
Pomeranze: Freude, hebt die Stimmung, Ruhe
Rose: Liebe, Mitgefühl, ein offenes Herz,
verstärkt die Schönheit
Rosmarin: Positive Veränderung, besseres Gedächtnis
Salbei: Läuterung, Absichten aussprechen
Sandelholz: Ängste mindern, zentrieren
Tulpe: Läuterung
Vanille: Freude, Stimmungshebung,
Befreiung von Depressionen
Wacholder: Gesundheit, Vitalität,
Läuterung, innere Kraft
Weihrauch: Spiritualität, Meditation,
das Loslassen von Furcht und Angst
Ylang-Ylang: Glück, sexuelle Energie
Zimt: Wohlstand
Zitrusfrüchte: (Zitrone, Orange, Grapefruit,
Limone): Freude, Läuterung, Vitalisierung
Zypresse: Trost (insbesondere nach dem Verlust
eines geliebten Menschen), Übergang

## *Speisen und Getränke*

Bestimmte Rituale haben nicht nur mit Essen zu tun, beispielsweise das Dankgebet vor einer Mahlzeit oder eine Seder-Feier zu Pessach, auch die Speisen selbst können symbolisch eingesetzt werden. Viele Kulturen opfern Speisen auf ihren Altären, weil man glaubt, dass es die Gottheiten nährt. Die alten Ägypter beerdigten ihre Toten mit Lebensmitteln, weil sie der Überzeugung waren, das würde dem Geist, der sich auf Wanderschaft begab, Kraft verleihen. Hinduisten und Buddhisten teilen diesen Glauben, und die Hinduisten opfern häufig Obst. An Rosch ha-Schana, dem jüdischen Neujahrsfest, wird ein Apfel, der die Natur symbolisiert, in Honig getaucht, um dem kommenden Jahr Süße zu verleihen. Die amerikanischen Ureinwohner symbolisieren mit Mais oder Maisbrot die Fülle der Ernte. Wenn wir Freunde in ihrer neuen Wohnung besuchen, bringen wir oft Brot, Zucker und Salz mit, die Nahrung, Süße und Läuterung symbolisieren.

Natürlich haben viele Speisen auch eine individuelle Bedeutung. Wir alle haben unsere Lieblingsgerichte, die uns Trost spenden (die heilenden Eigenschaften von Hühnersuppe sind fast überall auf dem Globus bekannt). Wir können mit Speisen symbolisch ausdrücken, wo wir leben, woher wir kamen und was sie für uns und die Menschen, die wir lieben, bedeuten. Wenn ich beispielsweise ein Trauerritual für meinen Vater durchführe, der 1994 starb, dann ist sein geliebtes Halva stets ein fester Bestandteil. Ich habe eine Liste mit den bekanntesten Speisen und Getränken beigefügt, die Sie für Ihre Rituale verwenden können.

### *Speisen und Getränke*

AUSTERN: Sinnlichkeit, verborgene Schönheit
EIER: Überfluss, spirituelle Erneuerung, Wiedergeburt
EIS: Gefrorene Emotionen
GETREIDE (Brot, Reis, Mais): Erde, Ernte, Fülle
GEWÜRZE (scharf): Sexualität, Kreativität
GRANATAPFEL: Wiedergeburt
KUCHEN: Feiern, Süße
MANGO: Sinnlichkeit
MILCH: Nähren, Versorgen

Obst: Fülle, Gesundheit, Potential
Popcorn: Kreativität, neue Ideen
Rotwein: Die Kraft des weiblichen
Menstruationsblutes, das Erschaffen neuen Lebens
Salz: Läuterung
Samen: Neues Potential
Süsses (Honig, Zucker, Melasse, Schokolade): Süße
Traubensaft: Feier, Fülle, Überfluss
Wasser: Emotionen, Unterbewusstsein,
Quelle des Lebens, Läuterung
Wein: Feier, Fülle, Überfluss
Weisswein: Die Kraft des Mannes,
das Erschaffen neuen Lebens
Zitrusfrüchte: Freude, Vitalität

### *Musik*

Musik ist ein wichtiger Aspekt bei jedem Ritual und trägt entscheidend dazu bei, eine Stimmung zu schaffen oder zu verändern. Sie berührt unser Innerstes, den körperlichen, emotionalen und spirituellen Wesenskern. Jeder, der schon einmal ein Rock-Konzert oder eine Aufführung klassischer Musik besucht hat, weiß um die Kraft der Musik, Menschen zu verwandeln. Lieder mit einem Refrain, Chanting oder Mantras können zu trance-ähnlichen Zuständen führen. Die Musik vereint die Menschen auch: Wenn 20.000 Stimmen etwa vor dem Finale einer Fußballweltmeisterschaft die Nationalhymne anstimmen, wird die riesige Menge eins.

Bestimmte Rhythmen ahmen den Herzschlag nach und ihre Wiederholung kann uns helfen, ein inneres Gleichgewicht zu finden. In dem Buch *Der vierfache Weg* von Angeles Arrien erfahren wir von den Forschungsergebnissen von Andrew Neher, die zeigen, dass die Schallwellen von Trommeln die Ausrichtung des Gehirns beeinflussen können, das seine Resonanzfrequenz den äußeren Hörreizen anpasst; diese Ausrichtung kann das zentrale Nervensystem wieder ins Gleichgewicht bringen.

Musik verstärkt ein Ritual. Experimentieren Sie mit verschiedenen Musikrichtungen, um die Stimmung hervorzurufen, die Sie für sich erschaffen wollen. Wählen Sie fröhliche Klänge für Feiern, beruhigende Töne für Heilungsrituale und heilige Musik für Hochzeiten oder Übergangsriten. Versuchen Sie es mit Chanting und Gebeten in anderen Sprachen; Sie werden erstaunt feststellen, dass Sie zwar die Worte nicht verstehen, aber die *Gefühle* spüren. Und natürlich sollten Sie auch hier Ihre Lieblingsstücke wählen – eine Jahrestagfeier wird beiden Partnern mehr bedeuten, wenn man »ihr« Lied spielt.

### *Kristalle*

Zu den Kristallen gehören Elemente, Mineralien und Edelsteine. Sowohl alte Kulturen als auch die moderne Wissenschaft nützen die geheimnisvollen Eigenschaften der Kristalle. Die alten Ägypter, die australischen Aborigines und die amerikanischen Ureinwohner verwendeten sie bei Heilungsritualen und in unserem heutigen Informationszeitalter dienen sie als Eckpfeiler der digitalen Technologie.

Kristalle besitzen die Fähigkeit, Energie zu empfangen und weiterzuleiten. Sie sind mächtige Konzentrationshilfen. Sie können Ihnen bei Heilungsritualen helfen, Ihre Vision zu manifestieren und negative Emotionen zu verwandeln. Denken Sie jedoch daran, dass es nur *Hilfsmittel* sind, die Sie zu einer höheren Ebene des Verständnisses führen können. Kristalle haben die Kraft, Ihnen zu helfen, aber geben Sie Ihre eigene Macht nicht aus der Hand und erwarten Sie nicht, dass die Kristalle die ganze Arbeit leisten.

### Kristalle und Edelsteine

Amethyst: Spirituelles Bewusstsein,
Verwandlungskraft, Heilung
Aquamarin: Läuterung, Heilung, Beruhigung
Fluorit: Heilung, Freisetzen von ungewollten Energien
Gold: Mut, Schau nach Innen,
Selbstvertrauen, Wohlstand, Tugend
Hämatit: Willenskraft, Konzentration
Heliotrop: Mut, körperliche Energie
Jade: Fruchtbarkeit, Weisheit, Gelassenheit
Kalkspat: Gleichgewicht, friedvolle Meditation
Karneol: Sex, Selbstachtung, Kreativität
Kupfer: Läuterung, das Inspirieren
von Liebe, Frieden schließen
Lapislazuli: Kommunikation, Heilung
Malachit: Schutz, Geld
Mondstein: Liebe, psychisches Bewusstsein
Nickel: Jugend, Schönheit, Wachstum, Anpassung
Obsidian: inneres Wachstum, psychische Entwicklung
Opal: Leidenschaft, Liebe, Ausdruck von Emotionen
Perlen: Reinheit, Integrität, Konzentration, Weisheit
Quartz: Veränderung, Konzentration
Rosenquartz: Liebe, Mitgefühl
Silber: Fruchtbarkeit, Nährkraft, Wachstum
Tigerauge: Stärkung, Willenskraft, Mut, Klarheit
Topas: Neuanfänge
Turmalin: Heilung, Gleichgewicht
Türkis: Gleichgewicht, Verbindung mit allem
Leben, Freundschaft, positives Denken
Zinn: Flexibilität

### *Gegenstände und Artefakte*

Carl Gustav Jung vertrat die These, dass Symbole direkt das Gehirn ansprechen und uns mit der Vergangenheit verbinden. Bei fast jedem Ritual benützt man Gegenstände, die eine bestimmte Bedeutung haben. Einige beschwören die »persönliche Mythologie« herauf, wie Joseph Campbell es nennt; Geschichten, die von früheren Generationen an uns weitergegeben wurden und deren Summe all das ausmacht, woher Sie kommen und wer Sie sind. Man kann traditionelle religiöse Symbole verwenden, beispielsweise eine Statue der Muttergottes, Bilder von Engeln, eine buddhistische Gebetsmühle oder Artefakte von anderen Kulturen wie den *Talking Stick* der amerikanischen Ureinwohner. Der Vielfalt an Gegenständen, die Sie in Ihren Ritualen verwenden können, wird nur durch Ihre Fantasie Grenzen gesetzt.

Denken Sie auch an die ganz alltäglichen Materialien, die Sie in Ihrer Wohnung vorfinden. Es folgt eine Liste mit nützlichen Gegenständen, die Sie bei der Erschaffung von Ritualen einsetzen können.

### *Alltägliche Materialien*

Federn
Klebeband und Leim
Künstlerbedarf
(Buntstifte, farbige Marker, Farbe, Ton)
Muscheln, Steine, Blätter, Zweige
Nähnadeln und Faden
Perlenschnüre
Persönliche Schätze
(zum Beispiel Fotos und Schmuck)
Schere
Schnur, Garn
Schuhschachteln
Seidenblumen, Pfeifenreiniger
Stoffe und Bänder

### *Körperliche Handlungen*

Bestimmte Aktivitäten werden bei Ritualen durchgeführt, um den Geist zu beruhigen und neue Verhaltensmuster anzunehmen. Juden schaukeln vor und zurück, wenn sie *daven* (beten), Sufis wirbeln im Kreis herum, Hinduisten und Buddhisten nehmen bestimmte Yoga-Stellungen ein, die Auswirkungen auf Geist und Körper haben – beispielsweise den Sonnengruß oder *Mudras*, heilige Handbewegungen. Diese Bewegungen heben unsere Reise auf einen erhöhten Bewusstseinszustand. Für hawaiianische Tänzerinnen ist jede Handbewegung beim *Hula* heilig; in Bali sind sogar die Augenbewegungen fester Bestandteil des Tanzrituals. Man braucht keine besondere Ausbildung, um Magie in körperlichen Bewegungen zu erfahren. Sie können Singen, Summen, Tanzen und das Rezitieren von Gedichten in Ihre Rituale einarbeiten, aber auch sich wiederholende Bewegungen wie Stampfen, Trommeln, Schaukeln, Hüpfen oder eine Rassel schütteln. Diese Bewegungsabläufe werden Ihnen helfen, Starrheiten und alte Formen aufzubrechen und sich selbst offener und aufmerksamer für das Ritual zu machen.

## Die Elemente der Natur

Traditionelle Rituale haben immer einen Bezug zu den Jahreszeiten. Stets kommen die vier Elemente darin vor: Feuer, Wasser, Luft und Erde. Wenn ein Schamane, gleich aus welcher Eingeborenenkultur, ein Ritual durchführt, dann ruft er buchstäblich die Geister des Ostens, des Westens, des Nordens und des Südens, von denen jeder einem der vier Elemente zugeordnet ist. In den Bewegungsmeditationen von Tai chi und Qi gong beschwört ebenfalls jede einzelne Stellung eines dieser Elemente herauf. Die jeweiligen Kulturen haben den Himmelsrichtungen dabei unterschiedliche Eigenschaften zugesprochen. In einigen asiatischen Ländern verkörpert der Osten das Feuer, während in anderen der Süden für das Feuer steht. Die Eigenschaften, die ich aufliste, entstammen der nordeuropäischen Tradition.

Viele alte und moderne Rituale werden in einem Kreis durchgeführt, der für die Kontinuität des Lebens steht. Die Teilnehmerinnen und Teilnehmer stellen sich in der Richtung auf, die sie heraufbeschwören wollen. Eine Hochzeitszeremonie findet beispielsweise im Süden des Kreises statt, dem Ort von Leidenschaft und Herzensenergie, während ein Pubertätsritual im Osten abgehalten wird, dem Ort der Neuanfänge.

Wenn wir ein Ritual entwickeln, verfolgen wir dasselbe Ziel: Wir wollen uns mit den natürlichen Elementen des Universums verbinden, der Quelle allen Lebens. Ihre Energie ist für uns da, wenn wir wissen, wie wir sie anzapfen können. Jedes der vier Elemente verkörpert eine Fähigkeit, ein Gedankenkonstrukt und eine Kraft. Es wird darüber hinaus einer bestimmten Himmelsrichtung, einer Tages- und Jahreszeit, festen Düften, Farben, Tieren und Gegenständen zugeordnet.

### *Luft*

Kommunikation, der Verstand, Lernen, psychische Arbeit, Reisen, Süchte überwinden

| | |
|---|---|
| Richtung: | Osten |
| Tageszeit: | Morgendämmerung |
| Jahreszeit: | Frühling |
| Düfte: | Basilikum, Bergamotte, Pfefferminze, Dill, Petersilie |
| Farbe: | Gelb, Weiß |
| Tier: | Adler |
| Gegenstand: | Federn, Windspiele |
| Mineralien: | Bernstein, Topas, Zitrin |

### *Feuer*

Transformation, Läuterung, Wachstum, Sexualität, Leidenschaft, Wille

| | |
|---|---|
| Richtung: | Süden |
| Tageszeit: | Mittag |
| Jahreszeit: | Sommer |
| Düfte: | Weihrauch, Kopal, schwarzer Pfeffer, Gewürznelken, Limone, Rosmarin, Ingwer |
| Farbe: | Rot, Orange |
| Tiere: | Koyote, Maus |
| Gegenstände: | Kerzen, Freudenfeuer, Peperoni |
| Mineralien: | Rubin, Granat, Karneol, Heliotrop |

### *Wasser*

Fließen, Läuterung, Erneuerung, tiefes Unterbewusstsein, Emotionen, Mitgefühl, der Urschoß, das zutiefst Weibliche, Fruchtbarkeit

| | |
|---|---|
| Richtung: | Westen |
| Tageszeit: | Abenddämmerung |
| Jahreszeit: | Herbst |
| Düfte: | Sandelholz, Kamille, Freesien, Iris, Jasmin, Rose, Vanille, Ylang-Ylang |
| Farben: | Blau, Grün, Türkis, Indigo |
| Tiere: | Bär, Rabe |
| Gegenstände: | Glas, Tasse, Schüssel, Ozean, Fluss, See, Strom, Saft, Wein |
| Mineralien: | Perlen, Heliotrop, Obsidian, Amethyst, Opal |

### *Erde*

Nährkraft, der Körper, materielle Besitztümer, natürliche Zyklen, Struktur

| | |
|---|---|
| Richtung: | Norden |
| Tageszeit: | Mitternacht |
| Jahreszeit: | Winter |
| Düfte: | Pinie, Zeder, Vetiver, indische Narbe, Geißblatt, Flieder |
| Farben: | Braun, Grün |
| Tiere: | Büffel, Eule |
| Gegenstände: | Pflanzen, Blumen, Erde, Salz, Getreide, Brot |
| Mineralien: | Smaragd, Türkis, Malachit, Chrysokoll |

## Die Rohmaterialien: Ihr Verstand und Ihr Körper

In jedem von uns schlummert eine nicht angezapfte Quelle des Friedens, der Weisheit und der Führung. Häufig wird uns das jedoch erst klar, wenn wir langsamer werden, unseren Verstand ruhig stellen, uns auf unseren Körper einstimmen und den kreativen Säften erlauben zu fließen. Die nachfolgenden Grundtechniken, auf die ich im Lauf des Buches regelmäßig Bezug nehme, können Ihnen dabei helfen.

### *Bewusstes Atmen*

Das ist ein wichtiger Teil fast jeden Rituals, denn es beruhigt Sie und hilft Ihnen, den heiligen Raum zu betreten. Viele Arten von Atemübungen werden in den unterschiedlichen Meditationsschulen gelehrt: bestimmte Atemübungen können Sie erfrischen oder entspannen, Sie wachsam machen oder Sie zum Einschlafen bringen.

Wenden Sie jene Atemübungen an, mit denen Sie sich am wohlsten fühlen. Sollten Sie zu denjenigen gehören, die noch nie meditiert oder ein Entspannungsritual oder eine Visualisierung durchgeführt haben, dann möchte ich Ihnen jetzt eine grundlegende Atemtechnik vorstellen:

Setzen Sie sich ruhig hin und sorgen Sie dafür, dass Ihr Rücken von einem bequemen Kissen gestützt wird. Schließen Sie nun die Augen. Atmen Sie tief durch die Nase ein und saugen Sie so viel Luft wie möglich sanft in Ihren Körper ein. Da dies wahrscheinlich der erste bewusste Atemzug ist, den Sie heute genommen haben, genießen Sie ihn. Erlauben Sie dem Atem, tief in Ihren Bauch zu strömen, ihn mit Luft zu füllen und ihn aufzublähen. Manche Menschen nennen das den »Bauchatem«. Atmen Sie nun langsam aus. Atmen Sie weiter durch die Nase ein und zählen Sie dabei bis Vier, halten Sie den Atem an und zählen Sie bis Zwei, atmen Sie dann langsam aus und zählen Sie dabei bis Vier. Atmen Sie langsam und tief und konzentrieren Sie sich ausschließlich auf Ihren Atem – ein und aus, ein und aus, ein und aus. Wiederholen Sie das so lange, bis Sie sich ruhig und entspannt fühlen. Richtig atmen zu lernen ist der erste Schritt zur Meditation.

### *Meditation*

Ich beginne jeden Tag damit, mindestens zwanzig Minuten lang zu meditieren. Es kann jedoch sein, dass Sie der Gedanke, stillzusitzen, nicht anspricht. Das ist in Ordnung. Sie können auf zahlreiche andere Art und Weise in einen entspannten, meditativen Zustand gelangen – durch Spazierengehen oder Schwimmen, durch Gartenarbeit oder indem Sie sich einfach auf den Boden legen und die Wolken beobachten. Man kann in völliger Stille meditieren oder mit Musik, allein oder in der Gruppe, im Freien oder in der Wohnung. Um den Verstand zu entspannen, können Sie bei Ihren Atemübungen auch ein einfaches Wort wiederholen, beispielsweise »Friede« oder »Om«.

Die Entspannung wird Sie nicht nur beruhigen, sie führt Sie auch in den *herz-zentrierten* Raum. Sie erlaubt Ihrem angeborenen Mitgefühl und Ihrer Liebe, Sie anzuleiten, anstatt sich von dem häufig kritischen und allzu analytischen Verstand kontrollieren zu lassen. Wenn Sie sich eine oder zwei Minuten auf Ihr Herz konzentrieren, wird das Chaos in Ihrem Kopf ruhiger und Sie können ein festeres Band zu Ihrer inneren Weisheit knüpfen und Ihre Heilungsfähigkeit erhöhen. Die tiefste Verbindung findet immer im Herzen statt.

### *Visualisierung und Imagination unter Anleitung*

Die Tiefen Ihrer Imagination sind eine unangezapfte Ressource. Lernen Sie, sich deren Kraft nutzbar zu machen. In unzähligen Untersuchungen haben Wissenschaftler bewiesen, dass man tatsächlich eine Unterhaltung mit seinem Körper führen kann; der Körper wiederum spricht mit dem Gehirn, das daraufhin eine Reaktion des Nervensystems einleitet. *Bleibe ganz ruhig. Sei zuversichtlich. Sei stolz auf dich. Werde gesund. Überlege dir neue Lösungen.* Je mehr positive Botschaften Sie schicken, desto mehr werden Sie Gesundheit und verbesserte Erfahrungen in Ihr Leben bringen.

Die Visualisierung dient als Mittel, um diese Botschaften weiterzuleiten. Eine erfolgreiche Visualisierung erlaubt Ihrem Körper, in die so genannte Entspannungsreaktion zu fallen – Ihr Herz schlägt langsamer, Ihr Kopf wird klar, Ihre Muskeln entspannen sich. Manchen Menschen fällt das von Natur aus leichter als anderen, sie können ihren Körper leichter mit ihrem Verstand dirigieren; Psychologen nennen sie »hoch absorbierend«.

Aber denken Sie daran, dass es ein *Prozess* ist, in Ihren Visualisierungen Meisterschaft zu erlangen; je mehr Sie üben, desto besser werden Sie. Ich habe mit Menschen gearbeitet, die sich anfangs kaum ein weißes Licht vorstellen konnten und heute sehen sie ganze Bildfolgen in Technicolor. (Vielleicht werden Sie persönlich niemals Bilder sehen, dann jedoch stehen die Chancen gut, dass Sie andere Wege zur Visualisierung finden, beispielsweise Geräusche hören oder Gefühle empfinden.)

Was genau ist die Visualisierung eigentlich? Ich stelle sie mir als eine Geschichte vor, die man sich selbst erzählt – sie beruhigt den Körper und schickt den Verstand in eine bestimmte Richtung. Visualisierungen sind eine Möglichkeit, Verstand, Körper und Geist miteinander zu verbinden. Eine Visualisierung kann Sie entspannen oder heilen, Emotionen aufdecken, die Sie loslassen sollten, Ängste mildern, Kreativität wecken und Führung bieten.

Sie können den Visualisierungsvorschlägen anderer folgen oder Ihre eigene Visualisierung erschaffen. Wenn Sie selbst kreativ werden, dann nehmen Sie die Visualisierung am besten auf Band auf, damit Sie sie abspielen und friedlich ihre Kraft erfahren können. Zu einer Imagination unter Anleitung können eine oder mehrere der folgenden Komponenten gehören:

- **Einen bestimmten Ort aufsuchen.** Sie können innerlich in den Garten gehen, an den Strand, in den Wald, an eine historische Stätte, von der Sie gehört oder über die Sie gelesen haben, in eine Raumkapsel, die durch den Himmel schießt, oder an irgendeinen imaginären Ort – solange es nur *Ihr* Ort ist und Sie sich dort sicher fühlen.
- **Alle Sinne mobilisieren.** Wenn Sie an diesem besonderen Ort angekommen sind, was sehen und hören Sie? Welche Düfte und Strukturen umgeben Sie? Ein hoch absorbierender Mensch ist möglicherweise sogar in der Lage, die Erfahrung zu schmecken. Je mehr Sie all Ihre Sinne einbringen,

desto schneller reagiert Ihr Körper und desto wirksamer wird diese Übung sein.

- **Kontakt zu einer »Weisheitsfigur« aufnehmen.** Stellen Sie sich jemand vor, den Sie gekannt haben, ein altes und weises Familienmitglied, einen Lehrer, einen spirituellen Führer oder eine mythologische Figur, ein religiöses Symbol oder einfach Farben und Licht, die zur Weisheit zu führen scheinen. Meine Figur ist für gewöhnlich eine weise Frau, eine alterslose Weise mit ausgeprägten Gesichtszügen und von imposanter Statur. Sie ist allwissend und besitzt grenzenloses Mitgefühl. Für mich verkörpert sie die Weisheit aller Zeiten. Andere Menschen sehen nicht unbedingt etwas, aber sie spüren eine Präsenz. Eine Frau sah sogar einmal Abraham Lincoln! Seien Sie offen für die unendlichen Möglichkeiten. Ihre Weisheitsfigur kann für Sie eine Überraschung sein und sie kann sich im Laufe der Zeit auch verändern.
- **Um Führung bitten.** Sobald Sie eine Verbindung zu Ihrer persönlichen Weisheitsfigur hergestellt haben, stellen Sie ungeniert alle Fragen, die Ihnen einfallen. »Was soll ich als Nächstes tun?« »Warum habe ich diese Gefühle?« »Bin ich auf dem richtigen Weg?« »Sollte ich in diesem Augenblick noch etwas wissen?« »Was gibt mir ein Gefühl der Erfüllung?« Vielleicht haben Sie auch eine spezielle Frage zu einem bestimmten Problem. Fragen Sie.

## Einen Altar errichten

Wir denken bei Altar meistens an etwas, das man in einem Gotteshaus findet. Das stimmt, aber warum sollten Sie nicht auch einen Altar in Ihrer Wohnung haben? Eine der besten Möglichkeiten, die ich kenne, um das Heilige in das Alltagsleben einzubringen, ist die Errichtung eines Altars. Sie können ihn in Ihrer Wohnung, Ihrem Büro, in der Schule oder im Auto aufbauen; er wird Sie den alltäglichen Kümmernissen entreißen und Sie mit etwas verbinden, das größer ist als Sie selbst.

Zu den meisten Ritualen gehört es einfach dazu, einen Altar zu errichten. Die Symbole, die Sie für Ihren Altar auswählen, werden Ihre Absicht stärken. Bei einem Wohlstandsritual könnten Sie zum Beispiel Geld auf den Altar legen. Bei einem Heilungsritual (siehe das Kapitel »Einander Heilen«) kann sich ein Foto des Patienten, auf dem er glücklich und gesund ist, als überaus machtvoll erweisen. Selbst wenn Sie kein einziges Ritual aus diesem Buch durchführen, wird ein Altar Sie ständig daran erinnern, dass eine göttliche Macht in Ihrem Leben tätig ist. Aus diesem Grund führen Nomadenvölker tragbare Altäre mit sich.

Ihr Altar sollte Sie und Ihre Träume widerspiegeln, gestalten Sie ihn daher ganz individuell. Stellen Sie sich den Altar als Nachrichtenbrett für das Universum vor – als Möglichkeit, Gott eine direkte Botschaft zu schicken. Carol, eine alte Freundin, schrieb die Worte *Freude*, *Spaß*, *Tanz* und *Traum* auf vier Steine und legte sie auf ihren Altar. Evelyn hat Fotos ihrer spirituellen Lehrer und enger Freunde aufgestellt und zündet regelmäßig Räucherwerk und Kerzen an. Auf dem Altar meines Sohnes Jourdan befindet sich eine Sammlung Kristalle, zusammen mit einem Foto seiner Hauskatzen. Rena, eine Schriftstellerin, bringt ihre Drehbücher und Romane als Teil ihrer Opfergaben auf ihrem Altar dar. Auf meinem eigenen Altar finden sich frische Blumen, eine Kerze, eine Statue von Kuan Yin (der chinesischen Göttin des Mitgefühls), eine Muschel, die die Erde verkörpert und mich an einen Strand erinnert, den ich liebe, Fotos meiner Familie und die positiven Affirmationen, die ich mir aufgeschrieben habe. Zu Ehren der Elemente entzünde ich ein Räucherwerk (das sowohl das Feuer als auch die Luft verkörpert) und ich stelle immer eine kleine Schale mit Wasser auf, um den Fluss aller Dinge zu symbolisieren.

Sie können auch einen Gruppen- oder Familienaltar errichten, auf den jeder und jede etwas legt, was von persönlicher Bedeutung ist. Auf diese Weise werden die Individuen zusammengeschweißt und es entsteht ein Gefühl der Ganzheit und der Verbundenheit.

Es gibt dauerhafte, vorübergehende und/oder tragbare Altäre: Ein *dauerhafter* Altar kann auf einer Truhe, einem kleinen Tisch oder auf dem Boden errichtet werden. Suchen Sie sich eine Stelle, die störungsfrei ist – einen Tisch oder eine Ecke Ihres Schreibtisches. Legen Sie ein Tuch darüber und füllen Sie Ihren Altar mit bedeutsamen Symbolen: Fotos der Menschen, die Sie lieben, einen Gegenstand, der Sie mit der Natur verbindet (etwa eine Muschel, ein Blatt oder einen Stein), ein Erinnerungsstück an einen Lehrer oder eine weise, liebevolle Freundin. Wenn Sie Ihre Bindung zum universellen Geist stärken wollen, dann stellen Sie auch eine religiöse Skulptur oder ein Symbol dazu und versuchen Sie etwas zu finden, das jedes Element verkörpert – Feuer, Wasser, Luft, Erde.

Ihre Aufmerksamkeit wird von den Gegenständen, die Sie auf Ihren Altar stellen, Energie erhalten, darum sollten Sie sich Dinge aussuchen, die Ihnen wichtig sind – gestalten Sie sie persönlich und schön. Jedes Mal, wenn Sie auf den Altar sehen, wird er Sie an das erinnern, was Ihnen am wichtigsten ist, und an die Unterstützung, die Ihnen durch ihn zuteil wird. Sie können Ihren Altar jede Woche verändern, zu jeder neuen Jahreszeit oder wann immer Sie das Bedürfnis verspüren, eine neue Energie oder neue Ideen einzubringen. Ein heiliger Ort, der im Lauf der Zeit immer wieder genutzt wird, lädt sich emotional und energetisch auf. (Jeder, der einmal die Kathedrale Notre Dame in Paris, die Klagemauer in Jerusalem oder andere ehrwürdige Monumente besucht hat, kann das bestätigen.)

Ein *vorübergehender* Altar wird für ein bestimmtes Ritual errichtet. Bauen Sie ihn dort auf, wo er Ihrer Meinung nach die größte Macht haben wird – für ein Sinnlichkeitsritual beispielsweise in Ihrem Schlafzimmer (siehe dazu das Kapitel »Feiern Sie Ihre Sinnlichkeit«). Haben Sie keine Angst vor abenteuerlichen Kombinationen. Einige meiner Lieblingsobjekte stammen aus Spielzeugläden und von Handwerksmessen. Verwenden Sie natürliche Stücke – legen Sie Steine um einen Ast oder nehmen Sie Muscheln und Tang vom Strand.

Ein *tragbarer* Altar sollte in eine kleine Schachtel oder einen Koffer passen, der leicht zu tragen ist. Darin können Sie eine Kerze, ein Symbol für den universellen Geist, etwas Räucherwerk, eine Flasche mit ätherischen Ölen oder ein schönes Stück Stoff mit sich führen.

Einige Rituale benötigen keinen Altar im engeren Sinn des Wortes, sie sind eher spontan und flexibel. Doch ist es immer gut, einen Altar zu verwenden, wenn man die Kraft eines Rituals verstärken möchte.

Denken Sie daran, Ihren Altar als Ort der Verehrung zu sehen. Stellen Sie keine Kaffeetassen auf Ihren Altar und legen Sie die Post von gestern nicht auf ihm ab. Verleihen Sie ihm eine Atmosphäre, in der Alltagsmomente zu kostbaren Juwelen werden und den reinen, unsichtbaren Geist manifestieren.

## Wie man anfängt

Sobald Sie mit den Gerätschaften, Zutaten und Rohmaterialien Ihrer Küche vertraut sind, können Sie anfangen zu kochen. Die nun folgenden drei Schritte sind die *Vorbereitung* (die Schürze umbinden), der eigentliche *Vorgang* (die Arbeit am Topf) und die *Nachbereitung* (das fertige Gericht genießen).

Zum ersten Schritt gehört die *Absicht*. Wie schon in der Einführung erwähnt, ist die Absicht eines der Schlüsselelemente eines Rituals. Warum wollen Sie dieses Ritual durchführen? Was erhoffen Sie sich davon? Denken Sie daran, dass Rituale stets mit einem offenen Herzen durchgeführt werden sollten und *niemals*, um einen anderen Menschen zu manipulieren. Nehmen Sie sich einige Augenblicke Zeit und schreiben Sie die Antworten auf. Seien Sie dabei konkret und gewissenhaft. Wenn Sie beispielsweise ein Freisetzungsritual planen (siehe das Kapitel »Alte Beziehungen loslassen«), dann fragen Sie sich, ob Sie diesen Menschen, diese Beziehung, diese Arbeitsstelle oder diese Angewohnheit *wirklich* loslassen wollen; versuchen Sie sich vorzustellen, inwieweit das Ihr Leben verändern wird.

Wenn Sie mit anderen zusammen ein Ritual durchführen, dann sprechen Sie gemeinsam über den Inhalt. Es fällt schwer, sich auf ein Ritual zu konzentrieren, wenn man nicht versteht, was da vor sich geht. Erklären Sie genau, was Sie tun werden, und das rechtzeitig. Auf diese Weise können alle Teilnehmer und Teilnehmerinnen das Ritual intensiv erleben.

*Stellen Sie als Nächstes alle Zutaten bereit.* Ich nenne Ihnen in diesem Buch einen ganzen Supermarkt voller Zutaten, die Sie für Ihre Rituale verwenden können, aber geraten Sie nicht in die Falle, zu perfektionistisch zu sein. Wenn Sie einen Gegenstand nicht auftreiben können, dann zeichnen Sie ein Bild davon, formen Sie ihn aus Ton, schnitzen Sie ihn aus Holz oder schneiden Sie ein Foto davon aus einer Zeitschrift aus. Wenn das Rezept eine gelbe Kerze erfordert und Sie keine bekommen können, dann nehmen Sie eine in Weiß, der Universalfarbe. Stellen Sie sich das Erschaffen eines Rituals wie eine Suppe vor. Ich kann Ihnen die Grundzutaten nennen, aber es liegt an Ihnen, Sie nach Ihrem eigenen Geschmack zu würzen. Und denken Sie daran: Tun Sie nie etwas, das Ihren Überzeugungen zuwiderläuft.

*Wo* sollen Sie Ihr Ritual durchführen? Der Ort kann die Art Ihrer Erfahrung beeinflussen. Wo immer es stattfindet, ob im Garten, Wohnzimmer, Schlafzimmer oder Büro, der Bereich sollte frei von Ablenkungen und Störungen sein. Stöpseln Sie das Telefon und das Faxgerät aus. Hängen Sie ein »Bitte nicht stören!«-Schild an Ihre Tür.

Denken Sie daran, dass ein Ritual einen *heiligen Ort* erfordert (siehe das Kapitel »Die Bestandteile eines Rituals«). Schon der einfache Akt, eine Kerze oder etwas Räucherwerk zu entzünden, eine Glocke zu läuten oder etwas Salz zu verstreuen, beziehungsweise Wasser zu versprühen, kann einen Ort heiligen. Manche Menschen ziehen ihre Schuhe aus, wenn sie einen rituellen Ort betreten, oder waschen sich die Hände mit Duftwasser, als Symbol dafür, dass sie die äußere Welt für einen kurzen Augenblick verlassen. Ich stelle immer eine Schüssel Salbeiwasser neben meine Eingangstür, damit sich meine Freunde die Hände waschen können. Das macht den Übergang von dem lärmigen Treiben New Yorks zu einer ruhigen und friedlichen Atmosphäre leichter.

Sie müssen auch das deutliche Gefühl von *Anfang und Ende* einbringen (siehe das Kapitel »Die Bestandteile eines Rituals«). Zu Beginn können Sie Musik einschalten, eine Kerze entzünden, tief durchatmen oder einfach sagen »Nun beginne ich«. Schließen Sie die Augen und suchen Sie Ihr Herz-Zentrum, wenn Sie sich auf Ihre Reise machen. Ihr Ritual muss auch ein formelles Ende haben: Blasen Sie die Kerze aus, sagen Sie »Danke« oder »Amen« oder nehmen Sie sich einen Augenblick Zeit, um in sich zu gehen, gefolgt von einem tiefen Atemzug.

Bei vielen Ritualen nenne ich Ihnen noch Tipps für eine *Nachbereitung*. Denken Sie daran, Rituale sind symbolische Riten, die Türen zu einem neuen Bewusstsein, zu Heilung und neuen Seinszuständen öffnen. Aber ein Ritual ist nur der Schlüssel, der die Tür aufschließt. Sobald Sie über die Schwelle treten, müssen Sie einen Weg finden, den Prozess fortzusetzen und neue Muster für Ihren Erfolg zu schaffen. Untersuchungen über den Ausstieg aus der Nikotinsucht zeigen, dass es 21 Tage dauert, die Gewohnheit des Rauchens abzulegen. Die meisten neuen Angewohnheiten brauchen mindestens so lange, bis sie greifen.

Sie können Rituale auch wiederholen oder andere Schritte unternehmen, um die Veränderung zu verstärken. Bitten Sie andere, den Übergang zu respektieren und Ihnen auf Ihrem neuen Weg zu helfen. Insbesondere wenn Sie eine negative Angewohnheit ablegen wollen, ist es von entscheidender Bedeutung, neue Verhaltensmuster zu schaffen, die die alten ersetzen. Eine Selbsthilfegruppe kann hier für Stabilität sorgen.

Die Nachbereitungs-Vorschläge gestalten sich ganz unterschiedlich. Bei einem der Rituale, das Ihnen helfen soll, mit Ihrem sinnlichen Ich in Kontakt zu treten, schlage ich vor, am nächsten Tag etwas Sinnliches zu tragen – seidene Unterwäsche, ein besonderes Parfüm oder einen fließenden Chiffon-Schal. Wenn Sie ein gemeinschaftliches Ritual durchführen (siehe das Kapitel »Gemeinschaft aufbauen«) mit der Absicht, sich gegenseitig näher zu kommen, dann sollten Sie in den nächsten Monaten ein weiteres Treffen einplanen. Bei anderen Ritualen, wie den Feiern zu besonderen Anlässen, ist eine Nachbereitung nicht immer erforderlich.

## Unbedingt beachten

Es folgen einige letzte Ratschläge, bevor Sie sich auf Ihre rituelle Reise begeben können:

### *Immer schön einfach*

Wenn Sie sich zum ersten Mal Rituale ausdenken, dann halten Sie diese einfach und konkret. Mit zunehmender Erfahrung können Sie Ihre Rituale komplizierter gestalten. Lassen Sie sich durch materielle Einschränkungen – wenn Sie beispielsweise nicht den richtigen Gegenstand oder den perfekten Platz haben – nicht davon abhalten, bedeutsame Erfahrungen zu machen. Und nehmen Sie dieses Prinzip auch als Metapher für Ihr Leben: Gründen Sie Ihr Wohlbefinden niemals auf Faktoren, die außerhalb von Ihnen selbst oder außerhalb Ihrer Kontrolle liegen.

### *Kinder sind willkommen*

Kinder lieben es, in der Küche auszuhelfen, auch in der *Ritual*-Küche. Ich möchte Sie ermutigen, Ihre Riten und Zeremonien mit Kindern zu teilen. Bitten Sie Ihre eigenen Kinder, Ideen beizusteuern. Kinder haben eine natürliche Affinität zu Ritualen und ihre Vorstellungskraft verleiht Ritualen eine Kreativität und Inspiration, die Sie erfreuen und erstaunen wird. Gehen Sie nie davon aus, dass Kinder zu klein sind, um ein Ritual zu schätzen. Ganz im Gegenteil, Rituale bieten ein willkommenes Gefühl von Struktur und Kontinuität.

### *Offen sein für neue Möglichkeiten*

Je öfter Sie Rituale durchführen, desto häufiger werden Sie feststellen, dass das Universum Hilfe gewährt und Wunder eintreten können. Sie gewinnen neue Einsichten über Ihr Leben, Heilung findet statt und Energieblockaden brechen auf. Stellen Sie sich vor, dass Sie sich bei einem Ritual auf die universelle Lebenskraft einstimmen. Sehen Sie Ihr Leben als großartiges Abenteuer – gehen Sie auf einem neuen Weg nach Hause, probieren Sie ein neues Gericht, versuchen Sie etwas, das Sie noch nie zuvor getan haben. Stellen Sie sich vor, ein Tourist zu sein, der ein fremdes Land bereist. Betrachten Sie Ihr Leben unter einem neuen Blickwinkel und entdecken Sie seine verborgenen Schätze.

# 3

# Rituale für jeden Tag

Meistens leben wir unsere Tage wie auf Automatikpilot, hasten gedankenlos von einer Aufgabe zur nächsten, von den Ansprüchen des einen Menschen zu den Ansprüchen des nächsten, von einem geschäftigen Bereich unseres Lebens zu einem völlig anderen, aber ebenso geschäftigen, Bereich. Häufig denken wir nicht einmal darüber nach, was wir tun, wie wir es tun oder sogar warum. Und wir nehmen uns sicher nicht die Zeit, zu atmen, ganz zu schweigen davon, an einer Rose zu riechen. Kein Wunder, dass uns Rücken- und Kopfschmerzen, Ängste und Magengeschwüre plagen. Ich habe festgestellt, dass Alltagsrituale diesem Stress entscheidend entgegenwirken. Sie helfen mir, das Tempo zu drosseln und mir selbst meiner Umgebung bewusster zu werden. Sie verleihen allem, was ich tue, das beruhigende Gefühl innerer Ruhe. Bei Ihnen können Rituale dasselbe bewirken.

Das komplizierte Gewirr aus Arbeit und Beziehungen löst sich auf, wenn Sie einfache Rituale in Ihren Alltag integrieren. Sie werden Frieden und Ruhe entdecken, in der Sie Ihre Kraft erneuern, Klarheit erfahren und ein Gefühl der Zuversicht finden – und auch einen Moment ganz für sich alleine, um tief zu atmen, bevor Sie sich einer neuen Aufgabe zuwenden.

Die folgenden Rituale gehören zu meinen Lieblingsriten. Viele meiner Klienten und Freunde führen sie regelmäßig durch, mit leichten Abweichungen, um ihre eigenen Bedürfnisse zu erfüllen und ihren individuellen Umständen gerecht zu werden. Es sind möglicherweise keine Rituale im formellen Sinn, denn einige können ohne bestimmte Zutaten, symbolische Elemente oder einen Altar vollzogen werden. Alles, was Sie benötigen, ist nur ein intensives Bewusstsein, etwas Zeit und die Absicht, sich mit sich selbst oder anderen zu verbinden. Ich empfehle Ihnen auch, sich wann immer möglich die Zeit zu nehmen und sich auf den Altar Ihrer Wahl einzustimmen – idealerweise einmal am Tag. Schließlich ist er die entscheidende Nahtstelle, um eine Verbindung zum universellen Geist herzustellen.

## Am Morgen

Wie oft krabbeln Sie nachts zwischen die Laken und denken: »Dieser Tag hat schon schlecht angefangen und wurde dann immer schlimmer«? Wie können Sie schlafen, wenn Sie das Durcheinander und das Chaos, das Ihren Tag ausmachte, noch einmal Revue passieren lassen? Und wie begrüßen Sie den nächsten Morgen? Mit einem emotionalen Kater? Innerlich zu leer, um den neuen Tag auch nur annähernd anders zu gestalten als den Tag zuvor?

Ein Morgenritual kann Ihnen helfen, jeden Tag in Frieden und mit Optimismus zu beginnen. Es kann Ihnen helfen, an Ihre Fähigkeit zu glauben, dass Sie mit allem fertig werden, was Sie draußen in der Welt erwartet. Etwas Zeit für sich selbst kann die gesamte Energie Ihres Tages verändern; es kann Ihre Wahrnehmung verändern und somit Ihre körperlichen, emotionalen und intellektuellen Ressourcen bereichern.

### *Absicht*

Ihr Ziel ist, sich in einem Augenblick innerer Stille zu sammeln und damit vertraut zu werden, wie Sie sich in einem ruhigen, konzentrierten Zustand fühlen, um sich, wenn nötig, im Laufe des Tages daran erinnern und so zusätzliche Energie und Inspiration schöpfen zu können.

### *Zeitpunkt*

Jeden Morgen, bevor Sie mit Ihrem geschäftigen Tageswerk beginnen.

### *Zutaten*

Zitrusöl – Orange, Grapefruit, Limone (Optimismus und Freude), eine Schale warmes Wasser; Sie können auch die Früchte selbst verwenden.

### *Rezept*

Beginnen Sie jeden Tag bewusst damit, das Beste zu erwarten. Zuerst mag das schwierig erscheinen, aber es wird leichter, insbesondere wenn Sie aufwachen und sich auf das Vergnügen Ihres morgendlichen Rituals freuen. Legen Sie eine bestimmte Zeitdauer fest (mindestens fünf Minuten, wenn möglich etwas länger), die Sie nur sich selbst widmen. Geben Sie einige Tropfen Zitrusöl in die Schale mit warmem Wasser auf Ihrem Altar. Atmen Sie mit jedem Atemzug den stimmungshebenden Duft ein. Machen Sie sich klar, dass dieses Ritual ganz Ihnen gehört. Sie können beschließen, still zu werden oder sich etwas anzusehen, was Ihnen Freude bereitet, etwa das Foto eines alten Freundes, ein herrliches Gemälde oder den Blick aus Ihrem Fenster. Sie können aber auch die Augen schließen und Ihrem Lieblingsmusikstück lauschen, ein Gedicht rezitieren, das Sie lieben, oder ein kurzes Gebet für jemanden in Ihrem Leben sprechen, auch für sich selbst. Wenn Sie lieber aktiv sein möchten – spazieren gehen, Blumen arrangieren oder an einem Modellflugzeug arbeiten –, dann halten Sie jeweils am Anfang und Ende Ihres Rituals kurz inne, um das Zitrusaroma einzuatmen.

## Das Ritual im Einsatz

John hat erkannt, dass er Stille und Zeit für sich braucht, um die Kluft zwischen seinem Schlaf und dem geschäftigen Treiben seines Alltags zu überbrücken. Er hat ein Ritual im Freien geschaffen, das seine Bedürfnisse erfüllt. John beginnt damit, dass er eine Orange schält und isst, dabei das reiche Aroma schmeckt und riecht. Dann zieht er die Sachen an, die er sich am Abend zuvor zurechtgelegt hat, und verlässt leise das Haus. Ob bei Regen oder bei Sonnenschein, das ganze Jahr über geht John die paar Straßen zu dem Park in seinem Viertel. Wenn er dort ist, genießt er ganz bewusst die Farben der Jahreszeit, die Strukturen und die Düfte, die der Park zu bieten hat. Er atmet die frostige Luft des Winters ein, die Fülle des Sommers, die Frische des Frühlings und die bittersüße Schärfe des Herbstes. John verbindet sich bewusst mit der Erde. Seinen Freunden erzählt er, dass er eine besondere Kraft aus diesem Ritual zieht, eine Kraft, die den ganzen Tag über auf seinen Geist, seinen Körper und seinen Verstand wirkt.

Im Laufe der Zeit fielen John auch die langfristigen Vorzüge seines morgendlichen Rituals auf. Weil er eine tiefe persönliche Beziehung zu den Zyklen der Natur entwickelte, verfügt er heute über eine größere Bereitschaft zu Veränderung und Wachstum in seinem eigenen Leben, außerdem besitzt er die feste Zuversicht, dass er allen Unwägbarkeiten trotzen kann, die solche Veränderungen mit sich bringen. Darüber hinaus weiß John die Künste mehr zu schätzen, weil er der Schönheit des Parks so viel Aufmerksamkeit gewidmet hat.

## Dankbarkeit

Wenn ein Familienmitglied oder ein Freund plötzlich schwer erkrankt, dann wird uns klar, wie viel er für unser Leben bedeutet, und wir denken auch darüber nach, wie wichtig unsere eigene Gesundheit ist. Wir werden sensibler für all das Gute in unserem Leben. Einfache Dinge gewinnen eine völlig neue Bedeutung – der Geschmack eines knackigen Apfels, das bezaubernde Lächeln eines Kindes, die Rücksichtnahme einer Freundin. Das Leben erscheint uns kostbarer und wir sind uns der Tatsache bewusster, dass unsere Zeit auf Erden nur begrenzt ist und wir jeden Augenblick schätzen müssen.

Warum braucht es eine Tragödie, um für das dankbar zu sein, was wir haben? Warum können wir uns nicht jeden Tag aufs Neue bewusst sein, wie viele Gelegenheiten sich uns bieten, zu lieben, zu lernen und uns um das Wohlbefinden anderer und um unser eigenes Wohlbefinden zu kümmern? Dieses Ritual wird Ihnen helfen, mit schwierigen Situationen zurechtzukommen – ob groß oder klein. Es ist darauf ausgerichtet, in Ihr Alltagsleben Gefühle der Dankbarkeit einzuweben und Ihnen zu helfen, sich selbst in Momenten dankbar zu fühlen, wenn Sie traurig oder ängstlich sind.

### *Absicht*

Die Menschen, die Sie lieben, und sich selbst zu schätzen und zu ehren.

### *Zeitpunkt*

Mindestens einmal die Woche.

### *Zutaten*

Zimtessenz oder Zimtstangen (Wohlstand und Fülle), eine kleine Schale warmes Wasser, ein Notizbuch und ein Stift, Schreibpapier.

### *Rezept*

Geben Sie zu Beginn des Rituals einige Tropfen der Zimtessenz in eine Duftlampe, eine Sprühflasche oder die beiden zerstoßenen Zimtstangen in die Schale warmes Wasser, die Sie anschließend auf Ihren Altar stellen. Lassen Sie den Duft den ganzen Raum durchdringen. Schreiben Sie nun Ihre materiellen Besitztümer auf – Ihr Heim, Ihr Auto, Ihre Kleider, Ihre Bücher, Ihre Speisen, Ihren Fernsehapparat, Ihren Computer und so weiter. Wahrscheinlich werden Sie überrascht sein, *was* Sie alles besitzen. Schreiben Sie neben jeden Gegenstand einen oder zwei Gründe, warum er für Sie wichtig ist. Notieren Sie nun die Erinnerungen, die Ihnen geblieben sind – an Orte, die Sie besucht haben, Gemälde, die Sie gesehen haben, Musik, die Sie gehört haben – und führen Sie aus, warum Ihnen diese Erinnerungen wichtig sind.

Zu guter Letzt führen Sie alle Menschen in Ihrem Leben auf – Freunde und Familie, Kollegen und alle anderen, denen Sie regelmäßig begegnen. Schreiben Sie neben jeden zwei oder drei Dinge, die Sie an ihm schätzen, beispielsweise das fröhliche »Hallo« Ihres Nachbarn, die geduldige Dienstleistung des Angestellten im Haushaltswarenladen, die Liebe Ihres Partners, die Weisheit eines Lehrers oder das zuverlässige Verständnis Ihrer ältesten Freundin.

Bei manchen Menschen kann es sich als echte Herausforderung erweisen, Eigenschaften zu finden, die Sie schätzen. Denken Sie daran, selbst wenn jemand eine grobe oder negative Einstellung hat, kann sich dennoch eine wertvolle Lektion dahinter verbergen. Die Chinesen kennen diese Vorstellung schon seit Tausenden von Jahren: Ihre Kalligraphen bilden das Wort »Krise« aus den vereinten Schriftzeichen für Gefahr und Gelegenheit. Wenn Ihnen jemand mit Feindseligkeit begegnet, dann betrachten Sie das als Chance, Ihre Grenzen zu erweitern und für sich selbst und für Ihre Überzeugungen einzutreten. Sie können das Ereignis, wenn es eintritt, vielleicht nicht in einem positiven Licht sehen, aber je häufiger Sie dieses Ritual durchführen, desto schneller werden Sie den Wert solcher Augenblicke erkennen.

Wenn Sie dieses Ritual zum ersten Mal vollziehen, kann es eine Weile dauern. Aber sobald Sie Ihre Listen erstellt haben, brauchen Sie sie nur noch regelmäßig auf den neusten Stand zu bringen. Und wenn Sie dieses Dankbarkeitsritual das nächste Mal durchführen, ist die Vorarbeit schon geleistet.

Wenn Sie nicht viel Zeit haben, sich aber ein paar Minuten nehmen wollen, um über das Gute in Ihrem Leben nachzudenken, dann kennen die Hawaiianer ein wundervolles Segnungsritual, das meinem Dankbarkeitsritual ähnelt. Sie gehen spazieren und segnen währenddessen alles, was sie sehen – die Blumen wegen ihres Dufts, die Straßen, weil man auf ihnen vorwärts kommt, die Kleider für ihre Schönheit und ihren Schutz und die Hunde des Ortes für ihre Loyalität. Indem sie sich auf etwas Positives konzentrieren, verändern sie ihre eigene Schwingung, indem sie Dinge segnen, öffnen sie sich in Wirklichkeit selbst, um mehr Segen zu empfangen.

## Das Ritual im Einsatz

Jack verabschiedete sich von der Welt des Managements, um als freiberuflicher Autor eine neue Karriere einzuschlagen. Eines Nachmittags kam er zu mir, weil er Angst hatte und nicht wusste, was er tun sollte. Ihm würde bald das Geld ausgehen, und er geriet allmählich in Panik. »Nichts scheint zu funktionieren. Alles in meinem Leben fühlt sich einfach *schlecht* an.« Ich schlug vor, das Danksagungsritual durchzuführen, und bat ihn, eine Liste all seiner Ressourcen aufzustellen.

Jack lachte und meinte: »Das dauert maximal eineinhalb Minuten!« Aber er setzte sich hin und fing mit allen Menschen in seinem Leben an. Er war überrascht, an wie viele Menschen er dabei dachte und wie leicht es ihm fiel, Gründe für deren Wertschätzung zu finden – ihre Ratschläge, ihr Verständnis und ihre Geduld oder ihre Einladungen zum Abendessen oder zu einem Wochenende auf dem Land. Bei seinen Besitztümern notierte Jack seine Wohnung, die Möbel und den neuen Laptop, der es ihm erlaubte, an jedem gewünschten Ort zu schreiben.

Ich fragte ihn, ob er genügend Geld habe, um für die Miete aufzukommen und seine Grundbedürfnisse zu erfüllen (nicht notwendigerweise all seine Wünsche). Jack meinte, er habe momentan genug, aber er mache sich ernste Sorgen um die Zukunft. Ich ermutigte ihn, sich auf die Gegenwart zu konzentrieren und die Liste in seiner Tasche mit sich zu führen, damit sie ihn aufbauen konnte, wann immer er sich alleine und verloren vorkam. Jack seufzte tief und die Sorgenfalten in seinem Gesicht verschwanden, als er langsam das Universum als einen Ort erkannte, der Fülle und Freiheit bot. Jack plante, seine tiefe Dankbarkeit all jenen Menschen mitzuteilen, die ihm so viel gegeben hatten.

Ich erzählte ihm von einem uralten metaphysischen Glauben, den man den »zehnfachen Zins« nennt. Es heißt, was immer man gibt, wird man zehnfach wiedererhalten. Diese Überzeugung baut auf der Annahme auf, dass das Universum ein Vakuum stets aufzufüllen trachtet, daher sollten Sie in Ihrem Leben auch immer Raum für Neues schaffen.

Jack ging, und ich hörte fast eine Woche nichts von ihm. Dann rief er mich an, um mir eine Geschichte zu erzählen. Am

Tag nach unserer Begegnung gab er einem Musiker, der vor einem Zeitungsstand auf seiner Geige spielte, fünf Dollar. Zwei Tage später schenkte Janice, Jacks Freundin, ihm ein 25-Dollar-Ticket für ein Konzert, das er wirklich gern hatte hören wollen. Natürlich wird man nicht immer so buchstäblich belohnt, wenn man etwas gibt, aber die Geschichte illustriert das Beispiel doch recht gut.

### *Nachbereitung*

Wenn Sie mit Ihrer Liste fertig sind, dann sehen Sie sich die Namen auf der Liste an und schreiben Sie mindestens einer dieser Personen oder rufen Sie sie an, um ihr zu sagen, wie sehr Sie sie schätzen. Sie können auch Blumen oder selbst gebackene Plätzchen schicken, um diesem Menschen dafür zu danken, dass er ein Teil Ihres Lebens ist. Ihre Dankbarkeit lässt sich auch dadurch ausdrücken, dass Sie den Zehnten geben, das heißt, zehn Prozent Ihres Einkommens an Ihre Religionsgemeinschaft spenden oder für einen guten Zweck, von dem Sie überzeugt sind. Metaphysisch und emotional empfangen Sie umso mehr, je mehr Sie geben.

## Innere Führung

Wenn wir gänzlich im gegenwärtigen Augenblick ruhen, zentriert sind – an diesem Ort, in dieser Zeit, in diesen Gefühlen –, können wir eine authentische Entscheidung treffen, die auf unseren spirituellen Bedürfnissen basiert. Wir können angemessen handeln, das zu erfüllen suchen, was wir wahrhaft benötigen, und das tun, was wir wirklich wollen, und nicht die Dinge, die wir unserer Meinung nach tun *sollten*. Der Gedanke *ich sollte* stammt oft von einem anderen Ort und aus einer anderen Zeit, als wir selbst noch anders waren. Wenn wir jedoch im Hier und Jetzt leben, können wir besser auf unser Leben reagieren und zweifelsohne mehr Begeisterung und Energie aufbringen. Denken Sie nur darüber nach, wie Sie sich fühlen, wenn Sie aus einem Gefühl der Verpflichtung heraus Zeit mit einem Menschen verbringen und nicht deswegen, weil Sie es wirklich wollen. Wir wissen alle, wie wichtig eine regelmäßige ärztliche Untersuchung ist, aber was ist mit regelmäßigen spirituellen und emotionalen Untersuchungen? Dieses Ritual kann Ihnen helfen, einen kritischen Blick auf Ihre Gefühle und Bedürfnisse zu werfen. Sie werden Ihren Mitmenschen mehr Energie, Klarheit und Fürsorge anzubieten haben, wenn Sie in diesen Punkten zuerst an sich selbst denken.

### *Absicht*

Sich mit Ihrem wahren Ich zu verbinden.

### *Zeitpunkt*

Am besten täglich; mindestens jedoch einmal die Woche und wann immer Sie den Kontakt zu Ihren Bedürfnissen verloren haben.

### *Zutaten*

Pfefferminze (Klarheit, Auflösung von Blockaden), eine indigoblaue Kerze (Intuition), eine kleine Schale, Papier, Füller oder Bleistift, Buntstifte oder Marker.

### *Rezept*

Suchen Sie sich einen ruhigen Ort, an dem Sie nicht gestört werden, und bauen Sie Ihren Altar auf. Zünden Sie die Kerze an und zerstoßen Sie die Pfefferminze in der Schale. Atmen Sie zu Beginn des Rituals, aber auch zwischendurch, immer wieder den Duft der Minze ein. Konzentrieren Sie sich nun dreißig Sekunden lang auf Ihr Herz-Zentrum (siehe zu *Meditation* das Kapitel »Die Gerätschaften«). Schreiben Sie anschließend die folgenden Sätze auf und lassen Sie nach jeder Aussage viel Platz:

*Ich fühle ______, ich brauche ______, ich will ______.*

Füllen Sie die Lücken in freier Assoziation aus, gehen Sie dabei von Ihren Gefühlen zu Ihren Bedürfnissen und dann zu Ihren Wünschen über. Zensieren Sie sich nicht und machen Sie sich auch keine Sorgen um Rechtschreibung oder Grammatik. Arbeiten Sie mit Farben, um Ihre Schwerpunkte hervorzuheben oder eine Stimmung auszudrücken – Grün kann Sie trösten, Braun kann ein Zeichen dafür sein, Ihre Energie zu zentrieren. Genießen Sie das Wissen, dass diese Seiten nur Ihnen zu Gesicht kommen.

Ihre Emotionen können von tiefer Traurigkeit zu kindlicher Albernheit reichen. Vielleicht brauchen Sie für dieses Ritual auch länger, als Sie es eingeplant hatten; setzen Sie es fort, wenn Ihnen mehr Zeit zur Verfügung steht. Stellen Sie es sich als eine Art »Kartographie«-Ritual vor, das Sie zu sich selbst und zu Ihrer eigenen Kreativität, zu der Kraft Ihrer Entschlossenheit und zu Ihrer inneren Stärke führt.

## Das Ritual im Einsatz

Jeder liebte Susan. Mit 38 Jahren war sie eine vorbildliche Ehefrau, Mutter von drei Kleinkindern und eine loyale Freundin, die für jeden ein freundliches Wort hatte. Sie konnte meisterhaft jonglieren, war Vorsitzende der Freiwilligengruppe im Krankenhaus, ehrenamtliche Sekretärin des Elternbeirats an der Schule und leitete die Pfadfinderinnentruppe ihrer Tochter. Doch fast jeden Morgen wachte sie mit Kopfschmerzen auf.

Als Susan zu mir kam, klagte sie darüber, dass ihre Energie ständig abnahm und sie bei kleinsten Provokationen zunehmend gereizt reagierte. Susan hörte mit einer Mischung aus Skepsis und Neugier zu, als ich das Ritual der inneren Führung beschrieb. Nachdem ihr Mann und die Kinder am nächsten Morgen das Haus verlassen hatten, stöpselte Susan das Telefon aus, schloss die Haustür ab, nahm einen Notizblock und einen Bleistift und setzte sich auf die Veranda hinter dem Haus. »Ich sah die Tulpen und Narzissen blühen und konnte mich nicht einmal daran erinnern, sie gepflanzt zu haben«, erzählte sie mir später. »Zum ersten Mal seit Monaten legte ich eine Pause ein, die lange genug dauerte, um tief durchzuatmen. Ganz zu schweigen davon, zu fühlen, was ich wirklich fühlte!«

Kaum hatte Susan mit Schreiben begonnen, brach die Wahrheit aus ihr heraus. »Ich fühle mich müde. Ich fühle mich ausgebrannt. Ich fühle mich, als ob ich in einem Karussell mit einer Million Meilen die Stunde herumgewirbelt werde.« Sie hielt kurz inne und fügte dann hinzu: »Ich fühle mich traurig. Ich fühle mich nicht erfüllt ...« Sie stand auf, zog ihre Schuhe aus und spazierte barfuß durch das morgendlich kühle Gras, mit dem Notizbuch in der Hand. Sie schrieb weiter: »Ich brauche eine Pause. Ich brauche Zeit für mich. Ich brauche Musik.«

Überrascht von der Kraft ihrer Gefühle und der Tatsache, dass die Wahrheit so schnell ans Licht kam, las Susan langsam noch einmal, was sie aufgeschrieben hatte. Dann überlegte sie sich, wann sie richtig glücklich gewesen war – damals, als Mädchen, als sie auf dem Klavier ihre Freundinnen begleitete, die die neuesten Broadway-Melodien sangen. Warum konnte sie diese Szene nicht in der Gegenwart mit Ehemann und Kindern neu erschaffen?

»Es kann keinen Zweifel geben«, sagt Susan heute, »dass dieses Ritual in meinem Leben einen entscheidenden Wendepunkt darstellte.« Sie lacht. »Und erst meine Familie! Sie sollten mal hören, wie mein Ehemann und die Kinder diese Lieder schmettern!«

## Das Tagebuch

Wenn wir über unsere Gefühle und Eindrücke schreiben, erhalten wir einen einzigartigen Einblick in uns selbst. Weder Gespräche mit anderen noch selbstversunkenes Nachdenken bieten so viel Trost und Klarheit wie das Schreiben oder die immer wieder neue Lektüre unserer eigenen Worte auf Papier.

Schreiben ist auch befreiend. Es ermöglicht uns, all die Dinge auszudrücken und loszuwerden, die uns belasten und uns bremsen. Schreiben ist aufschlussreich, denn unsere Ideen und Emotionen überraschen uns oft selbst. Im Laufe der Zeit werden Sie lernen, Ihre innewohnende Wahrheit und Weisheit schätzen zu lernen. Sie werden sich an Ihrer Kreativität erfreuen, an der wachsenden Selbsterkenntnis und an der Zuversicht, die beide mit sich bringen.

### *Absicht*

Klarheit durch In-sich-Hineinhorchen zu gewinnen.

### *Zeitpunkt*

Wann immer Sie das Bedürfnis haben, etwas verstehen zu wollen.

### *Zutaten*

Die ätherischen Öle von Sandelholz, Lavendel oder Melisse (Beruhigung), eine grüne Kerze (Harmonie), ein Tagebuch, ein Stift, Ihre Lieblingsmusik und irgendein symbolischer Gegenstand, den Sie ausschließlich für dieses Ritual verwenden (siehe auch den nachfolgenden Abschnitt).

### *Rezept*

Begeben Sie sich an einen vertrauten Ort und breiten Sie Ihre speziellen Schreibutensilien aus – ein schönes spiralgebundenes Notizbuch, ein stützendes »Schreibkissen« für den Rücken oder eine warme »Schreib-Stola«, die Sie um Ihre Schultern legen können. Das kündigt Ihrer Psyche an, dass Sie bereit sind, mit dem Ritual zu beginnen und sich ganz dem Schreiben zu widmen. Sorgen Sie dafür, dass niemand Sie stört. Viele meiner Klienten stellten fest, dass sie für dieses Ritual am frühen Morgen oder spät abends vor dem Schlafengehen am meisten Zeit für sich hatten.

Errichten Sie mit der Kerze und dem von Ihnen gewählten ätherischen Öl einen Altar. Zünden Sie die Kerze an, atmen Sie drei- oder viermal tief durch und genießen Sie den Duft des Öls. Meditieren Sie oder bedienen Sie sich einer Visualisierungstechnik (wie im Kapitel »Die Gerätschaften« beschrieben). Fangen Sie dann einfach an, alle Bilder, Ideen und Gefühle aufzuschreiben, die Ihnen durch den Kopf gehen, und das in der Reihenfolge, in der sie Ihnen einfallen. Kümmern Sie sich nicht darum, ob die Worte einen Sinn ergeben; es ist in Ordnung, wenn Sie sich selbst unterbrechen oder widersprechen. Manche Menschen nennen das »automatisches Schreiben« oder Schreiben im »Dämmerzustand«. Anfangs mag es Ihnen merkwürdig vorkommen. Ihre Worte können verwirrend oder zusammenhanglos erscheinen. Aber vertrauen Sie dem Prozess und vor allem sich selbst. Sie werden erstaunt sein, welche Einsichten auftauchen, wenn Sie sich selbst ehrlich und ohne Hemmungen ausdrücken.

## Das Ritual im Einsatz

Jeden Morgen nach meiner Meditation braue ich mir eine kleine Kanne Kamillentee, um mein Gefühl für Frieden und Entspannung zu verstärken. Während ich darauf warte, dass das Wasser kocht, hole ich meine spezielle Tasse und Untertasse hervor, schlage mein Tagebuch auf einer neuen Seite auf und lege meinen Stift bereit. Die Stille des Morgens, die Erinnerung an meine meditativen Erkenntnisse und der vertraute Duft nach Tee machen mir Mut, mich durch das Schreiben mit mir selbst zu verbinden.

Aber nicht jeder geht an das Tagebuchschreiben auf diese Weise heran. Mein alter Freund Sam gehört zu jenen Menschen, die ein allgemein gehaltenes Konzept schnell begreifen, alles verwerfen, was andere damit verbinden, und es dann zu ihrer ganz eigenen Sache machen.

Sam ist Börsenmakler und sein Büro liegt im Herzen von Chicago. Jeden Tag, nachdem die Börse geschlossen hat und bevor er seinen Tagesbericht schreibt, greift er sich seinen Aktenkoffer, winkt seiner Sekretärin zu und verspricht ihr, in 45 Minuten zurück zu sein. Dann fährt er mit dem Aufzug hinunter in eine der lärmendsten Straßen von Amerika. Er geht ein paar Schritte zu einem heruntergekommenen Lokal, wo er in seine angestammte Nische rutscht. »Das Übliche«, ruft er dem vertrauten Kellner zu, der ihm rasch ein Stück Apfelkuchen und eine Tasse viele Stunden alten Kaffees bringt. Aus seinem Aktenkoffer nimmt Sam sein Tagebuch, an dem sein Tagebuchstift festgesteckt ist. Er breitet alles auf dem Tisch aus (und schafft auf diese Weise einen tragbaren Altar), nippt an seinem Kaffee, isst einen Bissen von dem Apfelkuchen, atmet dreimal tief und langsam durch und fängt an zu schreiben. Mitten in dem Klappern der Teller, dem Brüllen der Bestellungen, dem Lärm der S-Bahn über seinem Kopf und den laut hupenden Autos auf der Straße taucht Sam in den Frieden und die Stille seines Tagebuchs ein. Er erzählte mir, dass er von diesem Ritual fortgetragen wird, dass es seinen Geist erneuert und ihm Gelassenheit bringt. »Und«, so sagt er, »gerade mitten in meinem hektischen Tag habe ich es am nötigsten, mich mit mir selbst zu verbinden und dann bin ich auch am glücklichsten über die Aufmunterung, die ich dadurch bekomme!« Er fügt hinzu, dass das Lokal für ihn ein Heiligtum ist, der Tisch ein Altar und die Hintergrundgeräusche ein vertrauter und irgendwie tröstlicher Chor.

Sam kehrt völlig erfrischt in sein Büro zurück, inspiriert von den Ideen, die auf den Seiten seines Tagebuchs erschienen sind, und mit neuer Geduld, um mit dem Druck des abendlichen Papierkrams und der Telefonanrufe fertigzuwerden. Während der Heimfahrt im Berufsverkehr denkt er über die faszinierenden Einsichten nach, die auftauchten, als er seinen Apfelkuchen aß. Wenn er dann seiner Frau hilft, das Abendessen zu bereiten und die Kinder ins Bett zu bringen, ist er entspannt und aufmerksam.

## Läuterung

Wasser war seit jeher ein Symbol für Läuterung und Loslassen. Die Hinduisten im Osten Indiens halten den Ganges für die heilige Quelle von beidem, die Christen in aller Welt führen den Taufritus mit heiligem Wasser durch und die Japaner spülen Mund und Hände mit Quellwasser, bevor sie durch die Pforte eines Shinto-Schreines treten. Und seit Jahrhunderten suchen jüdische Frauen die *Mikwe* auf, ein Gemeinschaftsbad, in dem rituelle Waschungen stattfinden.

Häufig ist uns gar nicht bewusst, dass wir ein Ritual vollziehen, wenn wir uns mit Wasser reinigen, wenn wir am Morgen den Schlaf aus unseren Augen spülen und in der Nacht die Sorgen des Tages aus unserem Gesicht. Diese einfachen Handlungen wirken beruhigend und erfrischend, eine gute Möglichkeit, sowohl ruhige als auch aktive Phasen einzuleiten. Wenn wir dabei auch noch ein bewusstes Ritual durchführen, wird das unserem Leben eine tiefere Bedeutung verleihen.

### *Absicht*

Schwächende Einflüsse zu mindern.

### *Zeitpunkt*

Wenn Sie sich von negativen Gedanken, Gefühlen oder Ereignissen niedergedrückt fühlen.

### *Zutaten*

Eine Seife mit Eukalyptusduft (Läuterung), ein frisches Handtuch, eine Dusche.

### *Rezept*

Betrachten Sie die Dusche bewusst als Gelegenheit, alle Sorgen über Ihre Gesundheit, Beziehungen, Arbeit, Finanzen oder was sonst noch Ihre positive Energie untergräbt, loszulassen. Stellen Sie sich vor, wie das strömende Wasser all den Stress aus den Poren und Falten Ihres Körpers wäscht, ihn vom Scheitel über die Schultern und Arme den ganzen Körper hinab aus Ihrem Leben schwemmt. Lassen Sie zu, dass die körperliche Anspannung, die sich an Ihre Muskeln klammert, gemeinsam mit dem emotionalen Stress fortgewaschen wird. Stellen Sie sich weiterhin vor, dass Sie aus Ihrem Denken und Ihrem Geist alle negativen Einflüsse ziehen lassen, während Sie Ihren Körper reinigen.

Sobald Sie sich völlig erfrischt fühlen, treten Sie aus der Dusche und wickeln Sie sich in das warme Handtuch. Stehen Sie einen Moment still da. Holen Sie dann zwei oder drei Mal langsam und tief Luft, um Ihre Lungen zu reinigen und den Abschluss des Rituals zu markieren.

## Das Ritual im Einsatz

Die 15-jährige Sally bekam die Hauptrolle in einer Aufführung des Schultheaters. Aufgeregt und ängstlich tat sie wochenlang nichts anderes, als ihre Hausaufgaben zu machen und ihren Text zu lernen. Schließlich kam der große Tag. Sally erwachte mit einem Gefühl von Panik und Verderben. Ihr Kopf schmerzte und übel war ihr auch. Am liebsten wäre sie weggelaufen.

Ein Blick in ihr Gesicht genügte, und Sallys Mutter nahm sie in den Arm. Nachdem sie sich Sallys Gefühle hatte beschreiben lassen, erwähnte die Mutter das Läuterungsritual, das sie in einem meiner Workshops gelernt hatte. Sally hörte der Beschreibung zu und beschloss, es einmal damit zu versuchen; alles war besser als ihre momentanen Gefühle!

Sie ging ins Badezimmer, zog ihr Nachthemd aus und drehte das Wasser der Dusche auf, wobei sie sorgfältig die Temperatur einstellte. Dann trat sie hinein und spürte, wie das Wasser über ihren Körper rauschte. Mit geschlossenen Augen sprach sie feierlich: »Ich lasse jetzt alle Gefühle der Panik und alle Gedanken an Demütigung los. Ich lasse meine Ängste wegen des Stückes los. Ich wasche meine Unsicherheiten einfach den Ausguss hinunter.«

Als Schauspielerin fiel es Sally nicht schwer, sich vorzustellen, dass das Wasser tatsächlich diese einschränkenden Überzeugungen aus ihrem Kopf und aus ihrem Körper spülte. Sie fühlte sich langsam ruhiger und leichter. Das Wissen um ihre eigene Kreativität und Kraft schien ihr ganzes Wesen zu durchdringen. Nach zehn Minuten stieg Sally aus der Dusche und wickelte sich in das warme Handtuch. Sie wusste, das würde nicht das letzte Mal sein, dass sie Lampenfieber hatte, aber zumindest für den Moment lächelte sie und war voller Zuversicht, bereit für ihren großen Abend.

## Ein Korb voller Unterstützung

Wir alle kennen Zeiten, wenn wir uns ganz alleine auf der Welt fühlen, gleichgültig, wie viele liebevolle Menschen uns umgeben. Aus irgendeinem Grund glauben viele von uns, wir müssten Schwierigkeiten ganz allein überwinden. In solchen Augenblicken halten wir jeden Hilferuf für ein Eingeständnis von Schwäche. Ich spreche hier gern vom *Einsamer-Wolf*-Syndrom. Wir fühlen uns wohler damit, um uns herum ein Schutzschild zu errichten, als unsere Schwäche zu enthüllen. Doch in Wahrheit ist es viel schwerer, sich verletzlich zu zeigen, als den harten Mann zu spielen. Es erfordert innere Stärke, andere Menschen um Hilfe zu bitten.

Meredith Young-Sowers, die Direktorin des *Stillpoint Institute for Life Healing*, hat dieses Ritual entwickelt, und ich halte es für eine gute Möglichkeit, all jenen zu helfen, die unter dem *Einsamer-Wolf*-Syndrom leiden. Es ist eine machtvolle Ressource und bietet Trost und Kontakt.

### *Absicht*

Unterstützung zu geben und zu nehmen.

### *Zeitpunkt*

Mindestens einmal die Woche oder wann immer nötig. Viele Menschen greifen täglich auf ihren Korb zurück.

### *Zutaten*

Ein Korb, diverse Papierschnitzel, ein Füller oder Bleistift.

### *Rezept*

Nehmen Sie sich zu Beginn einige Minuten Zeit, um sich in Ihrem Herz zu zentrieren – und gestatten Sie sich, sich offen zu fühlen und das Geschnatter in Ihrem Kopf zum Schweigen zu bringen. Denken Sie an etwas Schönes, das Sie glücklich macht. Atmen Sie dreimal tief direkt in Ihr Herz-Zentrum (den Bereich zwischen dem Brustbein) und schicken Sie Ihre Liebe allen Menschen, die Ihnen etwas bedeuten, während sich Ihr Brustkasten mit Luft füllt.

Denken Sie nun an all die Menschen, Orte, Tiere oder Gegenstände, die Ihrer Meinung nach Ihre Anstrengungen und Ihr Leben unterstützen. Schließen Sie auch all jene mit ein, die bereits in den universellen Geist eingegangen sind. Schreiben Sie die Namen jeder Person auf ein Stück Papier und legen Sie die Papierschnitzel in den Korb, den Sie auf Ihren Altar stellen können. Wann immer Sie dieses Ritual durchführen, ziehen Sie einen Namen aus dem Korb und schicken Sie diesem Menschen im Laufe des Tages mehrmals bewusst Liebe. Empfangen Sie auch bewusst Liebe von ihm.

## Das Ritual im Einsatz

Dorothy wachte mit einem dunklen Gefühl der Vorahnung an dem Tag auf, als sie für ihre Stiftung eine wichtige Präsentation halten musste. Wenn alles gut lief, würde das Projekt, an dem sie die letzten acht Monate gearbeitet hatte, eine Finanzspritze erhalten; scheiterte ihre Präsentation jedoch, dann wäre ihre ganze Arbeit umsonst gewesen. Obwohl sie sich für diesen Tag äußerst gewissenhaft vorbereitet hatte, fühlte sich Dorothy nun ängstlich und inkompetent. Ihr Herz pochte und sie hätte am liebsten geweint.

Als sie in ihrem Schlafzimmer auf und ab ging, fiel ihr Blick auf den Korb der Unterstützung, den sie in einem meiner Workshops zusammengestellt hatte. Sie ging hinüber und zog ein Stück Papier heraus. Glücklicherweise zog sie den Namen ihrer Zimmergenossin im Studentenwohnheim, Karen. Dorothy setzte sich auf die Bettkante und stellte sich vor, dass Karen lächelnd auf der anderen Seite des Bettes saß. Karen war immer ihr größter Fan gewesen, die Erste, die ihr bei einem Erfolg gratulierte, ob groß oder klein. Schon der Gedanke an Karen vermittelte Dorothy ein neues Gefühl von Mut und Selbstvertrauen.

Spontan ging Dorothy zum Telefon und wählte Karens Nummer. Zu ihrer Überraschung nahm Karen den Hörer ab und rief aufgeregt: »Was für ein Zufall! Gerade heute Morgen habe ich unser College-Jahrbuch vom Regal genommen und über unsere Fotos gelacht!«

Zufall? Das glaube ich nicht. Auf jeden Fall wusste Dorothy nach Karens beruhigenden Kommentaren, dass sie nicht allein war, und selbst wenn die Präsentation nicht so laufen würde, wie sie es sich erhoffte, gäbe es noch viele weitere viel versprechende Gelegenheiten.

Immer wieder erlebte ich voller Staunen, dass die Freundin oder der Freund, deren Namen ich aus meinem Korb zog, am selben Tag auch meinen Namen aus ihrem Korb gezogen hatten. Manchmal muss ich auch plötzlich an Freunde denken und umgebe sie mit meiner Liebe; innerhalb von ein oder zwei Tagen rufen sie dann an, um mir zu sagen, dass sie krank waren oder eine Angstattacke hatten, aber plötzlich meine Gegenwart als Quelle des Trostes verspürten.

## Schlafenszeit

Erinnern Sie sich noch daran, wie Sie als kleines Kind in der Sekunde einschliefen, als Ihr Kopf das Kissen berührte? Wissen Sie noch, wie Sie voller Vorfreude auf den Tag erwachten und energiegeladen und optimistisch aus dem Bett sprangen? Einer der Gründe, warum Kinder einen so gesunden Schlaf haben und so mühelos aufwachen, ist der, dass sie ihre Gefühle ganz im Augenblick verspüren und sie dann loslassen. Als Erwachsene neigen leider viele von uns dazu, über alles unablässig zu grübeln. Zur Schlafenszeit gehen wir oft die Ereignisse des Tages noch einmal durch – und durchleben erneut die Emotionen, die diese Ereignisse begleiteten. Das führt zu einem ununterbrochenen Strom von Bildern und Gesprächen, die uns wach halten und darüber hinaus unseren Schlaf negativ beeinflussen. Sie können nicht gleichzeitig reden und schlafen.

Dieses Ritual wird Ihnen helfen, den Tag abzuschließen und eine ruhige und friedvolle Nachtruhe zu genießen.

### *Absicht*

Den Tag in die Vergangenheit gleiten zu lassen.

### *Zeitpunkt*

Bevor Sie nachts ins Bett gehen.

### *Zutaten*

Lavendelöl (Beruhigung), Sprühflasche oder Duftlampe, ein Stück Papier, beruhigende Musik.

### *Rezept*

Nehmen Sie sich ungefähr fünf bis zwanzig Minuten Zeit, bevor Sie zu Bett gehen. Setzen Sie sich bequem hin und holen Sie ein paar Mal tief mit dem Bauch Luft (siehe zu *Bewusstes Atmen* das Kapitel »Die Gerätschaften«), um ruhig zu werden. Sie können auch leise Musik hören, um sich in die richtige Stimmung zu versetzen. Schreiben Sie alles, was Sie an diesem Tag geleistet haben, auf ein einzelnes Blatt Papier. Sie können es auch in Ihr Tagebuch schreiben, wenn Sie eines führen. Selbst wenn Sie nur einen winzigen Schritt in Richtung auf ein Ziel getätigt haben, ist es doch wichtig, diesen Fortschritt zu würdigen. Wenn Sie lernen, Ihre Bemühungen zu schätzen und stolz auf sich selbst zu sein, wird Ihnen das mehr Kraft und Selbstvertrauen verleihen.

Jetzt sind Sie bettreif. Geben Sie einige Tropfen Lavendelöl auf Ihr Kissen und schalten Sie das Licht aus. Atmen Sie den beruhigenden Duft ein und erinnern Sie sich voller Stolz daran, was Sie an diesem Tag gelernt und geleistet haben.

## Das Ritual im Einsatz

Alan hatte einen dieser Tage, an denen alles schief zu laufen scheint. Zuerst stürzte sein Computer ab, dann reichte Cynthia, seine Sekretärin, die Kündigung ein. Als ob das noch nicht genug wäre, rief seine Frau an und teilte ihm mit, dass die Waschmaschine den Geist aufgegeben hatte und die Reparatur mehr kosten würde, als eine neue zu kaufen. Als er am Abend nach Hause kam, schmerzte sein Kopf, seine Augen brannten und seine Muskeln waren völlig steif.

Nach dem Abendessen versuchte Alan, sich mit einem Buch zu entspannen, dann schaltete er den Fernsehapparat ein, fand aber keine Sendung, die ihn interessierte. Erschöpft beschloss er, es gut sein zu lassen und ins Bett zu gehen. Stundenlang warf er sich im Bett hin und her. Die Ereignisse des Tages flimmerten wie ein alter Schwarz-Weiß-Film vor seinem inneren Auge. *Wenn er nur den Bericht gespeichert hätte, bevor er seine Kaffeepause einlegte. Wenn er nur mit Cynthia gesprochen hätte, als sie letzte Woche so sorgenvoll aussah. Wenn nur, wenn nur …*

Schließlich versuchte er sich aus reiner Verzweiflung an dem Ritual, von dem ihm seine Schwester Jamie erzählt hatte. »Wer nicht wagt, der nicht gewinnt«, dachte er. Alan ging in sein Arbeitszimmer, knipste das CD-Gerät an und legte seine Lieblings-CD ein. Er nahm einen Bleistift und einen Schreibblock von seinem Schreibtisch und machte es sich im Sessel gemütlich, holte ein paar Mal tief Luft und fing an zu schreiben.

Er notierte zuerst die Leistungen des Tages, dann fügte er eine Liste der Dinge hinzu, die schief gelaufen waren und was er daraus gelernt hatte. Alan erkannte, dass er Einsichten oder Lektionen, die er gewinnen beziehungsweise lernen konnte, verpasste, wenn er sich nur auf die negative Seite der Ereignisse konzentrierte. Obwohl es ihn beispielsweise bekümmerte, dass Cynthia ihn verließ, konnte er nun jemand suchen, der besser qualifiziert war. Er beschloss, ihr eine Abschiedsparty auszurichten, um sie wissen zu lassen, wie sehr er ihre Einsatzbereitschaft zu schätzen wusste. Es machte ihn glücklich, sich vorzustellen, wie viel ihr das bedeuten würde.

Alan las noch einmal durch, was er aufgeschrieben hatte, und ihm wurde klar, dass er lernen musste, wie man auf produktivere Art und Weise mit Veränderungen und Überraschungen umgeht. Dann schaltete er das CD-Gerät und das Licht aus und ging zu Bett. Sein letzter Gedanke war, wie viele spirituelle und praktische Vorteile ein einfaches Schlafenszeitritual bringen konnte.

### *Nachbereitung*

Lesen Sie diese Tagebuchseiten regelmäßig durch und freuen Sie sich an dem, was Sie geleistet haben.

# 4

## Übergangsriten

Wie viele Menschen kennen Sie, die Veränderungen hassen? Bitten Sie einmal Onkel George, seine Kaffeemarke zu wechseln, hören Sie Rita zu, wenn sie sich darüber auslässt, dass man ihre Lieblingssendung im Fernsehen abgesetzt hat, oder messen Sie Ihren Puls, wenn Sie entdeckt haben, dass Ihr zuverlässiger, langjähriger Handwerker plötzlich weggezogen ist. Wir alle sind Gewohnheitstiere. Selbst scheinbar geringfügige Abweichungen in unserem Alltag können uns aus der Bahn werfen, weil wir Veränderungen einfach nicht mögen. Wir verabscheuen das Durcheinander, das mit ihnen einhergeht, und den Stress in ihrem Kielwasser. Ironischerweise ist Veränderung heutzutage das Einzige, auf das man sich verlassen kann.

Vor gar nicht langer Zeit arbeiteten die meisten Menschen ihr Leben lang bei einer Firma, wohnten ihr Leben lang in demselben Haus und befolgten die Regeln und Rituale ihrer Religionsgemeinschaft regelmäßig und ohne sie zu hinterfragen. Heute scheint ein Begriff wie »Arbeitsplatzsicherheit« ein Widerspruch in sich, und das »Zuhause der Familie« muss mehr als ein paar Mal umziehen. Kinder verlassen ihre Eltern, und Großeltern ziehen in betreute Wohnanlagen.

Wir sind Nomaden geworden, konzentrieren uns nur auf unseren eigenen kleinen Clan, auf unsere eigenen Belange, isoliert von allen, die nicht zur nächsten Familie gehören, und fern der Familientraditionen. Wir haben keinen Sinn mehr für die Gemeinschaft und ihre einst wiederkehrenden – und daher verlässlichen – Ereignisse. Dabei haben wir auch das Verständnis für enge Bindungen verloren und für die Rituale, die das Leben einst als zusammengehöriges Ganzes begreifbar machten. Wenn Veränderungen eintreten, verwirrt uns das. Eine Veränderung löst die nächste aus und plötzlich haben wir das Gefühl, als sei jeder Aspekt unseres Lebens aus dem Gleichgewicht geraten.

Übergangsrituale können uns helfen, von einer Lebensphase in eine andere überzuwechseln, von einem Jahr zum nächsten und von einem Abschnitt zu einem anderen. Sie bieten eine Perspektive, Klarheit und einen Sinn, während sie gleichzeitig den physischen und emotionalen Aufruhr mindern, der Veränderungen stets begleitet.

Diese Übergangsriten werden Ihre Perspektive verwandeln. Anstatt in Veränderungen einen bösen Streich des Schicksals zu sehen, werden Sie in ihnen ein wertvolles Geschenk erkennen. Ihre Gefühle der Entfremdung lassen nach und Sie gewinnen die Einsicht, dass Ihr Leben Teil eines größeren Planes ist.

# Das Neue Jahr

Jede Kultur dieser Welt feiert mit der Ankunft eines neuen Jahres einen Neuanfang. Passen Sie in italienischen Städten am Neujahrsabend auf Ihren Kopf auf, denn die Einwohner ›entledigen‹ sich des Alten im wahrsten Sinn des Wortes und werfen ungewollte Besitztümer einfach zum Fenster hinaus. Alles, was auf dem Bürgersteig landet, ist für jeden zu haben und der ›Straßeneinkauf‹ ist der lustigste Teil der nächtlichen Aktivitäten. Die Chinesen pflegen etwas moderatere Sitten – sie bezahlen all ihre Schulden und fegen den Boden, um für das Neue Jahr bereit zu sein. Während *Taschlich*, einem hebräischen Ritual zu *Rosch ha-Schana* (›neues Jahr‹), schreiben die Juden ihre Sünden auf winzige Papierrollen und werfen dann die Vergehen des vergangenen Jahres ins Wasser. Viele osteuropäische Familien singen spezielle Lieder, während sich die Kinder im Haus verteilen – in der Hoffnung, dass der Wohlstand ihnen überallhin folgen wird. Hier zu Lande verbringt beispielsweise meine Klientin Roberta jeden Januar damit, ihre Schränke auszumisten, alle ungewollten Stücke einzupacken und sie in ein Frauenhaus zu bringen. Jack, ein anderer Klient, feiert jedes Jahr am Neujahrstag ein Footballfest der Extraklasse in seiner Wohnung. Obwohl es auf den ersten Blick wie ein Tribut an das Testosteron wirkt, erneuert es in Wirklichkeit den Bund zu seinen alten Freunden, von denen jeder Jack gegenüber betonte, wie wichtig dieses Beisammensein für ihn sei.

Der bulgarische Meister Omraam Mikhaêl Aîvanhov lehrte mich, dass jeder der ersten zwölf Tage im Januar einen Monat des kommenden Jahres verkörpert. Mit anderen Worten, der erste Tag steht für den Januar, der zweite für den Februar und so weiter. Dieser Glaube verleiht jenen zwölf Tagen große

Macht und bietet Ihnen die erstaunliche Chance, darüber nachzudenken, wie Sie sich das kommende Jahr wünschen. Wenn Sie Freundlichkeit, Offenheit und Großzügigkeit üben und der Bedeutung jedes Tages Ihre bewusste Aufmerksamkeit schenken, werden Sie das beginnende Jahr weihen.

### *Absicht*

Eine Visions-Collage zu erstellen, die Ihre Vorsätze zum Ausdruck bringt.

### *Zeitpunkt*

In den ersten zwölf Tagen des Neuen Jahres.

### *Zutaten*

Salbei (Läuterung), eine gelbe Kerze (Manifestation), Schokolade oder Honig (Süße), ein Pappkarton, Klebstoff, eine Schere, alte Zeitschriften, Musik.

### *Rezept*

Legen Sie alle Zutaten zurecht, setzen Sie sich ein paar Minuten schweigend hin und atmen Sie tief durch. Denken Sie dabei über das Jahr nach, das soeben geendet hat. Denken Sie an die Menschen, die Ihnen am wichtigsten waren, an Ihre größten Leistungen, an die schwierigsten Herausforderungen und die Lektionen, die Sie gelernt haben. Bleiben Sie nicht im *Hätte-sein-können* oder in Selbstvorwürfen stecken. Gehen Sie das Jahr vor Ihrem inneren Auge von einer höheren Warte durch. Erkennen Sie all jene Muster in Ihrem Leben, die Sie feststecken lassen. Wollen Sie einfach keinen Sport treiben, obwohl Sie sich unablässig über die zwanzig Pfund Übergewicht beklagen? Fehlt es Ihnen ständig an Geld, aber Sie unternehmen nichts, um Ihr Konto auszugleichen? Erforschen Sie Ihre Ängste – die Gefühle, die Sie von Ihrem fröhlichen Wesenskern trennen. Schreiben Sie alle einschränkenden Überzeugungen oder Gewohnheiten auf, die Sie zusammen mit dem alten Jahr hinter sich lassen möchten. Und dann verbrennen Sie das Papier. Während es brennt, seien Sie sich bewusst, dass Sie soeben Raum für neue Ideen, Menschen und Gelegenheiten in Ihrem Leben geschaffen haben. Waschen Sie sich anschließend die Hände in Salbeiwasser oder verbrennen Sie etwas Salbei und atmen Sie seinen reinigenden Duft ein.

Nehmen Sie jetzt die Zeitschriften zur Hand und fragen Sie sich, bevor Sie sie durchblättern: »Was bringt mir Freude?« Es ist eigentlich merkwürdig, wie selten wir uns diese Frage stellen – oder sie beantworten. Wenn Sie zur Schere greifen, entscheiden Sie bewusst, sich von Ihrem Geist, nicht von Ihrer Vernunft leiten zu lassen. Wenn Sie Ihrem Herzen die Wahl überlassen, bleiben Sie näher an Ihrer Seele.

Schneiden Sie nun Bilder von allem aus, was Sie im kommenden Jahr in Ihrem Leben manifestieren wollen – allgemeine Bilder, die Frieden, Klarheit und Glück hervorrufen, aber auch ganz spezielle. Wenn Sie sich vornehmen, sich sportlich mehr zu betätigen, dann wählen Sie ein Bild von jemand, der eine Sportart betreibt, die auch Ihnen Spass machen könnte. Wenn Sie gern reisen würden, halten Sie Ausschau nach Fotos von faszinierenden Orten. Suchen und schneiden Sie so lange, bis Sie einen beachtlichen Haufen an Wünschen und Träumen beisammen haben. Füllen Sie schließlich noch ein Einzahlungsformular Ihrer Bank aus mit exakt der Summe, die Sie im kommenden Jahr in Ihrem Leben materialisieren wollen.

Bevor Sie anfangen, die Fotos auf den Karton zu kleben, füllen Sie den Raum mit Musik – was immer Sie gern hören –, die

Ihrer Collage mehr Freude verleiht. Schließen Sie einen Augenblick die Augen und erinnern Sie sich an den Spaß, den Sie als kleines Kind beim Ausschneiden, Aufkleben und Zusammenstellen hatten. Bewahren Sie diese Erinnerung an das Glück und lassen Sie Ihre Hände davon inspirieren.

Wenn Sie fertig sind, hängen Sie Ihre Collage an einen Ort, an dem Sie sie jeden Tag sehen. Stellen Sie eine gelbe Kerze auf Ihren Altar und entzünden Sie sie. Lassen Sie Ihren Blick über die Bilder gleiten, die Sie gesammelt und aufgeklebt haben, verweilen Sie hier und da, um die Bedeutung dessen aufzunehmen, was Sie sehen. Das Betrachten dieser Bilder verleiht ihnen Energie, Sie geben ihnen damit in Ihrem Leben eine echte Präsenz. Beenden Sie das Ritual, indem Sie etwas Schokolade, einen Löffel Honig oder eine andere Süßigkeit naschen, die dem kommenden Jahr Süße verleiht.

## Das Ritual im Einsatz

Seit über zehn Jahren führe ich jedes Jahr Anfang Januar einen Visions-Workshop für eine Gruppe von Männern und Frauen durch, die regelmäßig daran teilnehmen. Wir setzen uns so, dass wir einen Kreis bilden und lassen eine Schüssel mit Quellwasser, das mit etwas ätherischem Salbeiöl versetzt wurde, herumgehen. Darin waschen wir unsere Hände, um uns selbst zu läutern und den Raum zu heiligen.

Nachdem ich eine »Imagination unter Anleitung« durchgeführt habe, um uns zu zentrieren und unsere Herzen zu öffnen, teilen alle Anwesenden wichtige Momente aus dem vergangenen Jahr miteinander. Einige berichten, dass viele der Visionen, die zu der Collage aus dem Vorjahr gehörten, sich tatsächlich verwirklicht haben. So zog es mich 1996 beispielsweise zu einem Bild der hawaiianischen Göttin Pele, und ohne zu wissen warum, setzte ich sie in die Mitte meiner Collage.

Sechs Monate später saß ich in einem Hubschrauber und beobachtete mit Ehrfurcht und Faszination, wie Peles Vulkan Kilauea flammende Lava ausspuckte!

Bevor wir mit unserer Collage beginnen, führe ich ein Feuerritual durch, um alte, einschränkende Überzeugungen und Gewohnheiten loszulassen. Der Workshop dauert den ganzen Tag, ist ausgefüllt mit Lachen und Gesprächen und jeder Menge Aktivität, während wir unsere Meisterwerke erschaffen. Wenn wir fertig sind, säubern wir den Raum, lassen uns dann wieder in einem Kreis nieder und zeigen voller Stolz unsere Collagen. Jede ist einzigartig wie ihr Schöpfer beziehungsweise ihre Schöpferin: die eine ist tollkühn und selbstbewusst, eine andere spiegelt Spiritualität wider, eine dritte drückt Humor aus, den Wunsch nach Gelassenheit oder nach einem Gefährten. Alle Anwesenden sprechen über ihre Visionen, teilen ihre Hoffnungen, Erkenntnisse und Überraschungen miteinander. So dachte Jody anfangs, sie würde sich auf ihre Karriere konzentrieren, aber ihre Collage sprach stattdessen von der Natur und einem Heim.

Wir hören einander aufmerksam zu, und ich erinnere alle daran, auch sich selbst aufmerksam zuzuhören, wann immer sie in den kommenden zwölf Monaten ihre Visions-Collage betrachten. Wir verabschieden uns mit vielen freudigen Wünschen für das neue Jahr, jeder von uns angefüllt mit Wärme und Optimismus.

### *Nachbereitung*

Schauen Sie im neuen Jahr regelmäßig auf Ihre Visions-Collage. Erlauben Sie ihr, sich immer tiefer in Ihr Unterbewusstsein zu graben. Teilen Sie die Collage mit Familienangehörigen und Freunden, um ihre Bedeutung in Ihrem Alltagsleben noch zu erhöhen.

## Ein neues Heim

Praktisch jede Kultur kennt eine traditionelle Zeremonie, um ein neues Heim zu feiern und zu segnen. Auf Malta betet ein Priester sieben Tage in einem neuen Haus, bevor die Neuvermählten einziehen dürfen. Jeden Tag bringt ein Familienmitglied dem heiligen Mann etwas zu essen, um so an dem Heiligungsprozess teilzuhaben. Seit Jahrhunderten kehrt man in Russland eine neue Wohnung mit Salzkörnern aus, weil man glaubt, das würde negative Schwingungen beseitigen. Hinterher läutet man eine Glocke, um eine gütige spirituelle Präsenz zu rufen. Amerikanische Siedler fanden sich einst zusammen, um den Dachstuhl eines neuen Hauses gemeinsam zu errichten und ihr Willkommen und die besten Wünsche für ein sicheres Heim zu entbieten. Die Amish tun das heute noch. Zu den heidnischen Ritualen des Nordens gehörte es, mitten im Winter einen lebenden Baum in die Wohnung zu tragen, in dem Glauben, er enthielte den Erdgeist, der daraufhin die Räume mit seinem Segen füllen würde – natürlich ein Vorläufer des Weihnachtsbaumes. Und seit Hunderten von Jahren befestigen die Juden eine *Mesusa* (eine kleine zylindrische Kapsel, die eine Pergamentrolle mit Tora-Versen enthält) am Türpfosten eines neuen Hauses. Beim Betreten oder Verlassen des Hauses berührt man die Mesusa und zitiert ein Gebet: »Möge Gott meinen Ausgang und meinen Eingang schützen, heute und in Ewigkeit.«

In der westlichen Gesellschaft wurden viele dieser Rituale durch Einweihungspartys und Geschenke ersetzt. Dabei sind die spirituellen Aspekte so gut wie verschwunden. Doch ein ritueller Segen währt länger als eine Lava-Lampe von Ihrem Freund aus der Studentenverbindung und er wird Ihre Wahrnehmung und Erfahrung von einem *Heim* weitaus stärker erhellen.

Dieses Ritual soll neue Räume heiligen, ob es eine Hütte im Wald ist, ein Penthouse-Apartment oder ein Fachwerkhaus.

### *Absicht*

Neue Räume von alten Einflüssen zu reinigen und sie mit Ihrer Bedeutung zu füllen.

### *Zeitpunkt*

Unmittelbar vor oder nach Ihrem Einzug.

### *Zutaten*

Quellwasser, Salz (Reinigung), Brot (Nährkraft), Honig (Süße), purpurfarbene Kerzen (Spiritualität), eine Rose (Liebe), eine Grünpflanze (Natur) und ein Altartuch.

### *Rezept*

Reinigen Sie zuerst die neuen Räume: Fegen Sie die Böden, wischen Sie Staub von den Fensterbrettern und auf allen Einbaugeräten. Nehmen Sie anschließend ein Bad. Geben Sie eine Fingerspitze Salz in das Badewasser, um jede negative Energie freizusetzen, die Sie womöglich beim Putzen aufgenommen haben. Dieses Salzbad dient einem doppelten Zweck – es reinigt Ihren Körper und Ihre Seele.

Nachdem Sie sich angezogen haben, geben Sie etwas Salz in eine kleine Schale und gehen Sie um Ihr neues Heim herum, wobei Sie eine dünne Spur von Salzkörnern hinter sich zurücklassen. Wenn Sie in eine Wohnung ziehen, streuen Sie ein paar

Körner auf die Schwelle des Eingangs. Während das Salz ruht, bitten Sie darum, dass Ihre Räume geschützt und gesegnet werden mögen. Machen Sie in den einzelnen Räumen weiter und streuen Sie in alle Ecken jedes Raumes etwas Salz, auch in die Ecken der Schränke und Truhen. Wiederholen Sie bei Ihrem Rundgang die Worte, die Ihrer Meinung nach ungewollte Energien bannen, beispielsweise: »Ich reinige diesen Raum, damit ich hier in Frieden und Harmonie wohnen kann.« Wenn Sie mögen, können Sie die Räume auch durch das Verbrennen von Salbei, Salbei/Zeder oder durch andere Duftkombinationen reinigen (siehe das Kapitel »Die Gerätschaften«) oder durch eine körperliche Handlung, zum Beispiel in die Hände klatschen.

Nachdem Sie die Räume gereinigt haben, kehren Sie nochmals in jedes Zimmer zurück, segnen Sie es und bestimmen Sie seinen Zweck. Segnen Sie Ihr Schlafzimmer, das Ihnen friedliche Nachtruhe, romantische Begegnungen oder die lang ersehnte Fruchtbarkeit bringen soll. Segnen Sie die Küche, die Ihnen Nahrung geben soll, das Badezimmer, in dem Sie loslassen und sich reinigen wollen, Ihr Arbeitszimmer als Ort der Arbeit und Kreativität und Ihr Wohnzimmer, in dem Sie Freunde und Familienangehörige willkommen heißen werden.

Errichten Sie nun einen Altar. Zünden Sie eine Kerze an, um den Geist der Sicherheit und der Liebe zu rufen und stellen Sie die Rose daneben als Symbol der Liebe, die Sie in Ihr neues Heim tragen wollen. Das Brot sichert verlässliche Nährkraft, der Honig verspricht Süße und eine Grünpflanze stimmt Sie auf das Gute der Natur ein. Wenn Sie religiös sind, dann können Sie auch ein Symbol für Ihren Glauben auf den Altar legen, das Gottes Segen in Ihrem neuen Heim verkörpern soll.

## Das Ritual im Einsatz

Der Segen für ein Haus ist etwas sehr Individuelles. Denken Sie an Ihre Absicht und lesen Sie im Kapitel »Die Gerätschaften« nach, welche Hilfsmittel und Symbole am besten verkörpern, was Sie mit Ihrem Haussegen ausdrücken wollen. Sie können sich aber auch an eines der nachfolgenden Beispiele halten.

Ed und Michelle, beide Ende fünfzig, kauften sich zur Feier ihres 25. Hochzeitstages ihr erstes eigenes Haus. Ihr ganzes Erwachsenenleben über hatten die beiden zur Miete gewohnt und nun waren sie aufgeregt und eingeschüchtert zugleich bei der Aussicht auf diese neue Verantwortung. Sie baten mich um Hilfe. Ich sollte ein Ritual entwerfen, das dieses Ereignis hervorhob, aber auch spirituelle Unterstützung bot.

Gemeinsam arbeiteten wir ein Ritual aus, das alles, was sie übereinander wussten, mit all dem verband, was sie sich von ihrem neuen Heim erhofften. Für die Zeremonie wurde ein bestimmter Tag ausgewählt, und das Paar machte sich glücklich daran, alle Räume zu reinigen, alle Schränke und Truhen und den Garten sowie die Garage vorzubereiten.

Der Sonnenaufgang war ihre liebste Tageszeit – ein glücklicher Zufall, denn viele Kulturen glauben, dass die ersten Sonnenstrahlen die größte Lebenskraft oder *Mana* in sich tragen. Michelle und Ed beschlossen also, die Zeremonie bei Tagesanbruch durchzuführen. Der Tag kam, und die beiden fuhren in dem Moment ihre neue Auffahrt hinauf, als die Sonne den Himmel erhellte, und als sie die Stufen zum Eingang hochstiegen, sahen sie ihr Haus in sanftes Licht getaucht. Nachdem sie eine Fußmatte mit dem Schriftzug »Willkommen« vor die Eingangstür gelegt hatten, streuten sie Salz auf die Schwelle und betraten ihr neues Haus. Da sie Teile eines balinesischen Rituals ausgesucht hatten, das ich vom Feng-Shui-Meister Alex Stark gelernt hatte, trugen sie anschließend eine Schale mit schwelendem weißen Salbei in jeden Raum, um die Energie des ganzen Hauses zu reinigen. Sie begrüßten jedes Zimmer, stellten sich selbst vor, erzählten ein wenig über ihre Hoffnungen und Träume und stellten dann die Schale auf den Boden, um in die Hände zu klatschen.

Später teilten sie mir mit, dass sie sich anfangs ein wenig unsicher gefühlt hatten. Aber als sie an den balinesischen Glauben dachten, dass kräftiges Händeklatschen die Kraft hat, stagnierende Energien von früheren Bewohnern aufzubrechen, erzeugten die beiden regelrechte Schallwellen. Bevor sie ein Zimmer verließen, läuteten sie eine kleine balinesische Messingglocke, die ich ihnen geliehen hatte mit dem Versprechen, dass ihr Klang Harmonie in die Luft zaubern würde.

Am Ende des Rituals kehrten Ed und Michelle in ihr Schlafzimmer zurück, wo sie eine weiße Kerze entzündeten. Sie sprachen über die Bedeutung dieses Rituals für ihr neues Heim und ihr neues Leben darin. Dann teilten sie das Frühstückspicknick, das sie zubereitet hatten, um die körperliche und spirituelle Nährkraft zu symbolisieren, die ihnen das Haus bieten würde.

Elliott und Phyllis begannen ihr Haussegensritual damit, Getreidekörner (die Fülle der Ernte) auf ihrem neuen Grund und Boden zu verstreuen. Sie ehrten das Land, weil es ihnen die feste Grundlage für ihr neues Haus bot. An einer schattigen Stelle in der Nähe der Veranda gruben sie ein Loch in den Boden und vergruben Geld (Wohlstand) und einen Turmalin-Kristall (Heilung und Gleichgewicht).

Dann ging das Paar mit schwelenden Salbei- und Süßgräserbüscheln durch alle Räume und läuterte und heiligte die einzelnen Zimmer. Elliott und Phyllis errichteten außerdem einen Schutzaltar für ihr Heim, indem sie ihren Lieblingskristall, einen Fluorit – um ungewollte Energie vom Grundstück fern zu halten – neben das Windspiel hängten, das sie auf einer Reise in den Südwesten gekauft hatten. Das Windspiel besaß für das Paar auch eine persönliche Bedeutung, denn sie hatten es mit der festen Absicht gekauft, es in ihrem neuen Heim aufzuhängen, obwohl sie zu jener Zeit ihr Traumhaus noch gar nicht gefunden hatten. Als sie von Santa Fe an die Ostküste zurückkehrten, war eine der Nachrichten auf ihrem Anrufbeantworter eine Mitteilung von ihrem Immobilienmakler, das Haus, auf das sie ihr Auge geworfen hatten, stünde nunmehr zum Verkauf – ein zuvor unterzeichneter Kaufvertrag war geplatzt. Elliott und Phyllis waren sicher, dass das neue Windspiel ihnen Glück gebracht hatte.

Um ihren Segen abzuschließen, luden sie ihre Freunde und ihre neuen Nachbarn zu einem herrlichen Fest ein, mit dem sie nicht nur ihr neues Heim feiern wollten, sondern auch ihr syrisch-jüdisches Erbe. Phyllis bat beide Mütter, daran teilzunehmen. Gloria, die Mutter von Phyllis, brachte dem Paar einen herrlich dekorierten Korb, der die traditionellen Haussegenszutaten enthielt: Trockenhefe (Nährkraft), Öl (Wohlstand), eine Bibel (Spiritualität) und Samenkörner (Glück). Den Korb stellte sie in jeder Ecke des Hauses kurz ab. Pauline, die Mutter von Elliott, brachte jede Menge sephardische Köstlichkeiten mit. Alle waren sich einig, dass es keine bessere Möglichkeit gab, ein neues Heim zu segnen, als durch jene Speisen, die alle lieben – *das* Symbol der Nährkraft.

## Geburtstage

Eiscreme und Kuchen, Geschenke und Spiele, sich etwas wünschen und Kerzen ausblasen – fällt Ihnen das ein, wenn Sie an die Geburtstagsfeiern Ihrer Kindheit denken? Unterscheidet sich das sehr von Ihrem letztjährigen Geburtstagsfest? Wir neigen alle dazu, uns an diese Traditionen zu klammern, denn durch sie erfahren wir das Verstreichen der Zeit – zumindest einen Augenblick lang – wie Kinder. Häufig hat es den Anschein, als würde ein kulturelles Tabu uns davon abhalten, unsere wachsende Reife zu ehren sowie die Vorteile, die wir mit zunehmenden Jahren genießen können.

Wir sollten unseren Geburtstag eigentlich aus drei Blickwinkeln heraus betrachten: zuerst in Bezug auf die reichen Lektionen der Vergangenheit, zweitens in Bezug auf die Gelegenheiten und Belohnungen in der Gegenwart und drittens mit Blick auf die Überraschungen und die Weisheit, die in der Zukunft auf uns warten. Dieses Ritual wird Sie befähigen, das ganze Bild umfassend und deutlich zu sehen. Aus dieser Rundum-Perspektive können Sie erkennen, dass Sie sich auf einem spiralförmigen Weg zu Wachstum und Erfüllung bewegen und nicht auf die Vergangenheit fixiert sein oder in der Gegenwart stagnieren müssen.

### *Absicht*

Ihre Lebensreise zu ehren.

### *Zeitpunkt*

Am Vorabend oder am Tag Ihres Geburtstags.

### *Zutaten*

Eine Badewanne oder Dusche (Läuterung), weiße Kleidung (Reinheit), ein Gegenstand oder ein Foto zum Wegwerfen, vier Kerzen – purpur (Spiritualität), grün (Heilung), blau (Klarheit) und gelb (Vision) –, Ihr Lieblingsräucherwerk, Salbei oder Kopal (um die Läuterung zu verstärken).

### *Rezept*

Beginnen Sie mit einem Bad und ziehen Sie sich anschließend etwas Weißes an, um die Läuterung von Körper und Geist zu symbolisieren. Entzünden Sie auf Ihrem Altar die purpurfarbene Kerze und verbrennen Sie eines der Kräuter, um den Raum um Sie herum zu heiligen. Atmen Sie tief und nehmen Sie sich die Zeit, um sich in dem Gefühl der Zeitlosigkeit wohl zu fühlen, das Sie geschaffen haben. Entzünden Sie nun die grüne Kerze, um das Geschenk des Lebens zu ehren, das Ihnen von Ihren Eltern gemacht wurde. Danken Sie Ihren Eltern dafür – Ihr erstes und wichtigstes Geburtstagsgeschenk. Erschaffen Sie eine ausgeglichene Erinnerung an deren Einfluss, die guten Absichten und Taten neben den Konflikten und Schwierigkeiten. Machen Sie sich klar, dass beide Aspekte zu Ihrem Wachstum beitrugen. Zünden Sie als Nächstes zu Ehren Ihres vergangenen Lebensjahres die blaue Kerze an. Gehen Sie noch einmal die Lektionen durch, die Sie gelernt haben, aber auch jene, mit denen Sie immer noch zu kämpfen haben. Nehmen Sie den Gegenstand oder das Foto, das Sie fürs Wegwerfen bestimmt haben. Denken Sie über seine Bedeutung in Ihrem Leben nach, aber auch darüber, wie Ihr Leben ohne es sein wird. Segnen Sie es und lassen Sie es los. Entzünden Sie die gelbe Kerze, um Ihre Vision für das kommende Jahr zu erhellen. Viele Eingeborenenvölker glauben, dass der Geburtstag die machtvollste Zeit ist, um mit dem universellen Geist zu kommunizieren, um seine Träume auszudrücken und um die Erfüllung Ihrer Hoffnungen zu bitten. Stellen Sie sicher, dass Sie bereit dazu sind, mit dem universellen Geist zusammenzuarbeiten, um Ihre Ziele zu erreichen.

## Das Ritual im Einsatz

Vanessa schickte zu ihrem 24. Geburtstag Einladungen an alle, die ihr wichtig waren, Freunde und Familie gleichermaßen. Sie nahm zwei Tage Urlaub und verbrachte sie damit, ihre Wohnung zu reinigen, zu kochen und in einer Ecke ihres Wohnzimmers einen Altar zu errichten. Sie dekorierte ihn mit herrlichen Blumen und alten Fotos, die ihre Kindheit lebendig werden ließen, darunter ein Foto von Vanessa als Baby in einem blassgelben Wollpulli, wie sie auf dem Schoß ihrer Mutter saß. Daneben legte sie eben diesen Pulli, den sie in einer Truhe auf dem Dachboden im Sommer zuvor gefunden hatte. Wann immer sie ihn ansah, erinnerte sie sich an die Erzählung ihrer Mutter, wie sie das winzige Kleidungsstück selbst gefertigt hatte, als sie mit Vanessa schwanger war. Liebevoll strickte sie die Träume und Hoffnungen für ihr Töchterchen in jede Masche.

Als die Gäste eingetroffen waren, bat Vanessa sie, sich in einem Halbkreis um den Altar zu stellen. Dann nahm sie ihre Mutter bei der Hand und führte sie zu dem Stuhl rechts neben dem Altar. Fast eine Stunde lang ließ Vanessa die wichtigen Augenblicke ihres Lebens Revue passieren und die große Rolle, die ihre Mutter in jedem davon gespielt hatte. Dann reichte sie ihrer Mutter ein wunderschön eingepacktes Geschenk. Ihre Mutter fand darin ein Fotoalbum, in dem dieselben Fotos klebten, die den Altar schmückten. Unter jedes Foto hatte Vanessa die Erinnerungen und Emotionen notiert, die sie gerade allen mitgeteilt hatte. Da ihre Mutter an ihrem »Geburts«-Tag ebenso viel zu feiern hatte wie sie, bat Vanessa die Gäste, auch ihrer Mutter ein Happy-Birthday-Ständchen zu bringen. Danach hatte Vanessa das Gefühl, ihren Platz als Erwachsene in der Gesellschaft einnehmen zu können. Dieses Ritual bestimmte die Absicht, die sie sich für die nächste Phase ihres Lebens wünschte.

## Pensionierung

Wissen Sie noch, wie Sie ein ganzes Jahr an Spaß und Entspannung in zwei Wochen Urlaub quetschten? Was ist mit all den Gesprächen, die mit den Worten begannen: »Junge, Junge, wenn ich erst mal pensioniert bin, dann werde ich …«? Plötzlich dauert der Urlaub 52 Wochen und Sie können all die Dinge tun, die Sie schon seit Jahren machen wollten. Ihre Familie schmiedet eifrig Pläne, und Ihre Freunde beneiden Sie um Ihre neue Freiheit. Sie wissen, dass es an der Zeit ist, stolz über Ihren beruflichen Lebensweg nachzudenken und seine Vollendung zu feiern. Warum ist Ihr Herz dann so schwer vor Trauer? *Warum fühlen Sie sich so niedergeschlagen?*

Die Antwort auf diese Frage ist nicht ganz einfach. Es gibt viele Erklärungen, warum die ersten Monate oder sogar das erste Jahr im Ruhestand eine Zeit der Trauer und Verwirrung sein kann. In erster Linie ist es eine Phase der Trennung – vom Kollegenkreis, von vertrauten Gewohnheiten und sogar von Ihrer eigenen Identität als arbeitender Mensch.

Es ist an der Zeit, dass Sie all diese Emotionen aufschlüsseln. Nur wenn Sie die Bedeutung der Vergangenheit prüfen und ordnen, können Sie Ihr Herz den Chancen der Gegenwart und der Zukunft öffnen. Dieses Ritual bietet eine Möglichkeit, den Prozess zu strukturieren, indem Sie sich selbst in diesem Augenblick prüfend betrachten, ebenso die Wege, die Sie eingeschlagen haben, um hier anzugelangen, und jene, die Sie in den kommenden Jahren einzuschlagen hoffen.

### *Absicht*

Die Leistungen, den Freundeskreis und die Lektionen Ihres früheren Berufslebens anzuerkennen und Ihr Herz für Künftiges zu öffnen.

### *Zeitpunkt*

An Ihrem letzten Arbeitstag oder kurz danach.

### *Zutaten*

Kopal (Läuterung), eine purpurfarbene Kerze (spirituelle Inspiration), eine gelbe Kerze (Neuanfänge), beruhigende Musik, ein Foto oder ein Gegenstand aus Ihrem Arbeitsleben, eine kleine Schachtel, ein Stift und ein Schreibblock, eine junge Grünpflanze (Kontinuität), ein neuer Topf, Blumenerde, Holzkohle und eine kleine hitzebeständige Schüssel.

### *Rezept*

Legen Sie alle Zutaten auf Ihren Altar. Schalten Sie die Musik ein und entzünden Sie die purpurfarbene Kerze. Verbrennen Sie den Kopal auf der Holzkohle, sitzen Sie schweigend eine oder zwei Minuten davor und atmen Sie tief, um Ihren Geist zu reinigen und Ihren Körper mit neuer Energie zu füllen. Legen Sie jetzt das Foto oder den Gegenstand in die Mitte eines Blattes Papier und schreiben Sie alles auf, was Ihnen einfällt, wenn Sie an Ihr Arbeitsleben denken – die Namen von Kollegen und Kolleginnen, Abschlüsse, die Sie getätigt haben, Menschen, die Sie unterrichtet oder gefördert haben, die Schuhmarke, die Sie trugen, oder den Computer, auf dem Sie geschrieben haben, aber auch wichtige Ereignisse. Wenn Sie ein Blatt Papier voll geschrieben haben, nehmen Sie das nächste Blatt. Wenn Sie fertig sind, lesen Sie, was Sie geschrieben haben, und spüren Sie die Emotionen, die jeden Eintrag begleiten. Vielleicht möchten Sie einige dieser Gefühle mit ein oder zwei Menschen, an die Sie sich erinnerten, teilen. Erstellen Sie auf einem separaten Blatt eine Liste von Menschen, die Sie in den nächsten Tagen anrufen oder denen Sie schreiben wollen. Legen Sie jetzt alle beschriebenen Blätter (mit Ausnahme des Blattes mit der Namensliste) in die Schachtel.

Schieben Sie die junge Grünpflanze, den neuen Topf und die Blumenerde in die Mitte Ihres Altars. Topfen Sie die Grünpflanze um und seien Sie sich bewusst, dass Sie gerade selbst von einer Umgebung in die andere verpflanzt werden. Erkennen Sie die Ähnlichkeiten mit Ihrer eigenen Situation: Auch Sie sind jung und bedürfen besonderer Pflege. Überlegen Sie sich, wie Sie Ihr eigenes Wachstum ebenso fördern können, wie Sie es bei dieser Pflanze tun. Waschen und trocknen Sie den nun leeren Topf und stellen Sie ihn in die Schachtel. Reinigen Sie den Altar, setzen Sie sich schweigend davor und atmen Sie wieder einige Minuten tief. Löschen Sie dann die purpurfarbene Kerze, lassen Sie die Vergangenheit los und entzünden Sie die gelbe Kerze als Ausdruck der Begeisterung, mit der Sie in Ihr neues Leben hineinwachsen wollen.

## Das Ritual im Einsatz

Meine Freundin Nancy, mit der ich schon ein Leben lang befreundet bin, leitete über dreißig Jahre lang eine Regierungsbehörde, dann verkündete sie, sie wolle nun in Rente gehen. Obwohl sie ihre Arbeit immer geliebt hatte, spürte sie, dass sie sie von der Freiheit abhielt, die sie brauchte, um ihre Kreativität zu erforschen. Sie war angesichts ihrer Entscheidung freudig erregt, aber sie spürte auch heftige Gefühle der Trauer und der Angst. Sie bat mich, mit ihr gemeinsam ein Ritual zu finden, das ihr Trost spendete, ihr ein Gefühl von Vollendung vermittelte und sie gleichzeitig auf die nächste Phase ihres Lebens vorbereitete.

Ich dachte genau darüber nach, was ich von Nancys Vergangenheit wusste und was ich mir für ihre Zukunft vorstellen konnte. Dann lud ich sie in meine Wohnung ein und bat sie, ein oder zwei Dinge aus dem Büro mitzubringen, von denen sie sich mehr oder weniger leichten Herzens trennen konnte. Zur festgesetzten Zeit kam Nancy mit einem Organisationsschaubild an, das sie einige Jahre zuvor entworfen hatte, und einer Kaffeetasse, die sie von ihrem Mentor zu Beginn ihrer Berufstätigkeit geschenkt bekommen hatte.

Wir setzten uns zusammen an meinen Esszimmertisch, nun ein Altar, bedeckt mit einem blauen Stoff, um die Kommunikation anzuregen. Nancy entzündete die goldene Kerze (ruft Mut hervor), die ich ihr zur Seite gestellt hatte, dann die Salbeiblätter (Läuterung), die in einer weißen Schüssel lagen. Nachdem ich ihr die Bedeutung der von mir gewählten Farben und des Krautes erklärt hatte, saßen wir einige Minuten schweigend beisammen, atmeten den Duft des Salbei ein und erlaubten ihm, unseren Geist zu reinigen und die Luft um uns zu heiligen. Dann bat ich Nancy, über ihr Berufsleben zu sprechen und alles zu sagen, was ihr in den Sinn kam. Sie redete über Menschen, schwere Lektionen, hoch geschätzte Belohnungen und ihre erstaunliche Karriere in dem bürokratischen Labyrinth, das eine Regierungsbehörde ausmacht. Sie lachte und weinte, als sie dreißig Jahre voller Erinnerungen durchging.

Schließlich bat ich sie, den Ursprung und den Sinn des Organisationsschaubildes zu erklären. Nancy begriff schnell, dass es eine Metapher für ihre Karriere darstellte und nickte. Ja, sie war bereit, es loszulassen. Sie zerknüllte das Papier, warf es in einen Metallkübel auf dem Fußboden und zündete es an. Als das Papier in Flammen aufging, signalisierten ihre Tränen, dass sie das Ende dieser Lebensphase akzeptiert hatte. Dann reichte sie mir die Tasse und erwartete, dass sie zerbrochen oder anderweitig entsorgt würde. Stattdessen griff ich unter den Tisch und holte einige Ableger meiner Begonie und einen kleinen Beutel Blumenerde hervor. Freudig pflanzte sie die Wurzeln in die Tasse und erkannte damit an, dass ihre Zukunft aus dem Fundament erwachsen würde, das ihre Vergangenheit gelegt hatte. Sie dachte über ihre Hoffnungen und Träume nach und sah der vor ihr liegenden Reise ohne Angst entgegen. Wir verstreuten die Asche des Organisationsschaubildes über die Blumenerde, um die Nährkraft zu symbolisieren, die die Vergangenheit bot, und fügten etwas Rosenwasser hinzu als Sinnbild für ihr Engagement, sich selbst zu nähren.

### *Nachbereitung*

Schreiben Sie den Leuten auf Ihrer Liste oder rufen Sie sie an.

## Alt werden

Seit Tausenden von Jahren haben Kulturen in aller Welt das Wissen und die Einsichten ihrer Eltern, Großeltern, Tanten und Onkel in Ehren gehalten. Sie haben das Altern als natürlichen und hoch geschätzten Prozess betrachtet, der von dem Respekt der jüngeren Generationen vor den Ältesten noch unterstützt wurde. Die Hawaiianer glauben, dass die Weisheit erst im achtzigsten Lebensjahr kommt; dieser Geburtstag wird dann groß gefeiert. Ältere amerikanische Ureinwohner halten es für ein Zeichen von Respekt, wenn man sie mit »Großmutter« oder »Großvater« anredet.

Wir hingegen beten die Jugend an. Unsere Gesellschaft ignoriert die wichtigen Erfahrungsberichte unserer Ältesten, schiebt die Weisheit ihres langen Lebens beiseite, weil wir uns vor dem Älterwerden fürchten – der gewählte Übergangsritus für *unsere* alternden Familienmitglieder ist der Umzug ins Altersheim.

Die Zeit ist gekommen, den Wert des Altseins wieder zu schätzen. Wir können uns fest vornehmen, alte Menschen zu ehren und zu feiern und den Alterungsprozess zu einem heiligen Ereignis zu machen, an dem wir alle teilhaben. Familienangehörige und Freunde können das Gefühl von »Stammesverbundenheit« schaffen, bei dem jeder Einzelne von den Geschichten und der Weisheit der Ältesten profitiert.

### *Absicht*

Die zunehmenden Lebensjahre eines geliebten Menschen zu heiligen und sich daran zu erfreuen.

### *Zeitpunkt*

Am fünfundsiebzigsten Geburtstag des geliebten Menschen (oder später).

### *Zutaten*

Fotos, Erinnerungsstücke, eine goldene Kerze (Maskulinität beziehungsweise die Sonne) oder eine silberne Kerze (Femininität beziehungsweise der Mond), Lieblingsmusik und Lieblingsspeisen, Kassettenrekorder oder Videokamera und Kassetten, wohl überlegte Geschenke.

### *Rezept*

Entwerfen Sie eine Einladung, die den Sinn der Zusammenkunft verdeutlicht und inwiefern sie sich von einer normalen Geburtstagsfeier unterscheiden soll. Verschicken Sie die Einladung an Familienangehörige und Freunde, einschließlich der Kinder. Bitten Sie jemand, die Audio- beziehungsweise Videoaufzeichnung zu übernehmen. Erstellen Sie eine Liste von Themen, nach denen Sie sich bei der oder dem Geehrten erkundigen wollen – die wichtigsten Ereignisse und Menschen aus jedem Jahrzehnt, die gelernten Lektionen, Beschreibungen von Kleidung und Speisen aus der Kindheit, die Transportmittel und Kommunikationsmittel jeder Ära.

Errichten Sie am Tag der Feier einen Altar, auf den Sie Fotos und wichtige Gegenstände aus dem Leben der oder des Geehrten aufstellen. Wenn sich alle eingefunden haben, entzünden Sie die Kerze und setzen Sie alle Gäste im Kreis auf. Genießen Sie das Vergnügen, den Geschichten zu lauschen und die reiche, multikulturelle Tradition einzufangen, bei der das Erbe der Großeltern geehrt wird. Stellen Sie dann Ihre Fragen. Sie sollten sich zwar an einen vernünftigen Zeitplan halten, aber dennoch den oder die Geehrte ermutigen, in Erinnerungen zu schwelgen. Drücken Sie als Erstes die Wertschätzung für jede Erinnerung und jede Anekdote aus.

Tischen Sie dann die Mahlzeit auf und fordern Sie während des Essens alle Anwesenden auf zu erzählen, inwiefern der Einfluss des Ehrengastes ihr Leben bereichert hat. Bevor Sie den Nachtisch servieren, überreichen Sie die Geschenke. Es können selbst gemachte, traditionelle oder einfallsreiche Geschenke sein – eine Kosmetikbehandlung für Ihre Großtante, eine Massage für Ihren Großvater, aber auch Ballett- oder Baseballkarten. Bitten Sie das jüngste Mitglied der Familie, die Geschenke zu überreichen und auf diese Weise frühere, gegenwärtige und zukünftige Generationen zu verbinden. Beenden Sie das Ritual mit der Lieblingsmusik der oder des Geehrten und dem Nachtisch.

## Das Ritual im Einsatz

Nora wollte den achtzigsten Geburtstag ihres Vaters Marty mit einem Ritual begehen, das ihre Liebe und ihren Respekt für ihn zum Ausdruck bringen sollte. Sie hatten sich immer nahe gestanden, aber seit dem Tod der Mutter vor fünf Jahren war ihre Beziehung noch enger geworden. Vater und Tochter setzten sich eines Abends hin, erstellten eine Gästeliste und entwarfen die Einladung. Sie luden 21 Menschen ein, vor allem Familienmitglieder und Freunde von Nora und ihren beiden Brüdern, die mit dem Lächeln und den sanften Ratschlägen ihres Vaters aufgewachsen waren. Nur wenige seiner eigenen Freunde konnten noch teilnehmen.

Als Nora das Geburtstagsritual beschrieb, das ihr vorschwebte, sowie Martys Rolle bei seiner Vorbereitung und Durchführung, wuchs seine Begeisterung. Er holte die Fotos und Gegenstände hervor, die er mit den Gästen teilen wollte. Als die Erinnerungen aus ihm förmlich herausbrachen, wurde Nora klar, dass sie ihm viele wichtige Fragen nie gestellt hatte. Ihr Vater erzählte, während Nora die Einladungen fertig stellte. Das Deckblatt zeigte ein Foto von Marty als schlacksiger Teenager, wie er neben der brandneuen Packard-Limousine seines Onkels stand. In die Karte schrieb Nora, dass die Feier zu Ehren der Fülle von Martys Erfahrungen und Weisheit stattfinden würde. Jeder Gast würde mit seinen Geschichten gesegnet und könnte wiederum mindestens eine eigene »Marty-Geschichte« erzählen.

Das Geburtstagsritual war ein riesiger Erfolg. Alle Gäste, jung wie alt, waren von dem Altar und den Fotos und Erinnerungsstücken, die Marty ausgesucht hatte, begeistert. Seine Geschichten fesselten sie und später wurden sie durch den fröhlichen Ausdruck auf seinem Gesicht belohnt, als sie wiederum eine Geschichte nach der anderen über seine Weisheit und sein Verständnis zum Besten brachten.

Bill und sein Zwillingsbruder Tom, die in Noras Alter und im Nachbarhaus aufgewachsen waren, erinnerten sich, wie Marty sie trainierte, als sie es unbedingt ins Footballteam der Junior High School schaffen wollten. »Wir waren zwei magere Jungs, absolut unkoordiniert und ahnungslos. Marty brachte uns die Spielregeln bei und wie wichtig Teamgeist ist.« Bill lächelte, als Tom hinzufügte: »Das hat uns die Aufnahme ins Team gebracht und uns bis zur High School den Platz im Team gesichert. Wir waren immer die magersten, aber, meine Güte, wir hatten es vielleicht drauf! Unser Trainer meinte, wir hätten den besten Teamgeist, den er je erlebt hätte. Das hat uns Marty beigebracht.«

Esther, eine korpulente, schüchterne Frau, die mit Nora zur Schule gegangen war und immer noch dasselbe Babygesicht wie als Dreizehnjährige besaß, erinnerte sich, wie ihr Marty das Tanzen beigebracht hatte. »Jerry Parker hatte mich zum Schulball eingeladen und ich war so überwältigt, dass ich Ja sagte. Später geriet ich in Panik. Marty war der einzige Erwachsene, der bemerkte, dass mich etwas quälte. Als ich ihm sagte, was los war, ließ er Nora in die Küche kommen, schaltete das Radio ein und dann tanzten wir drei. Später, als Jerry und ich zum Ball gingen, hatte ich das Gefühl, richtig Boogie tanzen zu können!«

Bevor die Gäste gingen, drückten sie Nora und Marty ihre Dankbarkeit aus, weil sie sie an all die Gründe erinnert hatten, warum man die Ältesten einer Gemeinschaft ehren sollte.

### *Nachbereitung*

Schenken Sie die Aufnahme des Festes der beziehungsweise dem Geehrten. Hören oder sehen Sie es sich im darauf folgenden Jahr mindestens zweimal gemeinsam an und erinnern Sie sich auch an das Ritual selbst.

# 5

# Rituale für den Weg durch schwierige Zeiten

Wir wissen alle, dass nichts bleibt, wie es ist. Das Leben ist ein dynamisches und komplexes Spiel sich ständig verändernder Kräfte. Doch wenn es einen Wechsel in unseren Lebensumständen gibt – ein unerwarteter Rückschlag bei der Arbeit oder die plötzliche Veränderung in einer Beziehung –, geraten viele von uns in Panik. Gefühle der Hoffnungslosigkeit oder Hilflosigkeit überwältigen uns.

Seit Tausenden von Jahren haben Menschen in aller Welt heilige Zeremonien durchgeführt, um die Harmonie zwischen den Menschen und der Unsicherheit des Lebens zu ehren und zu erhalten. Diese einfachen Riten beruhen auf dem Glauben, dass eine gute Beziehung zum universellen Geist unsere Fähigkeit stärkt, alles zu akzeptieren, was das Leben uns bringt, und uns letztendlich Frieden schenkt. Mitten im Tumult zentriert zu bleiben ist in der einschüchternden Welt von heute wichtiger denn je.

Ein Ritual kann Ihnen in Zeiten spirituellen und emotionalen Aufruhrs Hilfestellung bieten und Sie trösten. In diesem Kapitel finden Sie eine Reihe von einfachen Riten, die dazu beitragen, Ihre Wahrnehmung und Ihre Reaktion auf belastende Ereignisse zu verändern. Diese Rituale schenken Ihnen Einsichten in die Wurzel Ihrer Angst, erhöhen Ihre Stresstoleranz und helfen Ihnen, neue Fertigkeiten zu entwickeln, um mit Ihrem Gefühl der Hilflosigkeit fertig zu werden.

Wir können dem Stress offensichtlich nicht aus dem Weg gehen – er gehört zum Leben einfach dazu –, wir *können* jedoch die Art und Weise anpassen, wie wir auf schwierige Situationen reagieren, und den Blickwinkel verändern, aus dem heraus wir sie betrachten. Sie werden möglicherweise voller Staunen feststellen, dass eine Kündigung auch ein Segen sein kann. Oder dass das unerwartete Verlangen Ihres Partners zu Wachstum und größerer Intimität führt, gleichgültig wie erschütternd sich die Veränderung anfangs anfühlte. Während solch belastender Herausforderungen und Veränderungen im Alltagsleben müssen Sie sich die Zeit nehmen, um Ihren Ängsten ins Auge zu schauen und sie zu konfrontieren, um Ihre Gefühle zu spüren und die Veränderung richtig zu verarbeiten.

Diese einfachen Rituale helfen Ihnen dabei. Am Ende werden Sie alles begrüßen, was Ihren Weg kreuzt – dank der unerwarteten Geschenke, die damit einhergehen. Und Sie werden erkennen, wie wichtig es ist, Veränderungen willkommen zu heißen und zu verstehen, dass die einzelnen Teile des Lebens ganz natürlich ineinander greifen, auseinander fallen und sich wieder auf neue, noch positivere Weise zusammenfügen.

## Die Angst-Schachtel

Sie geraten in Panik: Sie können das neue Computersystem an Ihrer Arbeitsstelle einfach nicht verstehen, und alles, was Sie im Büro zu erledigen haben, beruht darauf; Ihr Bankkonto geht gegen Null, und es ist gerade mal der Fünfzehnte des Monats; der Mann beziehungsweise die Frau Ihrer Träume hat Sie eben um eine Verabredung gebeten, und Sie haben das Gefühl, als stehe Ihre gesamte Zukunft auf dem Spiel. Was haben all diese Situationen gemeinsam? Jede ruft Angst hervor, denn sie trägt das Potential in sich, zu großem Glück oder in eine Katastrophe zu führen.

Viele Kulturen legen ihre Ängste durch Gebet oder Gaben an Blumen, Räucherwerk oder Speisen Gott vor. Laut der Kabbala, dem mystischen Herzen des Judaismus, muss man seine tiefste Verletzlichkeit anerkennen und sie Gott überreichen, bevor man wirklich erkennen kann, wer man ist.

Dieses einfache Ritual wird dem unguten Gefühl in Ihrer Magengrube ein Ende bereiten. Es führt Sie an einen Ort, an dem Sie Ihre Gefühle der Angst ablegen können, bevor diese so mächtig werden, dass Sie nicht mehr rational denken oder konstruktive Maßnahmen ergreifen können, um sich von Ihren Ängsten zu befreien.

### *Absicht*

Gefühle der Angst und Weltuntergangsstimmungen aufzulösen.

### *Zeitpunkt*

Wann immer Sie Ängste durchleben.

### *Zutaten*

Weihrauchessenz (um die Angst zu lösen) und Lavendelessenz (beruhigend), ein facettenreicher transparenter Quarz (um die negative Energie aufzubrechen), ein kleiner Pappkarton, ein schwarzer Stift, Buntstifte oder Farbe, Bleistift und Papier.

### *Rezept*

Geben Sie zu Beginn einige Tropfen Weihrauchessenz in eine Schüssel warmes Wasser und atmen Sie den beruhigenden Duft ein. Malen Sie eine Schuhschachtel oder einen anderen kleinen Behälter mit schwarzer Farbe oder Stiften an (Schwarz verkörpert die Angst und das Gewicht, mit dem sie auf Ihr Leben drückt). Wann immer Sie einen ängstlichen Gedanken haben, schreiben Sie ihn auf ein Stück Papier und legen Sie dieses in die Schachtel. Sie können konkret werden: »Ich habe Angst, mich bei dieser Sitzung zum Narren zu machen.« Oder es allgemeiner halten: »Ich werde langsam alt, hässlich und vergesslich.« Urteilen Sie nicht über das, was Sie aufschreiben. Es ist egal, ob andere es für dumm halten. Seien Sie einfach sich selbst gegenüber ehrlich. Ehrlichkeit führt zu Klarheit und kann positive Handlungen hervorbringen. Legen Sie anschließend den Quarzkristall neben die Schachtel, denn dieser saugt die negative Energie auf.

Falls Sie gerade nicht zu Hause sind, wenn ein solcher Gedanke der Angst Sie überkommt, dann schreiben Sie ihn trotzdem auf. Stecken Sie den Zettel in eine Tasche und streichen Sie den Gedanken aus Ihrem Gedächtnis – in dem Wissen, dass

Sie den Zettel mitsamt dem Gedanken in die Angst-Schachtel werfen können, sobald Sie nach Hause kommen. Bevor Sie abends das Licht ausmachen, beenden Sie das Ritual, indem Sie die Schachtel leeren, wie man einen Mülleimer leert – eine ganz einfache Möglichkeit, das loszuwerden, was Sie nicht wollen oder nicht brauchen. Schalten Sie anschließend das Licht aus. Geben Sie einige Tropfen Lavendelöl auf Ihr Kissen, um Ihren Geist zu beruhigen und Sie schläfrig zu stimmen.

## Das Ritual im Einsatz

Mit fünfzig Jahren war David von Ängsten geplagt. Er hatte immer angenommen, dass diese Lebensphase leichter sein würde als seine jüngeren Jahre – damals musste er lernen, den Anforderungen seiner Ehe gerecht zu werden, er gründete eine Familie und legte den Grundstein für seine Karriere. Stattdessen fühlte er sich nun von Ängsten überwältigt. Er hatte von der »Sandwich-Generation« gelesen, gefangen zwischen alternden Eltern und kämpferischen Kindern, und plötzlich ging es ihm selbst so – eingequetscht in einen familiären Big Mac. Bei seinem Vater, der zuvor die Gesundheit scheinbar gepachtet hatte, hatte man eben Alzheimer diagnostiziert, und seine Mutter war darüber in Panik geraten. In seinen eigenen vier Wänden schien seine Tochter Jenny gelähmt von der Aussicht, unzählige Aufnahmeanträge für Universitäten zu schreiben, und sein 14-jähriger Sohn Gavin war wegen wiederholter Prügeleien von der Schule geflogen. Davids Frau Beth war am Ende ihrer Weisheit. Sie versuchte, den Kindern zu helfen und sich gleichzeitig um all das zu kümmern, was David getan hatte, bevor sein Vater krank geworden war. Am schlimmsten für sie war, dass sie sich Sorgen um David machte, der immer stärker unter seinen Ängsten litt, Herzrhythmusstörungen bekam, an Gewicht verlor und von Schlaflosigkeit geplagt wurde.

Eines Morgens versteckte Beth seine Autoschlüssel. »Ich habe deinen Chef bereits angerufen«, sagte sie, als sie ihm sein Lieblingsfrühstück servierte. »Du bekommst einen Tag ganz für dich. Iss jetzt, während ich dir von etwas erzähle, was dir helfen könnte.« Sie ignorierte Davids skeptischen Gesichtsausdruck, als sie ihm das Angst-Schachtel-Ritual beschrieb und dann aus dem Besenschrank eine alte, schwarz angemalte Schuhschachtel holte. »Du kannst es ruhig versuchen, Liebling, denn die Autoschlüssel bekommst du erst morgen wieder.«

In der Stille seines Arbeitszimmers fing David an zu schreiben – und schrieb und schrieb und schrieb. Einiges überraschte ihn, seine Vision von Gavin in der Besserungsanstalt, Jenny als ungebildete Verkäuferin, Beth verliebt in einen anderen und er selbst allein im Pflegeheim, an ererbter geistiger Verwirrung leidend. Als Beth das Mittagessen servierte, war die Schachtel voll. Sie verbrachten den Nachmittag gemeinsam, sprachen über Davids Ängste – jene mit und jene ohne Lösungen. Er erkannte allmählich, dass er zwar sehr reale Probleme hatte, das größte Problem jedoch seine eigene Einstellung war. Weil er sich dem Würgegriff der Angst ausgeliefert hatte, konnte er nicht mehr zwischen den Dingen unterscheiden, die er ändern konnte, und jenen, die er nicht ändern konnte, zwischen realen Gefahren und jenen, die er sich nur einbildete. David dankte Beth und bat sie dann lächelnd um einen weiteren Gefallen: »Gibst du mir bitte die Autoschlüssel, damit ich dich heute zum Abendessen ausführen kann?«

### *Nachbereitung*

Stellen Sie Ihre Angst-Schachtel an einen deutlich sichtbaren Ort. Benützen Sie sie als emotionalen Mülleimer. Ersetzen Sie das, was Sie wegwerfen, mit positiven Gedanken, beispielsweise »Mein Leben wird immer leichter«. Reinigen Sie den

Kristall einmal im Monat mit Quellwasser (um die negative Energie freizusetzen, die er aufgenommen hat) und legen Sie ihn zum Trocknen in die Sonne.

## Der Weg aus der Depression

Manchmal ist eine Depression eine angemessene, sogar heilsame Reaktion auf ein einschneidendes Ereignis – den Tod eines geliebten Menschen, den Verlust einer guten Arbeitsstelle, das Ende einer langjährigen Beziehung. Obwohl die Dunkelheit, die solchen Ereignissen folgt, überaus schwierig ist, kann die Stille und Isolation, die sie umgibt, auch stärkend wirken. Da der Ursprung einer solchen Depression nur allzu verständlich ist, werden Freunde und Familienangehörige wahrscheinlich viel Geduld und Unterstützung aufbringen und ein heilendes Umfeld schaffen.

Dann wieder können einfache, alltägliche Ereignisse zu einer Depression führen, die scheinbar ebenso schwer zu beschreiben wie zu heilen ist. Vielleicht wachen Sie eines Morgens auf und fühlen sich ohne erkennbaren Grund am Ende. Diese spirituelle Unpässlichkeit mag einen oder zwei Tage dauern, oder auch viele Monate. Sie können sie nicht verstehen und Ihre Mitmenschen auch nicht. Ihr Umfeld fühlt sich hilflos und frustriert und meidet Sie, was Sie noch einsamer und deprimierter werden lässt. In einer solchen Zeit neigen wir dazu, alles auszuprobieren, was uns unserer Meinung nach Erleichterung verschaffen kann – Essen, Einkaufen, Drogen, Alkohol, Zigaretten. Aber am Ende sind wir dadurch nur noch einsamer.*

Durch meine Lehre bei einem *Rimpoche*, einem Meister des tibetischen Buddhismus, habe ich gelernt, dass man in dieser religiösen Tradition davon ausgeht, Stillsitzen, Einsamkeit und Schweigen würden die Verzweiflung nur noch verstärken; vom

* Schwere Depressionen sollten von einem Arzt oder Psychotherapeuten behandelt werden. Dieses Ritual ist nicht als Ersatz für professionelle Hilfe gedacht.

Griff der Depression könne man seinen Geist am besten durch Klänge und Bewegung befreien, die die Macht haben, uns die Last, die wir erfahren, zu erleichtern. Klang und Bewegung verstärken den Fluss der Lebensenergie durch unseren Körper und befreien und erheben buchstäblich unseren Geist. Tai chi und andere asiatische Disziplinen arbeiten seit Jahrhunderten nach diesem Prinzip.

Wenn wir die Emotionen, die unsere Depression verursachen, nicht zum Ausdruck bringen, laufen wir Gefahr, noch schwerer zu erkranken. Dieses Ritual bedient sich der Bewegung und der Musik, um schwächende Gefühle freizusetzen. Sie können dieses Ritual als Kompass verwenden, mit dessen Hilfe Sie den Weg aus der Verzweiflung finden.

### *Absicht*

Sich aus dem Muster von Verzweiflung und Apathie zu lösen.

### *Zeitpunkt*

Wenn Sie bereit sind, Ihre destruktiven Verhaltensweisen im Umgang mit einer Depression, die in alltäglichen Kümmernissen ihren Ursprung hat, loszulassen.

### *Zutaten*

Eine Dusche, eine Duftkerze mit Vanille-Aroma beziehungsweise Vanille-Essenz (Freude) oder Jasmin (Hindernisse beseitigen), Trommelinstrumente (ein Topf und ein Holzlöffel reichen völlig aus), Musik zum Tanzen, eine offene Fläche, etwas Helles zum Anziehen (Bluse, Hemd, Schal, Hut), eine rote Kerze (Leidenschaft und Energie), Quellwasser (Läuterung). Zur freien Wahl: Zitrusfrüchte (Freude).

### *Rezept*

Fangen Sie damit an, dass Sie eine Dusche nehmen und sich die Haare waschen. Stellen Sie sich dabei vor, das Wasser würde zusammen mit Ihrem Körper auch Ihre Emotionen reinigen. (Erinnern Sie sich an das Lied »I'm Going to Wash That Man Right out of My Hair« aus dem Musical *South Pacific*? Der Text – »Ich werde mir diesen Kerl einfach aus den Haaren waschen« – verdeutlicht den symbolischen Einsatz von Shampoo als Mittel zum Loslassen.) Ziehen Sie sich anschließend helle Kleidung an und füllen Sie die Luft im Raum mit dem Duft nach Vanille, indem Sie eine Duftkerze entzünden oder einfach etwas Vanilleextrakt in eine Schüssel warmes Wasser geben. Atmen Sie tief ein; die Aromatherapie kann unseren physiologischen und psychologischen Zustand verändern. Der Duft nach Vanille ist eines der besten Heilmittel für eine Depression – ebenso Jasmin und Zitrusdüfte. Wenn Sie keine Vanille haben, dann schneiden Sie eine Orange oder Grapefruit auf einem Teller klein und atmen Sie deren Duft ein. Entzünden Sie die rote Kerze und spielen Sie Musik, nach der Sie einfach tanzen müssen – das kann Rock'n Roll sein, Hip-hop oder ein Marsch von John Phillip Sousa. Spielen Sie, was immer Sie in Schwung bringt.

Nehmen Sie jetzt Ihre Trommelinstrumente und *machen Sie Lärm*! Suchen Sie Ihren Rhythmus und leben Sie ihn aus, zuerst mit den Händen, dann mit den Füßen und zum Schluss mit dem ganzen Körper. BEWEGEN SIE SICH, SINGEN SIE, SCHREIEN SIE, TANZEN UND SPRINGEN SIE! Bei diesem Ritual geht es nicht um Technik oder Talent, es geht darum, Ihre Gefühle in Bewegung umzusetzen. Lassen Sie Ihren Verstand, Ihr Denken einfach los und spüren Sie nur Ihren Körper. Schreien Sie allem Negativen ein »Nein!« entgegen. Lassen Sie die Depression zusammen mit der Musik aus sich herausströmen. Tanzen Sie, bis Sie *erschöpft* sind. Trinken Sie etwas Quellwasser, um die Läuterung zu vollenden. Drehen Sie anschließend die Musik leiser, aber spielen Sie sie noch eine Weile, während Sie sich entspannen. Sie werden feststellen, dass Sie lächeln müssen. Müde wie Sie sind, bewegt sich Ihr Fuß doch immer noch im Rhythmus auf und ab!

## Das Ritual im Einsatz

Peter, Student im letzten Semester, war depressiv und ängstlich: sein Zimmer im Studentenwohnheim war seine Falle, seine Fachbücher begruben ihn unter sich, die Abgabetermine für seine Semesteraufgaben engten ihn ein und er sah sich nicht nur den Abschlussexamina gegenüber, sondern auch einer düsteren Zukunft. Er brauchte unbedingt eine Pause, aber er hatte einfach keine Lust, zum einmillionsten Mal mit seinen Kommilitonen in die Kneipe zu gehen. Er liebte die laute Musik, das Tanzen und das Gebrüll, das für die Abende in Phil's Pub typisch war, aber er hasste den Gestank von Schweiß, Alkohol und Rauch ebenso sehr wie den Kater am nächsten Morgen.

Plötzlich hatte er eine Inspiration. Er nahm einen Stapel Kassetten und seinen Walkman, fand unter seinem Bett ein Strandtuch, warf einen letzten Blick auf die Bücher auf seinem Schreibtisch und marschierte aus dem Zimmer, wobei er die Tür so laut er nur konnte hinter sich zuschlug. Zwanzig Minuten später parkte er sein Auto auf einer kleinen Klippe mit Blick auf den Pazifik. Die Sonne ging gerade unter, ein Wind kam auf und die Luft roch sauber und frisch. Er nahm seine Sachen, rutschte den schmalen Pfad zum steinigen Strand hinunter, wo er sein Handtuch ausbreitete und eine Snoop-Doggie-Dog-Kassette in den Walkman einlegte. In dem Gefühl, vom Zwielicht der Dämmerung verborgen zu werden, begann Peter zu tanzen. Er gab zum Rhythmus der Rap-Musik und seiner Verrenkungen grunzende Geräusche von sich. Dann dachte er sich seinen eigenen Text aus und schleuderte den Namen von Lehrern und den Themenstellungen seiner Forschungsarbeiten ein lautes »Nein!« entgegen. Er hob zwei Steine auf und schlug sie, dem Rhythmus folgend, zusammen. Als er zu guter Letzt völlig erschöpft war, streckte sich Peter am Strand aus. Es wurde immer dunkler, und der Mond versteckte sich hinter dicken Wolken. Peter schaltete den Walkman aus und lauschte den Wellen, die sich am Strand brachen, bis er sich für den Aufbruch bereit fühlte.

Wieder im Studentenwohnheim, war Peter erstaunt, wie erleichtert ihm zumute war – er fühlte sich nicht länger ängstlich oder depressiv. Sein Geist war frei und sein Körper prickelte immer noch vom Tanz in der Meeresluft. Keine verstopften Lungen und kein schmerzender Kopf nach stundenlangem Aufenthalt in Phil's Pub. Peter fühlte sich belebt und hatte richtig Lust, sich wieder an die Arbeit zu machen.

### *Nachbereitung*

Halten Sie von nun an immer etwas Vanille-Essenz in Ihrem Schlafzimmer bereit, um Ihre Stimmung zu heben und Sie an die Freude und die Macht zu erinnern, die Sie erlebt haben. Wann immer Sie sich niedergeschlagen fühlen, ziehen Sie helle Farben an, um Ihrem Körper und Ihrem Geist Energie zu verleihen. Legen Sie auch Ihre Trommel oder Rassel in Reichweite; wenn es hart auf hart kommt, dann greifen Sie lieber danach als nach einer Tasse Kaffee oder Alkohol.

## Negatives loslassen

Ihre langjährige Beziehung endet mit einem großen Krach, und monatelang gehen Sie diese Szene nochmals durch, geißeln sich selbst unablässig mit »Was wenn …« Sie erfahren, dass Ihre Firma einhundert Stellen abbauen will und brechen jeden Morgen mit der Erwartung zur Arbeit auf, das Kündigungsschreiben auf Ihrem Schreibtisch vorzufinden. Sie sind Mitte Dreißig, aber jedes Mal, wenn Ihre Mutter anruft, verwandeln Sie sich in eine Sechsjährige. Was geht da vor sich? Warum ergreifen Sie stets den negativen – anstatt den positiven oder auch nur neutralen – Standpunkt?

Sie könnten dieser Liste wahrscheinlich noch Hunderte von Beispielen hinzufügen – Gedanken, die dazu führen, dass Sie sich vor Bedauern, Angst, Groll oder Wut innerlich krümmen. Diese Emotionen blockieren Ihre kreativen Kräfte, verhindern Spontaneität und können Sie anfällig für Krankheiten machen. Die amerikanischen Ureinwohner nennen sie »Kraftdiebe«, denn sie saugen Ihnen die Energie aus und lassen Ihnen nur noch wenig Kraft für Ihr Leben. Dieses Ritual soll es Ihnen ermöglichen, auf negative Situationen besser zu reagieren und zu einem konstruktiven Umgang zu finden.

### *Absicht*

Gedanken und Gefühle der Negativität loszulassen.

### *Zeitpunkt*

Wann immer Sie feststellen, dass eine Situation Ihnen Kraft entzieht.

### *Zutaten*

Eine purpurfarbene Kerze (Spiritualität), Sandelholz (um sich zu zentrieren), Streichhölzer, Papier und Stift, eine hitzebeständige Schüssel gefüllt mit Sand, kleine Steine, Rosmarinessenz (stimmungshebend). Zur freien Wahl: ein Musikinstrument (um Energie freizusetzen).

### *Rezept*

Sie brauchen ungefähr eine Stunde, in der Sie nicht gestört werden. Entzünden Sie zu Beginn die purpurfarbene Kerze, um in Kommunikation mit sich selbst und mit anderen zu treten. Zünden Sie das Sandelholz an, um Ihre Emotionen zu klären. Schließen Sie dann die Augen und atmen Sie tief in Ihren Bauch, bis Sie spüren, dass Sie einen Zustand der Entspannung erreicht haben (siehe die Ausführungen über *Bewusstes Atmen* im Kapitel »Die Gerätschaften«). Wecken Sie friedvolle Erinnerungen, beispielsweise an einen herrlichen Garten, der in Blüte steht, oder an das Gesicht eines Menschen, der Sie liebt, oder rufen Sie eine religiöse Gestalt an, zum Beispiel Isis, die Jungfrau Maria oder Kuan Yin.

Legen Sie Ihre Hand auf Ihr Herz-Zentrum und stellen Sie sich vor, dass Sie Zugang zu Mitgefühl haben – der Fähigkeit, sich selbst und anderen gegenüber liebevoll zu sein. Seien Sie offen und akzeptieren Sie alle Aspekte Ihrer selbst, selbst jene Teile, die Ihnen nicht gefallen. Stellen Sie sich vor, dass jeder Atemzug, den Sie machen, Mitgefühl in Ihren Geist trägt. Bitten Sie um Hilfe, um die negativen Emotionen zu erkennen, die Ihnen Ihre Energie stehlen. Es ist hilfreich, wenn Sie sich vorstellen, dass Sie mit einer weisen Alten sprechen, mit einer Lieblingslehrerin oder einem spirituellen Führer. Öffnen Sie die Augen und schreiben Sie die nachfolgenden Satzanfänge auf die linke Seite des Papiers untereinander:

*Ich bedauere ______,*
*Ich ärgere mich über ______,*
*Ich habe Angst vor ______,*
*Ich bin wütend auf ______.*

Füllen Sie nun die Lücken auf. Lassen Sie die Worte ohne zu urteilen aus sich herausfließen. Schreiben Sie, bis Sie sich leer fühlen.

Wenn Sie fertig sind, atmen Sie ein oder zwei Minuten tief durch und lesen Sie die Liste dann laut vor. Lesen Sie sie Ihrem Haustier oder einer Pflanze vor, Ihrem Spiegelbild oder einem gerahmten Foto von sich auf der Kommode. Ihr »Publikum« ist nicht so wichtig, das laute Aussprechen jedoch schon, denn es bringt die Worte – symbolisch und buchstäblich – ans Licht. Sagen Sie zum Abschluss: »Ich bin jetzt bereit, diese negativen Gedanken und Emotionen loszulassen.«

Verbrennen Sie in der sicheren Umgebung Ihres Heims das Papier in der mit Sand gefüllten Schüssel in dem Wissen, dass Sie nunmehr Raum geschaffen haben in Ihrem Leben für neue Menschen, neue Projekte und neue Ideen. Spüren Sie Ihren neuen spirituellen Raum mit allen Sinnen und versprechen Sie sich, ihn mit positiver Energie zu füllen. Geben Sie einige Tropfen Rosmarin auf einen kleinen Stein und tragen Sie ihn als Erinnerung an dieses Versprechen stets bei sich.

## Das Ritual im Einsatz

Ich führe dieses Ritual jedes Jahr in der ländlichen Umgebung durch, wo sich der Sitz der *International Women's Writing Guild* befindet. Nachdem jede Teilnehmerin für sich allein ein Blatt Papier mit ihren negativen »Kraftdieben« gefüllt hat, treffen wir uns an einer geschützten Stelle in einem kleinen Wäldchen neben dem Hauptgebäude wieder. Dann verbrennen wir unsere Papiere in einem riesigen schwarzen Kessel, der an einen Suppentopf erinnert. Während die negativen Emotionen gemeinsam in Flammen aufgehen, stellen sich die Frauen im Kreis um den brennenden Topf auf, einige spielen ein Instrument, andere chanten oder tanzen.

Eine neue Teilnehmerin namens Dorothy Vascellaro hatte vor diesem Ritual wiederholt mit ihren Kollegen über die Blockierung ihrer Kreativität und die dadurch entstehenden spirituellen und finanziellen Auswirkungen auf ihr Leben gesprochen. Nachdem sie an diesem Ritual teilgenommen hatte, fand sie ihre Worte wieder: Ihre Fähigkeit, flüssig zu schreiben, war zurückgekehrt. Sie schickte mir den folgenden Eindruck ihrer Erfahrungen mit diesem Ritual, den ich mit Ihnen teilen möchte.

*Die Trommel summte.*
*Summte, während sie sprach,*
*von ihren tiefsten Ängsten sprach,*
*von ihrem Hass und ihren bitteren Tränen.*
*Die Trommel schlug weiter.*
*Und sie setzte ihren Schmerz und ihre Wut*
*und ihren Zorn in Brand.*

*Die Klänge rührten sie,*
*Klänge von Stein auf Stein,*
*Holzperlen auf Holz, rasselnde Klänge,*
*vibrierende Klänge, leise und laute Klänge.*
*Alle doch irgendwie tröstlich.*

*Beim Chanten ging ihr das Herz auf.*
*Sie ist frei – frei, die Worte aus der Tiefe*
*ihrer Qual zu sehen.*
*Schwarz verqualmt, in Flammen*
*stehend, dann Asche!*

*Sie weint, dann seufzt sie und*
*lächelt sogar.*
*Ihr Leben gehört ihr.*
*Ein neues Leben nun.*
*Sie ist lebendig.*

*Voller Kraft durch ihr Loslassen,*
*durch ihr Vergeben.*
*Gesegnet vom Rosenduft der Erneuerung –*
*Süß berührt von der Kraft im Kreis*
*geteilter Leben.*

*Und der Geist der Trommel schlägt weiter.*

## Der sanfte Weg ins Unbekannte

Erinnern Sie sich noch, wie Sie sich als Kind geweigert haben, ohne Ihr Lieblingsspielzeug oder Ihren Teddybären zu verreisen? Wie sicher Sie sich fühlten, wenn Sie, egal wo, damit spielten? Es vermittelte Ihnen Sicherheit und Wohlbehagen, wie zu Hause in Ihrem eigenen Zimmer. Und Sie hatten damals Recht! Auch als Erwachsene sehnen wir uns nach einem Gefühl der Vertrautheit, wenn wir uns an fremden Orten befinden – etwas, das die Kluft zwischen dem Bekannten und dem Unbekannten überbrückt und die Angst lindert, die uns häufig auf Reisen begleitet. Erst dann können wir mit einem Gefühl von Sicherheit unsere neue Umgebung erforschen.

Ob wir aus geschäftlichen Gründen unterwegs sind, ob wir unseren Urlaub in einem Hotel verbringen oder in einem Studentenwohnheim leben, es ist immer gut, wenn wir unsere Umgebung zu einem Ort machen, an dem wir uns ausruhen und mit unserem inneren Wesen in Berührung bleiben können. Wenn wir jeden Tag an einem Ort des Friedens beginnen und beenden, können sich unsere Sinne, unser Intellekt und unser Geist dem Fremden mit neuer Zuversicht und Kraft nähern.

### *Absicht*

Das Ritual soll Ihnen Wohlbehagen bereiten und Ihnen in einer unvertrauten Umgebung Kraft schenken.

### *Zeitpunkt*

Wann immer Sie weit weg von zu Hause sind.

### *Zutaten*

Eine Stoffserviette, eine kleine Schüssel und eine Kerze, eine Feder, eine Muschel und ein Stein, persönliche Gegenstände, die Sie an zu Hause erinnern, Lavendelessenz (beruhigend) oder Blütenwasser, das Sie mit Ihrem Lieblingsduft besprüht haben (Freude), eine Kupfermünze oder ein anderes Geldstück (Glück).

### *Rezept*

Sobald Sie am Ziel ausgepackt haben, reinigen Sie Ihren Wohnraum, indem Sie einigen Elementen aus dem Rezept »Segen für ein Neues Heim« folgen. Räumen Sie einen Bereich Ihrer Frisierkommode oder Ihres Nachttisches leer, um dort einen Altar zu errichten. Entfalten Sie als Erstes die Serviette. Platzieren Sie anschließend die Feder, die den Geist verkörpert, im Osten, den Stein, der den Körper symbolisiert, im Norden, die Muschel als Symbol für die Gefühle im Westen und die Kerze, die die Kreativität darstellt, im Süden. In die Mitte kommt die Kupfermünze sowie ein Familienfoto oder ein Gegenstand, der Sie an zu Hause erinnert und Sicherheit symbolisiert. Zünden Sie die Kerze an, und spritzen Sie einige Tropfen Lavendelessenz oder parfümiertes Blütenwasser auf den Stoff.

Treten Sie vor den Altar und atmen Sie einen Augenblick tief durch. Stellen Sie sich vor, Ihre Angst und Ihre Unsicherheit würde sich in Ihrem Atem kristallisieren und beim Ausatmen aus Ihnen hinaus und zum Altar schweben. Stellen Sie sich vor, wie sich Ihre ganze Kreativität, Ihr Ehrgeiz und Ihre Pläne in Ihrem Atem vereinen und vom Geist des Universums geschützt werden. Flüstern Sie konkrete Stärken, Ideen und Wünsche und visualisieren Sie, wie Sie produktiv und glücklich an diesem Ort leben. Beenden Sie das Ritual, indem Sie die Augen schließen und mehrmals tief und reinigend durchatmen. Löschen Sie die Kerze und räumen Sie alle rituellen Zutaten bis zum nächsten Einsatz beiseite – mit Ausnahme der Lavendelessenz. Spritzen Sie einige Tropfen davon auf Ihr Kissen, bevor Sie zu Bett gehen.

## Das Ritual im Einsatz

Alice, Lehrerin aus Miami, entdeckte die Kraft der Rituale durch Zufall, als sie als Freiwillige für das Friedenskorps in einem Dorf in Belize tätig war. Es gab weder Strom noch fließendes Wasser, und ein Loch in ihrer behelfsmäßigen Hütte diente als Abfluss, wenn sie sich mit dem Wasser wusch, das sie aus dem Regentank des Dorfes mit der Kelle geschöpft hatte. Obwohl sie sich ihrer Arbeit sehr verpflichtet fühlte und die Liebe für diese Menschen ihr Herz auch weiterhin wärmte, wuchs ihr Heimweh.

Jeden Abend, wenn die Sonne unterging, schloss Alice die hölzernen Fensterläden, um ein Maximum an Privatsphäre zu gewährleisten, und entzündete mehrere Kerzen. Sie brachte auf der Propangasflamme einen Kessel mit Wasser zum Kochen, warf einige süß duftende Kräuter hinein und goss die Flüssigkeit in die Metallwanne, in der sie zu baden pflegte. Dann schöpfte sie das duftende warme Wasser aus der Wanne und ließ es über ihren Körper strömen. Während des Rituals lauschte sie den Klängen des britischen Militärsenders, die blechern durch die Lautsprecher ihres batteriebetriebenen Walkmans schmetterten. Trotz der Dunkelheit draußen fühlte sie sich sicher, getröstet und »zu Hause«, obwohl sie Hunderte von Meilen von zu Hause entfernt war.

## Blockaden aufbrechen

Es ist, als ob man gegen eine Ziegelmauer läuft. Sie setzen sich an Ihren Computer, um einen Bericht zu schreiben, aber Stunden später starren Sie immer noch auf den leeren Bildschirm. Sie stehen vor Ihrer Staffelei, um mit einem Gemälde zu beginnen, das Sie seit Monaten vor Ihrem inneren Auge sehen, aber es gelingt Ihnen nicht einmal, die vertraute Szene ansatzweise zu skizzieren. Obwohl das Briefeschreiben zu Ihren Lieblingsbeschäftigungen gehört, wächst der Stapel an unbeantworteter Korrespondenz immer weiter an.

Wenn Sie Ihre kreative Energie stets für selbstverständlich erachtet haben, dann kann es extrem frustrierend und verwirrend sein, gegen diese Ziegelmauer anzurennen. Sie tigern vor der Mauer auf und ab, versuchen, sich einen Weg zu bahnen – untendurch, oben drüber, um sie herum –, aber Sie müssen feststellen, dass sie weiterhin über Ihnen dräut. Ihre Anstrengungen scheinen die Situation nur noch zu verschlimmern.

Dieses Ritual hilft Ihnen, solche Mauern einzureißen. Es wird Ihrem Verstand den Leistungsdruck nehmen und ihn stattdessen für Ihre innewohnende Kreativität öffnen. Selbst wenn die Blockade irgendwann in der Zukunft zurückkehren sollte, brauchen Sie nicht in Panik auszubrechen. Sie können dieses Ritual wiederholen, wann immer Sie wollen.

### *Absicht*

Ihre kreative Energie freizusetzen.

### *Zeitpunkt*

Wann immer Sie sich blockiert fühlen.

### *Zutaten*

Ein Stück Pappe und ein dunkler Stift, ein kleines Tablett, ein Hammer, eine orangefarbene Kerze (Freude, Verspieltheit), die ätherischen Öle von Neroli, Mango oder Grapefruit (stimmungshebend), schmale Papierstreifen (ungefähr einen halben Meter lang), große Luftballons. Zur freien Wahl: Farbe oder sonstiges Künstlerzubehör.

### *Rezept*

Das Ritual besteht aus zwei Teilen. Beginnen Sie damit, Ihr Ziel auf die Pappe zu schreiben. Wenn es Ihnen leichter fällt, dann zeichnen Sie es auf oder schneiden Sie ein Foto aus und kleben Sie es auf die Pappe. Legen Sie die Pappe anschließend in ein mit Wasser gefülltes Tablett und stellen Sie das Tablett in Ihre Tiefkühltruhe.

Wenn das Wasser zu Eis gefroren ist, beginnen Sie mit dem zweiten Teil des Rituals. Entzünden Sie die Kerze und versprühen oder verteilen Sie den Duft, den Sie gewählt haben. Nachdem Sie tief eingeatmet haben, atmen Sie langsam aus, während Sie das kalte Tablett in Händen halten. Stellen Sie sich vor, Ihre Kreativität sei in diesem Eisblock gefangen. Atmen Sie dann mehrmals flach ein und aus, während Sie sich auf das Gefühl der Einengung konzentrieren. Sitzt dieses Gefühl in Ihrem Nacken? In Ihren Schultern? Oder können Sie es in Ihrem Magen spüren?

Legen Sie das Tablett mit der Oberseite nach unten auf den Boden, bis das Eis herausfällt. Breiten Sie ein Stück Stoff darüber, um sich selbst zu schützen, und zerschlagen Sie anschließend das Eis mit einem Hammer und all der Kraft, die Sie aufbringen können. Wenn Sie das physische Eis zerschlagen, das Ihre Pappe umgibt, brechen Sie gleichzeitig den spirituellen Block auf, der Ihre Kreativität gehemmt hat. Denken Sie beim Saubermachen an all die Dinge, die Sie erlangen möchten, setzen Sie sich hin und schreiben Sie sie auf die Papierstreifen. Befestigen Sie dann jeden Streifen einzeln an einem Ballon, gehen Sie ins Freie und lassen Sie den Ballon fliegen. Schicken Sie Ihre Vision dem Universum.

## Das Ritual im Einsatz

Im Laufe der Jahre habe ich gelernt, meinen Klienten sehr genau zuzuhören. Ich weiß, wenn ich das tue, werden Sie mir nicht nur von Ihrem Problem erzählen, sondern mir auch Hinweise geben, wie ich es lösen kann. Dianas Geschichte unterstreicht meine Überzeugung. Diana ist Graphikerin. Sie rief mich aus ihrem Studio im südlichen Michigan an. »Ich fühle mich wie ausgetrocknet, als ob ich niemals wieder einen kreativen Gedanken haben werde«, klagte sie. »Ich glaube wirklich, das war's. Es geht schon seit Wochen so und ich habe doch *so viel Arbeit* zu erledigen ...«

Aha! Ich erinnerte mich, dass Diana als Kind total *begeistert* von Farben und vom Zeichnen war. Sie war sich immer sicher, das beste Geschenk, das sie einem machen konnte, sei eine ihrer Zeichnungen. Später an der Kunstschule erblühte ihre Kreativität, und in ihren fertigen Stücken spiegelte sich die Freude an ihrem Talent wider. Doch im Laufe der Jahre war mit dieser Freude offenbar etwas geschehen. Aus ihrer Stimme zu schließen und den Worten, die sie wählte, hatte sich ihr Vergnügen offensichtlich in Plackerei verwandelt. Kein Wunder, dass sie blockiert war!

Ich erzählte ihr von meinem Ritual und schlug vor, sie solle die Rechnungen der längst fälligen Aufträge kopieren und sie dann auf einem Tablett in Wasser einfrieren. Während sie noch in der Leitung war, forderte ich sie auf, einen Laden für Künstlerbedarf aufzusuchen und Fingerfarbe und Papier zu kaufen. Sobald das Wasser gefroren war, sollte sie das Eis im Garten zerschmettern, das *Geschäft* mit der Kunst in kleinere, weniger erdrückende Teile aufbrechen. Dann sollte sie in ihr Studio gehen und mit den Fingerfarben malen. Sie sollte die Farbe auf ihren Händen spüren und den Fluss ihrer Kreativität freilegen.

Als sie mich zurückrief, schäumte sie vor Freude förmlich über. Sie erzählte mir, wie sie auf dem Boden kniete, von Kopf bis Fuß mit Farbe verschmiert, umgeben von funkelndem Papier mit Farben und Formen, und mit ganzer Kraft zu einem alten Janis-Joplin-Band sang. »Ich liebe es wieder! Sieh demnächst in deinen Briefkasten«, sagte sie lachend. »Du wirst die verschmiertesten Bilder von mir bekommen, seit ich fünf war! Aber davon abgesehen sind es die besten Arbeiten, die ich seit Jahren gemacht habe!«

## Das Gleichgewicht finden

An vielen Orten dieser Erde kommt zwischen Mittag und der Mitte des Nachmittags alles zum Stehen. Diese Stunden gelten als unantastbar – als eine Zeit, in der die Familien zusammenkommen, um beim Essen ihre Gedanken zu teilen und dann zu ruhen und neue Kraft zu schöpfen, bevor sie mit der Arbeit oder der Schule fortfahren. Manchmal haben wir zweifelsohne den Wunsch, diesen zivilisierten und erfrischenden Brauch auch bei uns einzuführen.

Wir sind immer in Eile, selbst beim Versuch zu entspannen, und versuchen ständig, die Zeit mit unserer Familie, unseren Spaß und unsere Erholungsphasen in die dürftigen Lücken unseres Terminkalenders zu pressen. Dabei wird uns die Zeit knapp, wir kommen spät und gehen früh, fühlen uns von zu vielen Menschen und zu viel Verantwortung in alle Richtungen gleichzeitig gezogen. Wenn wir dann wirklich einmal innehalten, sind wir zu erschöpft, um die Stille und den Frieden zu genießen. Außerdem stehen wir auch in diesen seltenen Augenblicken unter Druck. Wenn wir einmal nichts tun, verlangt plötzlich jeder nach unserer Aufmerksamkeit: »Spiel mit mir, Daddy«, »Liebling, kannst du bitte dieses Regal reparieren?«, »Sohn, kannst du mir kurz bei dieser Sache hier helfen?«

Obwohl die Versuchung groß ist, werde ich mich nicht dafür aussprechen, jeden Mittag drei Stunden Pause einzulegen. Ich möchte Ihnen jedoch klarmachen, wie wichtig es ist, den eigenen Rhythmus zu finden – einen, der die Fäden unseres beruflichen und privaten Lebens auf produktive und lohnende Weise verknüpft. Dieses Ritual wird dazu beitragen, Ihren weltlichen Aktivitäten inneren Frieden zu bringen. Wenn Sie sich deutlich vor Augen führen, wie Sie Ihre Zeit und Energie aufwenden, werden Sie Ihr eigenes Wachstum nähren und unterstützen.

### *Absicht*

Unsere Beziehung zur Zeit zu überprüfen und gegebenenfalls zu revidieren.

### *Zeitpunkt*

Wann immer Sie unter Zeitdruck stehen.

### *Zutaten*

Zwei große Blätter Papier, Marker, ein weißer Porzellanteller (billig), ungiftige Acrylfarben, ein Pinsel, ein Terminkalender, eine grüne Kerze (Gleichgewicht), ein Stück Bernstein (hilft uns, unsere eigene Weisheit zu entdecken).

### *Rezept*

Planen Sie etwas Zeit für sich ein, in der Sie von absolut niemandem gestört werden dürfen. Das allein wird Ihrer Familie, Ihren Kollegen *und* Ihrer Psyche signalisieren, dass Sie einige ernste Veränderungen vornehmen wollen. Setzen Sie sich und zeichnen Sie einen kleinen Kreis, der sich in einem größeren Kreis befindet. Schreiben Sie »Mein Leben« in den kleineren Kreis und teilen Sie den größeren dann in verschiedene Abschnitte mit der Überschrift *Arbeit, Familie, Freizeit, Sport, Gesundheit* und *Kreativer Ausdruck*. Die Größe jedes Abschnitts sollte auf realistische Weise die Menge an Zeit widerspiegeln, die Sie dafür aufbringen. Überlegen Sie genau, was Sie sehen und wie Sie sich dabei fühlen. Wollen Sie Ihre Zeit wirklich so verbringen? Wenn Sie könnten, wie würden Sie dieses Bild verändern? Zeichnen Sie die Antwort auf diese Frage auf ein zweites Blatt Papier. Vergleichen Sie die beiden Zeichnungen und konzentrieren Sie sich dabei auf die Unterschiede. Überlegen Sie sich daraufhin Möglichkeiten, wie Sie einen funktionierenden Kompromiss finden zwischen dem *unbedingten Muss* und dem *was wäre, wenn*. Lassen Sie sich Zeit. Das Nachdenken ist bei diesem Ritual besonders wichtig.

Wenn Sie fertig sind, holen Sie die Farbe heraus und schaffen Sie auf dem Porzellanteller ein neues Muster Ihres Lebens. Verwenden Sie Symbole und Farben, um die Dinge darzustellen, die Sie tun wollen und wie Sie sie tun wollen. Gehen Sie visionär, aber auch realistisch vor; versprechen Sie sich, Ihren Geist ebenso gewissenhaft zu ehren, wie Sie Ihrer Arbeit nachgehen. Seien Sie sich selbst gegenüber ebenso großzügig, wie Sie es Familienangehörigen und Freunden gegenüber sind, denn Sie können anderen nur helfen, wenn Sie zuerst sich selbst helfen.

Errichten Sie anschließend einen Altar: Entzünden Sie eine Kerze, die Ihr neues Ich repräsentiert, legen Sie den Bernstein daneben und schlagen Sie Ihren Terminkalender auf. Reservieren Sie mindestens zwanzig Minuten täglich nur für sich. Machen Sie Ihren Mitmenschen klar – wie Sie es anlässlich dieses Rituals taten –, dass Sie in dieser Zeit nicht gestört werden dürfen. Denken Sie daran: Wenn Sie sich die Zeit nehmen, um mit sich selbst allein zu sein, kommt die Botschaft, dass Sie sich Ihrem Wohlbefinden verpflichtet fühlen, bei Ihrer Psyche viel stärker an. Darüber hinaus hilft es Ihnen, auch andere Aspekte Ihres Lebens ins Gleichgewicht zu bringen.

## Das Ritual im Einsatz

John erhielt seinen »Weckruf«, als er im Alter von 54 Jahren einen Herzinfarkt erlitt. Innerhalb von 24 Stunden nach seiner Einlieferung ins Krankenhaus hörte er auf, sich um das medizinische Drama zu kümmern, das sich um ihn herum abspielte. Er erkannte, dass sich andere um die körperlichen Aspekte dieses Ereignisses kümmern würden. Ihn beschäftigte vornehmlich die überwältigende Einsicht, dass nur er allein mit den spirituellen Folgerungen seiner Krankheit umgehen konnte. Der Gedanke »Ich will nicht sterben« ging ihm während seiner ersten schlaflosen Nacht in der Intensivstation ständig durch den Kopf. Schließlich fühlte er sich zu der Frage gezwungen, warum ihm dieser Gedanke so hartnäckig zusetzte. »Es ist ja nicht so, als ob ich mich vor dem Sterben fürchte«, dachte er. »Warum spukt dieser Gedanke dann ständig in meinem Kopf herum? Warum klammere ich mich so sehr an das Leben?«

Es war schon sehr lange her, dass John so viel Zeit nur für sich hatte – keine klingelnden Telefone, keine hektischen Kollegen, die mit Fragen in sein Büro stürmten, keine Familienkrisen, die er bewältigen musste. Einfach nur John, seine Maschinen und das freundliche, aber einsilbige medizinische Personal.

Als er nach Hause entlassen wurde, hatte John die Antwort auf seine Fragen gefunden. Er erinnerte sich, einmal gehört zu haben, dass man die Dinge, die man getan hat, nicht bedauert, wenn man stirbt. Man bedauert nur die Dinge, die man niemals ausprobiert hat. Ohne eine der Zutaten, die ich für das Gleichgewichts-Ritual vorgeschlagen habe, zu verwenden, war John dennoch in der Lage, den ganzen Vorgang in seinem Kopf zu visualisieren. Er erkannte, dass die Angst – oder die *Umtriebigkeit* –, die ihn davon abgehalten hatte, so zu leben, wie er es wollte, viel bedrohlicher war als der Tod. Er verstand, dass ein guter Vater auch ein guter Mann ist. Einer, der seine Kinder durch sein Beispiel dazu inspiriert, ihr Potential auszuleben, alles zu genießen, was das Leben zu bieten hat, und sich selbst und anderen gegenüber großzügig zu sein.

Während seiner Genesung fing John an zu malen. Das erste Bild, das er fertig stellte, war auf Leinwand gemalt, voller Farben und reich an Symbolen, die seine Reise zur spirituellen Gesundheit verkörperten. Es hängt in seinem Arbeitszimmer, wo John es jeden Tag sehen kann. Er muss das Bild jedes Mal wieder anlächeln und ihm zunicken, wie einem alten und hochverehrten Lehrer.

### *Nachbereitung*

Wenn Sie mit dem Bild auf dem Teller fertig sind, versprechen Sie sich, sich mindestens einmal die Woche eine Mahlzeit auf diesem Teller zu servieren. (Achten Sie unbedingt darauf, ungiftige Farben zu verwenden!) Bewahren Sie sich Ihr Engagement für ein wenig private Zeit. Denken Sie daran, dieses Ritual durchzuführen, wann immer es große Veränderungen in Ihrem Leben gibt oder Sie wieder in den alten Zyklus fallen, den Sie auf das erste Blatt Papier gemalt haben.

# 6

# Beziehungsrituale

Stephen Levine, Co-Autor des Buches *In Liebe umarmen*, schlägt vor, Beziehungen als Mittel zu tief greifendem inneren Wachstum zu betrachten. Dem stimme ich zu. Wie wir mit unseren Freunden, Familienangehörigen und Partnern umgehen, bietet unglaubliche Möglichkeiten, unser spirituelles und emotionales Leben zu intensivieren. Manchmal können diese Wechselwirkungen uns verwirren, frustrieren oder sogar verletzen, aber wenn wir ihre Bedeutung anerkennen und uns versprechen, sie ständig zu verbessern, werden wir den Lohn dafür erhalten.

Ungeachtet, ob Sie je bewusst darüber nachgedacht haben oder nicht: Sie wissen, dass Sie Dinge anders *empfinden* und *tun*, je nachdem, in wessen Gesellschaft Sie sich gerade befinden – sei es Bruder oder Schwester, ein Mentor oder Ihre beste Freundin. Sie sollten unbedingt erkennen, dass Sie nicht nur eine erstaunliche Vielzahl an Menschen lieben, sondern diese Liebe auch ganz unterschiedlich zum Ausdruck bringen. Diese Rituale werden Sie zu erfüllenderen Beziehungen mit jenen Menschen führen, die Ihnen wichtig sind, denn sie helfen Ihnen, Einsichten in Ihre Bedürfnisse und Stärken, Ihre Wünsche und Erwartungen zu erlangen.

## Die Liebe finden

Sie sind erwachsen. Die verträumten Erwartungen der Pubertät und die schmerzlichen Erlebnisse von Versuch und Irrtum mit Anfang Zwanzig liegen hinter Ihnen. Endlich fühlen Sie sich bereit, wahrhaft zu lieben. Dann holt Sie die Wirklichkeit ein. Wie sollen Sie den richtigen Partner finden? Wird dieser Mensch Ihre Gefühle erwidern? Wie können Sie das lange Warten endlich beenden und den Vorgang beschleunigen?

Der erste Schritt besteht darin, Ihr Denken und Ihren Geist zu erforschen. Dadurch erhalten Sie nicht nur Einsichten in die Eigenschaften, die Sie sich bei Ihrem Partner wünschen, Sie werden auch deutlicher verstehen, wer Sie an diesem Punkt Ihres Lebens sind und was Sie sich vom Leben erwarten. Möglicherweise steht Ihr Beruf an erster Stelle und es erscheint Ihnen von entscheidender Bedeutung, einen Partner zu finden, der das akzeptieren kann. Oder Sie wünschen sich nichts sehnlicher, als eine Familie zu gründen, und hoffen auf einen Menschen, der diese Sehnsucht teilt.

Der zweite Schritt macht es erforderlich, dass Sie Ihre neuen Einsichten dazu einsetzen, sich selbst so zu behandeln, wie Sie von anderen behandelt werden wollen. Gehen Sie in die Filme oder Konzerte, die Sie wirklich interessieren, frühstücken Sie in diesem neuen Restaurant, kaufen Sie sich einen schönen Pulli oder ein gutes Buch.

Der dritte Schritt bedingt, dass Sie lernen, Ihre Tugenden wirklich zu würdigen und sich in Ihrer eigenen Gesellschaft wohl zu fühlen. Mit der Zeit werden Sie eine Aura entwickeln, die in die Welt ausstrahlt und andere zu Ihnen hinzieht. Jetzt sind Sie bereit für den vierten Schritt – den richtigen Partner auszuwählen und in Ihrem Leben zu begrüßen. Dr. Judith Sills schreibt in ihrem

Buch *Liebe nach dem ersten Blick*, sobald wir bereit sind, uns mit anderen Menschen zu verbinden, ist der beste Platz, jemanden kennen zu lernen, überall. Sie werden feststellen, dass man den perfekten Partner ebenso leicht in der Gepäckausgabeschlange am Flughafen trifft wie bei einem formellen Abendessen.

### *Absicht*

Sich dafür zu engagieren, eine neue Liebe zu finden.

### *Zeitpunkt*

Sobald Sie für eine Partnerschaft bereit sind.

### *Zutaten*

Eine rosafarbene Kerze (Liebe), ein kleines Viereck aus Seide in Rosa (Eigenliebe) oder Rot (Leidenschaft), Nadel und Faden, Rosenblüten (Liebe), Rosmarin (positive Veränderung), Zimt (Glück), Ingwer (Zuversicht), ein Rosenquarz (um das Herz zu öffnen), Liebeslieder.

### *Rezept*

Fangen Sie damit an, Ihre romantische Lieblingsmusik zu spielen. Setzen Sie sich ruhig hin und stellen Sie sich die Eigenschaften vor, die Sie sich für Ihre Beziehung wünschen. Welches Temperament passt am besten zu dem Ihren? Welche intellektuellen Interessen und welchen spirituellen Schwerpunkt sollte ein geeigneter Partner besitzen? Welche Hobbys oder welche Sportarten möchten Sie mit Ihrem Partner gern teilen? Je genauer Sie spezifizieren, was Sie in einem Partner suchen, desto machtvoller wird dieses Ritual für Sie.

Nehmen Sie Nadel und Faden zur Hand und stellen Sie aus dem Seidenstoff einen einfachen Beutel her. Weben Sie mit jedem Stich Ihre Gedanken und Absichten in den Stoff. Wenn Sie fertig sind, legen Sie den Rosenquarz hinein, der Ihr empfängliches Herz symbolisiert. Geben Sie außerdem einige Tropfen Ingwer, Rosmarin und Zimt in den Beutel, um Liebe und Wohlstand sicherzustellen. Schließlich kommen noch die Rosenblätter hinein, um die neue Liebe zu ermutigen, immer ein Blatt nach dem anderen, während Sie an eine gewünschte Eigenschaft denken: »Dieses Blütenblatt steht für ein liebevolles Herz, dieses für Loyalität, dieses für einen emotional ausgeglichenen Partner, dieses für einen finanziell verantwortungsbewussten Partner.« Zünden Sie die Kerze an und bitten Sie das Universum, Ihnen einen Menschen zu schicken, mit dem Sie eine gesunde, dauerhafte Beziehung führen können. Versuchen Sie nicht, dieses Ritual zu manipulieren, indem Sie sich eine bestimmte Person vorstellen. Vertrauen Sie einfach darauf, dass die spirituelle Weisheit des Universums Ihr Schicksal erfüllt, indem es Ihnen den besten Partner schickt.

Laden Sie sich abschließend zu einem herrlichen Abendessen in Ihrem Lieblingsrestaurant ein oder tun Sie etwas anderes, was Ihnen das Gefühl vermittelt, etwas ganz Besonderes zu sein. Besorgen Sie sich Ballettkarten oder Karten für ein wunderbares Konzert. Ziehen Sie Ihre besten Sachen an. Legen Sie Ihr teuerstes Parfüm auf. Lernen Sie zu flirten. Tun Sie so, als seien Sie Tourist in einer fremden Stadt, und seien Sie offen für neue Erfahrungen und neue Menschen. Amüsieren Sie sich.

## Das Ritual im Einsatz

Fünf Jahre nach ihrer Scheidung fühlte sich Kathleen endlich bereit, eine neue Beziehung einzugehen. Sie suchte in erster Linie zwei ausgeprägte Eigenschaften: Zum einen musste der

Mann reif und stark genug sein, um ihre Partnerschaft als eine Beziehung zwischen zwei Gleichrangigen zu sehen; zum anderen musste er in der Lage sein, ihren beiden kleinen Kindern Tom und Terry ein guter Stiefvater zu sein. Kathleen hatte über diese beiden entscheidenden Punkte noch nicht hinausgedacht, aber ihr wurde klar, wenn sie dieses neue Kapitel in ihrem Leben aufschlagen wollte, dann musste sie sich allmählich darauf konzentrieren.

Eines Freitagabends brachte sie die Jungen zur Großmutter, damit sie Zeit für dieses Ritual hatte. Nachdem sie geduscht und ihre Lieblings-CD eingelegt hatte, sammelte Kathleen ihre Zutaten, zündete eine rosafarbene Kerze an und stellte sich den Mann vor, den sie in ihr Leben bringen wollte.

Sie konzentrierte sich darauf, was ihr eine Beziehung an diesem Punkt ihres Lebens bedeutete – und das öffnete ihr die Augen. Die Veränderungen in ihren Bedürfnissen und Erwartungen seit ihrer Heirat vor acht Jahren faszinierten sie, insbesondere jene, die in den letzten fünf Jahren, in denen sie allein gelebt hatte, eingetreten waren: sie verwaltete jetzt ihre eigenen Finanzen, versuchte vor einem größeren Kauf immer den besten Anbieter zu finden und war emotional wie gesellschaftlich unabhängiger geworden.

Von ihrem eigenen Wachstum bewegt, beschloss sie, alles aufzuschreiben, was sie über sich gelernt hatte und darüber, was sie in einem möglichen Partner suchte. Kathleen rieb etwas Zimt in die Ecken eines Blatt Papiers und schrieb ihre wichtigste Erkenntnis auf: dass sie sich nicht länger einen Mann wünschte, der sich um sie kümmerte. Dann schrieb sie – viele Stunden, wie es schien –, atmete den süßen Zimtduft ein und hielt gelegentlich inne, um die kühle Oberfläche des Rosenquarz zu berühren. Als sie fertig war, faltete sie das Papier und legte es zusammen mit dem Rosenquarz in den Seidenbeutel.

Mit den letzten Worten versprach sie sich selbst, einmal die Woche auszugehen, um neue Leute kennen zu lernen. Kathleen legte den Seidenbeutel in eine Schublade ihres Nachttisches, wo sie der Zimtduft an ihr Versprechen erinnerte. Sechs Monate später saß auf einem Flug nach Kalifornien ein Pilot namens Nick neben ihr. Da Kathleen das Ritual durchgeführt hatte, erinnerte sie sich daran, ein offenes Herz zu bewahren. Dieser Mann besaß die Eigenschaften, nach denen sie suchte. Sie kämpfte gegen ihren Drang, sich gegenüber einem fremden Mann frech und abwehrend zu verhalten – wie sie es aufgrund ihrer Ängste und dem Unbehagen vor einer neuen Beziehung früher getan hatte. »Mir wurde klar, wenn ich das tat, was ich immer tat, dann würde ich genau das bekommen, was ich immer bekommen hatte, nämlich gar nichts!«, erzählte sie mir später. Es entwickelte sich eine Beziehung zwischen den beiden, erblühte und innerhalb eines Jahres gaben Kathleen und Nick ihre Verlobung bekannt.

### *Nachbearbeitung*

Setzen Sie sich jeden Tag ruhig hin und halten Sie einige Minuten Ihren Seidenbeutel in der Hand, während Sie sich selbst mit Ihrem lang ersehnten Partner visualisieren. Wenn Sie sich ungeduldig oder traurig fühlen, leeren Sie den Beutel und führen Sie das Ritual erneut durch; das wird Ihren Geist wieder in die richtige Bahn lenken und Ihrer Suche neue Energie verleihen.

## Neue Kraft für die Liebe

Seit vier unglaublich glücklichen Monaten gehen Sie mit derselben Person aus – und plötzlich wird der romantische Funke schwächer und droht, gänzlich zu verschwinden. Sein Lachen, das Sie bei Ihrer ersten Begegnung entzückte, scheint Ihnen jetzt kindisch und peinlich, nach dem fünften Anruf binnen einer Stunde hält er es nicht länger für großartig, dass Sie so viele Freunde haben, und seine Besessenheit mit seiner Fußballmannschaft ärgert Sie so sehr, wie ihn Ihre Leidenschaft für die *Akte X* aufregt. Ihre Kommunikation wird zu einer Misskommunikation, Kritik ersetzt Unterstützung. Wenn sich nicht schnell etwas ändert, wird diese Konzentration auf das Negative alle positiven Elemente der Beziehung ausblenden und das Ende signalisieren.

Negative Gedanken sind überaus mächtig. Sie können das Vertrauen in uns selbst zerstören, in unseren Partner und in die ganze Beziehung. Doch allein daran zu denken, die Dinge zu ändern, die wir ändern wollen, kann schon eine überwältigende Wirkung zeitigen. Wissen Sie noch, als Sie klein waren und Onkel Bobs positive Meinung von Ihnen Sie in einen Engel zu verwandeln schien, während Tante Hannas negative Erwartungshaltung Sie direkt in die Hölle führte? Wir mögen mittlerweile erwachsen sein, aber wir werden immer noch von den Einstellungen jener Menschen beeinflusst, die uns am nächsten stehen.

Es steht außer Frage, dass unser Verstand unsere Beziehungen sabotieren kann. Dieses Ritual soll Ihren Schwerpunkt verlagern: Anstatt einen negativen Dialog mit sich selbst zu führen, können Sie sich auf die positiven Eigenschaften konzentrieren, die Sie diese Beziehung überhaupt erst eingehen ließen.

### *Absicht*

Ihrer Liebesbeziehung neue Kraft zu verleihen.

### *Zeitpunkt*

Wenn der Funke der Liebe schwächer wird.

### *Zutaten*

Zwei Fotokopien eines Fotos Ihres Partners, eine Schachtel mit Stiften, ein kleines Notizbuch, eine silberne Kerze (Weisheit), Rosenwasser (Mitgefühl), Streichhölzer.

### *Rezept*

Errichten Sie einen Altar, indem Sie die Arbeitsfläche Ihres Schreib- oder Küchentisches leer räumen und die silberne Kerze darauf entzünden. Holen Sie die Schachtel mit den Stiften und die beiden Fotokopien. Schreiben Sie die mit Abstand schlimmste Verhaltensweise Ihres Partners auf die erste Fotokopie; wählen Sie einen Stift in einer Farbe, die die Intensität Ihrer Gefühle widerspiegelt.

Nehmen Sie daraufhin einen andersfarbigen Stift zur Hand und schreiben Sie die zweitschlimmste Eigenschaft auf. Fahren Sie mit jeweils anderen Farben fort und zählen Sie alle negativen Verhaltensweisen auf, bis Ihnen nichts mehr einfällt. Urteilen Sie nicht über das, was Sie aufschreiben. Selbst wenn eine Stimme in Ihrem Kopf sagt »Das ist doch lächerlich!« oder »Also, da bist Du wirklich ein wenig kleinlich!«, machen Sie weiter. Es sind Ihre wahren Gefühle und sie verdienen es, offen angegangen zu werden.

Wenn Sie fertig sind, lehnen Sie sich zurück und spüren Sie

das Gefühl der Leichtigkeit, das sich einstellt, wenn man sich von einer Last befreit hat. Lesen Sie nun, was Sie geschrieben haben, und interpretieren Sie die Farben, die Sie für jeden Punkt gewählt haben. Gehen Sie mit der Fotokopie zur Spüle und lassen Sie die negativen Gedanken über Ihren Partner los, indem Sie die Fotokopie verbrennen.

Setzen Sie sich anschließend wieder hin, legen Sie die Stifte wieder in die Schachtel und nehmen Sie sich die zweite Fotokopie vor. Schreiben Sie nun alle positiven Eigenschaften auf. Wählen Sie wiederum die Farben, die die Bedeutung jeder Eigenschaft unterstreichen. Schreiben Sie frei von der Leber weg; belasten Sie sich nicht mit »Ja, aber ...« oder »Das ist nie von langer Dauer, weil ...« Denken Sie daran, Sie haben bereits alle negativen Gedanken verbrannt.

## Das Ritual im Einsatz

Maria, eine grazile Buchhalterin mit rotblonden Haaren, und Tony, ein untersetzter, gut aussehender Elektriker mit eigenem Betrieb, baten mich um Hilfe, als ihre sechsmonatige Beziehung langsam zu zerbrechen schien. Keiner von beiden war je verheiratet gewesen und nun, mit Mitte Dreißig, wünschten sie sich, dass diese Beziehung halten würde. Sie saßen zwischen all den Kissen auf meiner Couch und hielten sich bei den Händen, während sie die destruktiven Muster beschrieben, die in ihr gemeinsames Leben eingedrungen waren.

Maria gab zu, dass sie Tony durch eine negative Linse betrachtete: Alles, was er in letzter Zeit tat, schien sie zu reizen. Sie nickte, als er sie nörglerisch nannte, und fügte hinzu, dass ihre Einstellung ihm gegenüber ihn zu Verhaltensweisen geführt hatte, die alles nur noch schlimmer machten. Sie räumten beide ein, dass sie in diesem Verhaltensmuster gefangen waren, obwohl sie sich der Liebe füreinander immer noch bewusst waren.

»Ich scheine einfach nicht aufhören zu können«, sagte Maria. »Ich bin immer furchtbar glücklich, wenn ich ihn abends sehe, und dann plötzlich hacke ich auf ihn ein, er solle seine Jacke aufhängen, den Müll rausbringen oder die Küche aufräumen – obwohl er sie nur deshalb in Unordnung brachte, weil er mir das Abendessen kochte!«

Tony gab zu: »Am Schluss hörte ich einfach auf, es überhaupt noch zu versuchen.« Er hielt kurz inne und fügte dann leise hinzu: »Ich vermisse die alten Zeiten. Ich kuschelte mich gern an Maria und tat Sachen, die sie glücklich machten. Das ist vorbei. Ich bin mir nie sicher, weswegen ihr als Nächstes die Sicherung durchbrennt.« Er rutschte auf der Couch umher und ließ Marias Hand los. Sie zog sich von ihm zurück und kreuzte die Arme. Ich erlebte aus nächster Nähe die Dynamik mit, die sie in mein Büro gebracht hatte!

Ich schlug vor, dass sie zusammen das Kraftritual für die Liebe vollzogen. Sie gingen und versprachen, ihr Bestes zu geben. Ungefähr einen Monat später rief Tony an. Er erzählte mir, dass er und Maria einige ziemlich stürmische Stunden verlebten, als sie sich mit ihren Fotokopien und Stiften hinsetzten; sie fingen mit den negativen Bildern an, und das machte sie beide abwehrend und wütend. Schließlich beschlossen sie, abwechselnd positive und negative Aspekte aufzuschreiben. Tony meinte, es habe funktioniert und sie würden dieses Prinzip nun auch in ihren alltäglichen Unterhaltungen anwenden. »Vor zwei Wochen kamen wir zwei spät von der Arbeit nach Hause. Wir hatten beide einen schweren Tag hinter uns, und ich spürte, wie ich innerlich auf Abwehr schaltete, weil ich einen Angriff von Maria erwartete.« Er kicherte und genoss eindeutig die Geschichte, die er zu erzählen hatte. »Während wir das Abendessen zubereiteten, war ich so nervös, dass ich ihre Lieblingsschüssel zerbrach, in der ich den Teig anrührte. Ich erstarrte. Sie war völlig ruhig, während sie das Chaos aufräumte. Dann sah sie mich an. Sie weinte und lächelte und biss die Zähne zusammen. Schließlich sagte sie: ›Ich wünschte, du würdest vorsichtiger sein.‹ Dann nahm sie die Schultern zurück und fügte hinzu: ›Machst du bitte neuen Teig? Ich liebe deine Biskuits ebenso sehr wie ich diese Schüssel geliebt habe.‹«

Ich war erstaunt, als Tony lachte, denn er erzählte, sie hätten daraufhin beide geweint. Aber dann, so fügte er hinzu, hätten sie beim Abendessen beschlossen, dass es an der Zeit wäre, den Hochzeitstermin festzusetzen.

## *Nachbereitung*

Bewahren Sie die Fotokopie mit den positiven Eigenschaften und die Schachtel mit den Stiften an einem geeigneten Ort auf. Fügen Sie jeden Tag etwas hinzu, selbst wenn Sie nur ein Wort unterstreichen, das Sie bereits geschrieben haben. Nach einer Weile möchten Sie dieses Ritual vielleicht gemeinsam mit Ihrem Partner durchführen. Im Laufe der Wochen werden Sie voneinander und von sich selbst stärkere, positivere Bilder haben. Und Ihre Beziehung wird erblühen.

## Hochzeit

Was ist nur aus dem »zarten Frauchen« geworden, das immer zu ihrem Mann hielt und ihm just in der Sekunde das Abendessen servierte, in der er von einem harten Tag im Büro nach Hause kam? Auf unserem Weg in das 21. Jahrhundert scheint sie verschwunden zu sein und hinterlässt in ihrem Kielwasser viel Verwirrung in Sachen Karriere kontra Haushalt. Vorbei sind die Tage, als eheliche Gemeinschaften ausschließlich auf den überlieferten Idealen der trauten Familie basierten. Heute überlappen sich die Geschlechterrollen und schaffen so neue Möglichkeiten, aber auch neue Fallgruben.

Als Gesellschaft haben wir ein großes Experiment angetreten und erwarten das Ergebnis mit kollektiv gedrückten Daumen. Aber frisch Vermählte sind sich selbst überlassen, wenn es darum geht, Prioritäten zu setzen und Regeln für ihre Ehe aufzustellen. Ökonomische und berufliche Ziele führen ebenso wie die Bemühungen um das emotionale Wohlbefinden der Familie bei beiden Partnern zu immer größerer Besorgnis.

Nicht jeder sieht in den traditionellen Hochzeitsfeierlichkeiten keinen Sinn mehr, aber immer mehr Paare suchen neue Wege – und nicht nur für ihr Ehegelübde. Sie wollen das ganze Ritual der Eheschließung ihren Umständen und ihren Erwartungen anpassen. Dieses Ritual muss die Tradition nicht ersetzen, aber Sie können Elemente daraus nach Wunsch einarbeiten. Indem Sie an der Planung Ihrer Zeremonie aktiv teilnehmen und Sprache und Symbole einbauen, die für beide Partner von Bedeutung sind, erschaffen Sie eine tiefere Dimension der Heiligkeit.

### *Absicht*

Ihrer Hochzeitszeremonie Ihre persönliche Note zu verleihen und Ihre Prioritäten klarzustellen.

### *Zeitpunkt*

Die Planung im Monat vor der Hochzeit, die Durchführung am Hochzeitstag.

### *Zutaten*

Weiße Kerzen (Reinheit), als Blumen Iris, Lilien, Rosen oder Jasmin (Liebe), frischer Rosmarin oder Rosmarinöl (schmiedet eine starke Verbindung), Eheringe (Ganzheit und Hingabe), Quellwasser (Läuterung), eine Tasse, eine große Schüssel, Wein oder Saft (Feier). Zur freien Wahl: Ihre Lieblingsmusik.

### *Rezept*

Errichten Sie einen Altar aus Blumen, Kerzen, Quellwasser und entweder den Rosmarinzweigen oder dem Öl. Wenn Ihre Zeremonie in einer Kirche oder einem Tempel stattfindet, dann fragen Sie den Geistlichen, wie viel Freiheit Sie bei der Gestaltung des Altars haben. Wählen Sie Musikstücke aus, die für Sie und Ihren Partner von besonderer Bedeutung sind. Ihre Trauzeugen und Brautjungfern sollten Menschen sein, die Ihnen ihr Verständnis und ihre Unterstützung gezeigt haben, Menschen, denen Sie Ihr Leben anvertrauen würden. Es kommt nicht darauf an, ob es zwei oder zwanzig sind, genauso wenig wie es darauf ankommt, ob alle Brautjungfern gleich gekleidet sind. Wichtig ist, dass Sie sich mit Liebe umgeben.

Bitten Sie die Person, die den Gottesdienst leitet, mit einem

Segen in Form von Wein oder Saft zu beginnen, die beide als Symbole der Freude und Fülle gelten. Legen Sie anschließend Ihre Gelübde ab. Sie sollten direkt aus Ihrem Herzen kommen und Ihrer beider Hoffnungen und die wichtigsten Elemente Ihrer gegenseitigen Hingabe enthalten. Worte wie *Freundschaft, Ehrlichkeit, Geduld, Freude, Güte* und *Treue* können hier ebenso auftauchen wie andere Begriffe, die für Ihre Beziehung von besonderer Bedeutung sind. Wenn Sie fertig sind, tauschen Sie die Ringe mit einer einfachen Liebesbezeugung aus. (Wussten Sie, dass die Sitte, den Ring um den vierten Finger der linken Hand zu tragen, auf dem uralten Glauben basiert, dass die Venen dieses Fingers direkt zum Herzen führen?)

Seit ältester Zeit sehen alle Kulturen im Wasser die Essenz des Lebens und glauben, dass es die läuternde Kraft besitzt, unser wahres spirituelles Selbst wiederherzustellen. Daher schlage ich vor, dass Sie das Ritual mit der hawaiianischen Wasserzeremonie, dem *Ho'o maika'i keia wai*, beenden – was so viel bedeutet wie »Segne dieses Wasser«. Diese Zeremonie wurde mir von dem Astrologen Kat Rama beigebracht. Nachdem beide Partner aus ihrer eigenen Tasse getrunken haben, gießt das Paar das restliche Wasser in eine dritte Tasse, die von der Person gehalten wird, die den Gottesdienst geleitet hat. Dann tragen die Partner diese Tasse hinaus und leeren sie auf die Erde oder in einen Fluss beziehungsweise See und sprechen: »Dies symbolisiert unsere Liebe, die sich in die Erde [oder in das Wasser] ergießt. Möge sie sich ausbreiten und zu jedem Menschen auf diesem Planeten reisen.«

## Das Ritual im Einsatz

Viele Paare wollen heute bei der Planung ihrer Eheschließung ihre ganz eigenen Wünsche und Familientraditionen in die Zeremonie einbringen, damit sie das widerspiegelt, was ihnen am wichtigsten ist. Die Hochzeit von Lucy und Michael ist nur eines von vielen Beispielen, wie man das Beste des Alten bewahren und gleichzeitig den Funken des Neuen entfachen kann.

Lucy wurde in den Vereinigten Staaten geboren und aufgezogen, aber sie beschloss, einige der alten chinesischen Traditionen ihrer Familie in ihre moderne Hochzeitszeremonie einzuflechten. Sie fragte monatelang zu Hause nach und verbrachte einige Zeit in der Bibliothek, um alles über die Hochzeitsbräuche Chinas herauszufinden, und überlegte sich dann Möglichkeiten, wie sie diese in die westliche Tradition einflechten könnte. Ihr Verlobter Michael war von ihren Bemühungen fasziniert und erzählte seiner griechisch-amerikanischen Familie begeistert von ihren Plänen.

In China beginnt der Hochzeitstag in aller Frühe. Lucy zog ein buntes, zweiteiliges Seidenkleidungsstück an, das *Kua*. Es war bestickt mit Bildern von Wasser, das Reichtümer repräsentiert, einem kunstvollen Phoenix, dem Symbol für die weibliche Anmut, und einem mächtigen Drachen, der den Wunsch der Braut nach Stärke in ihrem Bräutigam zeigen sollte. Lucy servierte Michaels Familie und ihrer eigenen ein traditionelles Frühstück. Dazu gehörte eine Teezeremonie, die ihren Respekt für alle Anwesenden zum Ausdruck brachte und bewies, dass sie auf die Rolle der Ehefrau gut vorbereitet war.

Die Familien trafen sich einige Stunden später in der Kirche in Lucys Viertel wieder. Dort schritt Lucy am Arm ihres Vaters zu den vertrauten Klängen von »Here Comes the Bride« den Gang hinunter. Es war der Augenblick, von dem Lucy geträumt hatte, seit sie ein kleines Mädchen war. Sie sah in ihrem weißen Kleid mit Schleier und Schleppe prachtvoll aus. Sechs Brautjungfern und ein Blumenmädchen, alle in Violett gekleidet, begleiteten sie zum Altar, wo eine griechisch-orthodoxe Zeremonie durchgeführt wurde.

Beim anschließenden Empfang nahmen Lucy – die jetzt ein leuchtend rotes Kleid mit einem Mandarin-Kragen und Seitenschlitzen, das so genannte *Chipao*, trug – und Michael die traditionellen chinesischen Glückwünsche entgegen ebenso wie die bisweilen derben Trinksprüche von Michaels Kommilitonen aus seiner Studentenverbindung. Das Paar und ihre Familien wechselten zwischen Tränen und Lachen, und alle waren sich einig, dass dieser Hochzeitstag wahrhaft einen multikulturellen Triumph darstellte.

## Eine Zeremonie der Zusammengehörigkeit

Wenn man mit jemandem zusammenlebt – sei es ein Zimmergenosse, ein Familienmitglied oder ein Liebhaber –, dann muss man konkrete Vorstellungen davon haben, wie man sich die Räumlichkeiten teilt, und die feste Entschlossenheit besitzen, unausgesprochene und ausgesprochene Grenzen zu wahren. Es gibt Einbürgerungsfeiern, um die Entscheidung, in einem neuen Land zu leben, gebührend zu feiern, es gibt Hochzeiten, um die Absicht, sein Leben zu teilen, angemessen zu feiern, und es gibt Initiationsfeste für Vereine und Studentenverbindungen, die die Mitglieder zusammenschweißen sollen. Ein altes keltisches Ritual, das »Händedrücken«, symbolisiert die Verbundenheit zwischen zwei Menschen und kann jedes Jahr neu durchgeführt werden. Aber wir, die wir in einer schnelllebigen modernen Zeit leben, haben nichts, um das Gefühl der Zusammengehörigkeit und Hingabe von zwei Menschen anzuerkennen, die miteinander leben wollen. Unsere Unterhaltungen drehen sich für gewöhnlich nur um das rein Mechanische des Zusammenlebens – um geteilte Miete und geteilte Haushaltspflichten.

Das Alltagsleben verändert sich mit der Zeit. Logistische Bedürfnisse, emotionale Erwartungen und selbst die Arbeitszeit oder Lieblingssendungen im Fernsehen können wechseln, ohne dass wir merken, dass solche Veränderungen auch einen Wechsel in der Art und Weise erforderlich machen, was wir denken und wie wir uns zu Hause benehmen. Dieses Ritual soll Sie erkennen lassen, was zwei Menschen überhaupt erst zusammengebracht hat, und es soll die Evolution der Beziehung verdeutlichen. Es kann ein Signal dafür sein, dass die Beziehung eine neue Stufe erklommen hat – schwule Partner, die noch nicht die legale Sanktion der Ehe besitzen, führen häufig Hingabezeremonien durch. Das Ritual kann aber auch an die Zeit erinnern, als zwei Freunde zusammenzogen, als zwei Liebende zum ersten Mal eine Wohnung teilten, oder die neuerliche Hingabe eines bereits lange verheirateten Paares symbolisieren. In jedem dieser Fälle verbessert das Ritual auf kraftvolle Weise das Verständnis und schafft ein besseres Familienleben.

### *Absicht*

Eine wohl tuende und funktionierende Beziehung zwischen zwei Menschen zu schaffen, die zusammen wohnen und sich emotional verbunden fühlen.

### *Zeitpunkt*

Wann immer Sie den Wunsch verspüren, Ihr Privatleben zu verbessern oder einen wichtigen Jahrestag zu feiern.

### *Zutaten*

Ein Tisch mit einem Altartuch, eine Glocke (um den Geist zu rufen), einen Strauß Narzissen (Neuanfänge) und Freesien (Liebe), ein Laib Brot (Nährkraft), ein Pinienzweig (um Heim und Sicherheit zu symbolisieren), Wein oder Saft (Feier und Fülle), Salzwasser oder Salbei (Läuterung).

### *Rezept*

Laden Sie enge Freunde oder Familienmitglieder ein und bestimmen Sie eine Person zum Ritualführer. Stellen Sie alle Zutaten für das Ritual auf den Tisch. Wenn sich alle eingefunden haben, bitten Sie sie, sich im Halbkreis um die beiden Mitbewohner aufzustellen, die nebeneinander vor dem Tisch stehen. Der Ritualführer wird einen heiligen Ort schaffen, indem er das Salzwasser über die Gruppe spritzt und sie umkreist, während er die Glocke läutet, um den Segen des universellen Geistes zu rufen. Nach einem Augenblick des Schweigens verkünden die beiden Mitbewohner laut ihre gegenseitigen Versprechen und die Gründe, warum dieses Gelübde für ihr Alltagsleben so wichtig ist. Sie können auch hinzufügen: »Ich verspreche, dir ein loyaler Freund zu sein« oder »Ich werde mein Bestes geben, um dich zu verstehen und zu respektieren.«

Wenn die beiden fertig sind, füttern sie sich gegenseitig mit etwas Brot und sagen: »Mögest du niemals Hunger leiden.« Dann gießen sie den Wein beziehungsweise Saft in eine einzige Tasse, trinken beide daraus und sagen: »Mögest du niemals Durst leiden.« Der Ritualführer hält den Pinienzweig zwischen sie, während sie um Schutz und Unterkunft bitten. Anschließend nehmen alle Anwesenden einen Schluck Wein beziehungsweise Saft, um die Einheit der beiden Mitbewohner zu segnen.

## Das Ritual im Einsatz

Es gibt so viele Formen der Hingabe, wie es Menschen und Umstände gibt. Viele Personen, mit denen ich gearbeitet habe, gestalten die Rituale, mit denen sie eine wichtige Bindung ehren wollen, solchermaßen, dass sie ihren Lebensabschnitt, ihre spezielle Situation und ihre eigenen emotionalen Bedürfnisse treffend widerspiegelt.

- Paula und Bob, die seit zwanzig Jahren glücklich verheiratet waren, planten eine Zeremonie, um ihr Ehegelübde erneut abzulegen. Sie wollten andere wissen lassen, dass eine Beziehung wie die ihre genug Raum bietet, in dem beide Partner wachsen, einander unterstützen und helfen können. Das

Paar wollte diese Überzeugung – die es auch lebte – auf eine Weise ausdrücken, dass ihre pubertierenden Kinder es begreifen konnten. In den Einladungen wurden alle Gäste gebeten, ein Foto mitzubringen, das Erinnerungen an gemeinsame Momente zeigte. Eine Freundin fertigte ein herrliches Album mit einem Zitat auf dem Umschlag: »Erst die Beziehung der Fäden zueinander erschafft den Wandteppich.« Die Gäste wurden gebeten, ihre Fotos in das Album zu kleben und ihre Erinnerungen darunter zu schreiben.

Jane freute sich für ihre Zimmergenossin Kate und für Roger, den Mann, zu dem Kate ziehen würde. Sie war jedoch auch traurig, Kate zu verlieren und sich eine neue Mitbewohnerin suchen zu müssen. Außerdem sorgte sie sich, wie sie die gemeinsamen Haushaltsgegenstände aufteilen sollten. Jane erkannte, dass ein Ritual ihnen allen helfen würde, den Übergang reibungsloser ablaufen zu lassen, also bat sie ihre engsten Freunde, Kates Umzug und ihre Entscheidung für Roger zu feiern. Am festgesetzten Abend hingen Kleidungsstücke statt Bildern an den Nägeln in der Wand und Pflanzen standen auf der Anrichte. Töpfe, Pfannen und altes Geschirr lagen auf dem Esszimmertisch, der wie eine friedvolle Insel inmitten eines Ozeans aus Haushaltsgegenständen herausragte. Auf ein Leinentuch hatte Jane Kerzen, einen hübschen Blumenstrauß und alle Zutaten für dieses Ritual gestellt. Rogers bester Freund agierte als Ritualführer, während Jane und Kate über ihr Gefühl der Zusammengehörigkeit sprachen und wie es sich entwickelt hatte. Roger schloss sich ihnen an, und gemeinsam erzählten er und Kate von ihrer neuen Verbundenheit. Dann teilten Jane und Kate lachend alle Kleider und Haushaltsgegenstände auf, die sie im Laufe der Jahre zusammen gekauft hatten. Schließlich sprachen die drei Freunde den Segen über Wein, Brot und Pinienzweig. Ihre Gäste stießen auf die Vergangenheit und die Zukunft an. Und alle kochten im Anschluss daran ein üppiges Mahl aus Resten, mit dem sie dann diese besondere Gelegenheit feierlich beendeten.

## Die Vergangenheit entrümpeln

Wie oft haben Sie schon gedacht oder sogar laut ausgesprochen: »Jack könnte mein bester Freund sein, aber er treibt mich noch in den Wahnsinn! Er ist genauso ungeduldig wie mein Bruder.« Oder: »Meine Zimmergenossin macht mich verrückt – sie ist genauso kleinlich wie meine Mutter.« Oder: »Ich weiß, dass Andrew mich betrügen wird – genau wie mein Ex.« Wir alle haben diese alten Assoziationen mitten in unseren Hier-und-Jetzt-Beziehungen zu Freunden, Kollegen oder Liebhabern. Dabei tragen wir jede Menge Gepäck aus unserer Kindheit in unsere erwachsenen Beziehungen. Jede Spur einer gestrigen Erfahrung ruft gewissermaßen eine Kniereflex-Reaktion hervor, die unsere heutige Wirklichkeit trübt.

Um ganz in der Gegenwart leben zu können, müssen Sie mit der Vergangenheit Ihren Frieden schließen. Mit Hilfe dieses Rituals können Sie all jene Bereiche herausfiltern, in denen Sie immer noch negative Bindungen haben, damit Sie Ihre Energie freisetzen und jede Situation neu und einzigartig sehen können. Wenn Sie Glück haben, können Sie sich mit der Person, die Ihre Reaktionen prägte, noch zusammen hinsetzen oder auch mit jenen, die davon profitieren, wenn Sie diese Reaktionen loslassen, beispielsweise Ihr Partner oder Ihre Kinder.

### *Absicht*

Sich von überholten Erwartungen und unangemessenen Reaktionen zu befreien.

### *Zeitpunkt*

Wann immer Sie das Gefühl haben, dass sich Ihre Vergangenheit in Ihre Gegenwart drängt.

### *Zutaten*

Salbei oder Kopal (Läuterung), eine siebentägige indigoblaue Kerze (Freiheit von Furcht), Rosenöl (um das Herz zu öffnen), Holzkohle und eine Brennstelle, ein Foto der Person, die Sie beeinflusste, ein Kassettenrekorder und ein leeres Band.

### *Rezept*

Bereiten Sie den rituellen Ort, Ihren Altar, sorgfältig vor und legen Sie alle Zutaten zurecht. Verbrennen Sie etwas Salbei oder Kopal, um die Luft zu reinigen. Stellen Sie das Foto auf und nehmen Sie sich all die Zeit, die Sie benötigen, um über Ihre emotionale Erfahrung mit diesem Menschen nachzudenken. Denken Sie ganz bewusst auch an dessen Vorzüge und an die guten Zeiten, nicht nur an all das Schlechte. Schalten Sie den Kassettenrekorder auf Aufnahme und erzählen Sie, auf welche Weise diese Person Sie beeinflusst hat, zum Guten *und* zum Schlechten.

Spulen Sie anschließend das Band zurück und hören Sie es ab. Denken Sie eine Weile darüber nach, inwiefern Sie aus dieser Beziehung profitiert haben. Nehmen Sie Ihre neuen Gedanken auf und spulen Sie das Band wieder ganz zurück, das nun all Ihre Gedanken über diesen Menschen enthält. Bevor Sie sich noch einmal die Lektionen anhören, die Sie gelernt haben, bereiten Sie sich darauf vor, die harten Umstände loszulassen, unter denen Sie sie lernen mussten, und sich einfach dankbar und froh zu fühlen, dass Sie diese Gelegenheit zum Wachstum bekommen haben. Wenn Sie es geschafft haben, die Vergangenheit auf so fruchtbare Weise zu sehen, nehmen Sie das Band aus dem Rekorder und werfen Sie es weg.

Zünden Sie nun die Kerze an, als Symbol für Ihre Freiheit, bewusster an der Gegenwart teilzuhaben und die Lektionen umzusetzen, die Sie gelernt haben. Bitten Sie für Ihre Bemühungen um Unterstützung. Spritzen Sie etwas Rosenöl auf die Kerze, um Liebe zu verbreiten, und stellen Sie die Kerze an einen sicheren Ort, an dem sie die nächsten sieben Tage abbrennen kann.

## Das Ritual im Einsatz

Mark war für seinen Sohn David, als dieser noch klein war, ein großartiger Vater. Er verbrachte jede nur mögliche Minute mit dem Jungen, las ihm etwas vor, spielte mit ihm, nahm ihn mit zum Einkaufen und brachte ihn jeden Abend ins Bett. Doch in dem Jahr, als David vierzehn wurde, veränderte sich alles. Mark hatte alles über die Pubertät gelesen, aber die Dickköpfigkeit, Faulheit und Verdrossenheit seines Sohnes warfen ihn völlig um. Mark sah den Geist seiner eigenen Teenagerzeit und hörte das Echo der Stimme seines Vaters in seinen eigenen Worten. Er erkannte, dass er der Beziehung zu David nicht wieder gutzumachenden Schaden zufügen würde – wie das sein Vater bei ihm getan hatte –, wenn er sich nicht änderte, und zwar schnell.

Mark reservierte übers Wochenende ein Zimmer in einem Landgasthaus nahe bei großartigen Radfahrwegen und einem gut gefüllten Forellenteich. Er füllte einen dritten Rucksack mit Fotos von seinem Vater und sich als Teenager, einem Kassettenrekorder, Bändern und einem kleinen Päckchen Salbei. Am ersten Abend führte er dieses Ritual mit David durch. Anschließend warf er die Bänder, die er besprochen hatte, während er auf die Fotos von sich und seinem Vater schaute, nicht weg, sondern gab sie seinem Sohn. Die beiden versprachen einander, sich die Bänder immer dann anzuhören, wenn es zwischen ihnen wieder einmal hart herging. David war von den Erinnerungen seines Vaters an seine schwierige Jugend und von seiner Entschlossenheit, das seinem eigenen Sohn zu ersparen, sehr gerührt. Er versprach, seinen Dad dabei zu unterstützen, die Vergangenheit loszulassen und sich auf die Gegenwart zu konzentrieren. Am späten Sonntagnachmittag kehrten sie mit einer Kühltasche voller Forellen nach Hause zurück, jedoch ohne die Spannung, die ihre Beziehung in letzter Zeit gekennzeichnet hatte.

## Alte Beziehungen loslassen

Sechs Monate ist es schon her, seit Sie sich von Ihrem Partner getrennt haben, und dennoch werden Ihre Knie immer noch zu Butter, wenn Sie »Ihr« Lied im Radio hören, und Sie fragen sich, ob Ihre Entscheidung wirklich richtig war. Sie haben eine wunderbare neue Beziehung, aber eines Tages begegnen Sie Ihrer Ex und in den folgenden Wochen können Sie nur noch an sie denken. Oder vielleicht haben Sie vor drei Jahren eine Missbrauchsbeziehung beendet und blenden seitdem den Schmerz aus und erinnern sich nur noch an die romantischen Zeiten.

Wenn Ihnen eines dieser Szenarien vertraut vorkommt, dann wird Sie dieses Ritual befähigen, Ihre Fesseln abzulegen und sich für eine neue Beziehung zu befreien, ganz ohne die alten Ketten.

### *Absicht*

Sich selbst zu befreien für einen neuen Anfang.

### *Zeitpunkt*

Wann immer Sie das Gefühl haben, von einer alten Beziehung verfolgt zu werden.

### *Zutaten*

Eine weiße Kerze (Symbol für Ihre alte Beziehung), Lavendelräucherwerk (um karmische Muster zu klären), eine kleine Schüssel mit Salzwasser (zur Läuterung), Sandelholzessenz (Gleichgewicht), ein kleines Erinnerungsstück an Ihre alte Beziehung (Schmuck, ein kleiner Gegenstand, ein Streichholzheftchen von einem Ihrer liebsten Ausflugsziele) oder ein Wattebausch, eine Narzisse (Neuanfang), ein Stein (Erde), eine Schere, ein Stück schwarzer Faden.

### *Rezept*

Errichten Sie einen Altar, indem Sie den Stein in den Norden legen (die Richtung der Erde), das Lavendelräucherwerk in den Osten (die Luft), die weiße Kerze in den Süden (das Feuer) und die Schüssel mit Salzwasser in den Westen (das Wasser). Legen Sie das Erinnerungsstück in die Mitte und bespritzen Sie es mit Sandelholz. (Wenn Sie keinen kleinen Gegenstand haben, der Sie an diese Beziehung erinnert, dann verwenden Sie einen Wattebausch.)

Fangen Sie damit an, den Lavendel zu entzünden. Holen Sie ein paar Mal tief Luft und werden Sie innerlich ruhig. Entzünden Sie anschließend die weiße Kerze, um Ihre alte Beziehung zu symbolisieren. Konzentrieren Sie sich auf die Kerze und atmen Sie weiterhin tief, während Sie sich fragen: »Auf welche Weise bin ich mit diesem Ex-Partner immer noch verbunden? Was beeinflusst immer noch meine Emotionen? Was bindet mich an ihn/an sie?« Möglicherweise stellen Sie fest, dass es sich um sexuelle Anziehungskraft oder um Schuldgefühle handelt; vielleicht auch um unerwiderte Liebe oder die Angst, dass Sie nie wieder eine wichtige Beziehung eingehen könnten. Beantworten Sie diese Fragen ehrlich – machen Sie sich klar, was Sie gefangen hält. Wickeln Sie den schwarzen Faden locker um Ihre Hand- oder Fußgelenke, während Sie die Gründe laut aussprechen, um damit die Fesseln zu symbolisieren, die immer noch existieren.

Konzentrieren Sie sich anschließend auf jedes der Elemente auf Ihrem Altar, als Mittel, diese Bindungen loszulassen: das Räucherwerk im Osten klärt Ihren Verstand, die Kerze oder das Feuer im Süden verbrennt symbolisch die Beschränkungen

Ihres Geistes, das Wasser im Westen, das Sie auf den Faden spritzen, löst die körperlichen Fesseln, und der Stein im Norden – das Erd-Element – heilt Ihren Körper. Schneiden Sie den Faden durch und werfen Sie ihn weg. Blasen Sie die Kerze aus, um symbolisch das Ende der Beziehung zu dokumentieren, und ersetzen Sie das Erinnerungsstück in der Mitte des Altars durch die Narzisse als Zeichen eines neuen Anfangs.

## Das Ritual im Einsatz

Nach monatelangem sorgfältigem Nachdenken brach Julie, eine 32-jährige Krankenschwester, ihre langjährige Beziehung zu Tom ab. Sie war zuversichtlich, das Richtige für sie beide zu tun, und dass er ihre Entscheidung verstehen würde. Was er aber nicht tat. Er wollte einfach nicht glauben, dass es in ihrem – oder seinem – Interesse liegen könnte, die Beziehung zu beenden. Tom rief sie ständig an, und jedes Mal, wenn Julie seine Stimme hörte, fühlte sie sich schuldig. Letzten Endes beschloss sie, eine Variante dieses Rituals durchzuführen, eine, bei der die Elemente in der Nähe ihres Strandhauses zum Einsatz kamen.

Julie sammelte Treibholz vom Strand, stapelte es und zündete es an. Sie atmete die frische Luft tief in ihren Geist und rollte sich im Sand, um die Schuldgefühle loszuwerden. Dann nahm sie das »Liebesarmband« ab, das Tom ihr zum Jahrestag geschenkt hatte, und warf es ins Meer. Schließlich schwamm sie eine Runde im Ozean, um ihren Körper zu reinigen. Eingewickelt in ein Handtuch saß Julie anschließend im Sand und beobachtete, wie die Sonne unterging. Sie spürte die Kraft, die sie durch dieses Ritual gewonnen hatte, und war sich sicher, dass man ihr das auch anhören konnte, wenn sie das nächste Mal Nein zu Tom sagte.

# Scheidung

Ein enttäuschendes Ende; es fühlt sich irgendwie unvollständig an. Nach all den Dramen, dem Aufruhr, all dem körperlichen, emotionalen und spirituellen Chaos öffnen Sie eines Tages den Briefkasten und finden darin einen kurzen Brief, der Ihnen in der kalten Rechtssprache mitteilt, dass Ihre Ehe nunmehr geschieden ist – Ihre Scheidung ist durch. Sie lesen den Brief immer wieder; es ist ja nicht so, dass Sie die Worte nicht verstehen, aber die ganze *Tragweite* scheint Ihnen zu entgehen.

Im heutigen Amerika enden über fünfzig Prozent aller Ehen mit der Scheidung, und es gibt keine Rituale – weder heilende noch feierliche –, die diesem Ereignis einen Rahmen geben. Das gilt selbst für religiöse Scheidungen; die Kundgebungen, die einer katholischen Annullierung oder einer jüdischen *Get* vorangehen, sind zwar voller Pathos, aber nur ein Stück Papier signalisiert das Ende. Dieses religiöse Dokument bewirkt bei den Empfängern ebenso wie das zivilrechtliche Gegenstück kein Gefühl eines Abschlusses. Gleichgültig, wie intensiv die Zeit war, die zu diesem Augenblick vor dem Briefkasten führt, man steht einfach da und sagt: »Ja und …?«

Ich habe buchstäblich Hunderte von Leuten – Männer und Frauen gleichermaßen – mit immer noch andauernder Verwirrung über diesen Augenblick erzählen hören, selbst Jahre danach. Meiner Meinung nach ist es von entscheidender Bedeutung, eine Möglichkeit zu finden, nach diesem lebensverändernden Ereignis ein heilendes Gefühl der Vollendung zu erfahren. Wir können einfach nicht frei weitergehen, wenn wir ständig über die Schulter zurückblicken.

Auf den folgenden Seiten finden Sie zwei Scheidungsrituale. Das erste ist für beide Parteien gedacht; wenn auch Kinder beteiligt sind, sollte dazu das gemeinsame Versprechen gehören, die Kinder weiterhin zu lieben und zu unterstützen. Das zweite Ritual ist für den Fall gedacht, dass Ihr ehemaliger Partner seine Teilnahme verweigert.

## Das Paar-Ritual

### *Absicht*

Die Ehe zu einem Abschluss zu bringen.

### *Zeitpunkt*

Idealerweise kurz nach dem offiziellen Inkrafttreten der Scheidung oder wann immer Sie beide bereit sind, den anderen loszulassen – sei es nach Wochen, Monaten oder sogar erst Jahren.

### *Zutaten*

Ihre Eheringe, eine weiße Kerze (als Symbol für Ihre Beziehung), ein Türkis oder ein Lapislazuli (für die Freundschaft).

### *Rezept*

Vor dem Treffen sollten beide Partner sorgfältig darüber nachdenken, was ihnen diese Ehe bedeutet hat. Diese innere Vorbereitung ist von größter Wichtigkeit: Schreiben Sie Ihre Gedanken auf, verfassen Sie einen Brief oder ein Gedicht oder malen Sie eine Reihe von Bildern. Dabei kann es hilfreich sein, wenn man sich auf einige Themen einigt. Was waren beispielsweise für jeden von Ihnen die besten und die schlechtesten Zeiten? Was haben Sie gelernt? Was wünschen Sie sich jetzt selbst und Ihrem Partner? Denken Sie daran, dass der Sinn dieses Treffens darin liegt, einen friedvollen Abschluss zu finden; Schuldzuweisungen haben hier keinen Platz.

Treffen Sie sich an einem Ort, an dem Sie sich beide sicher und wohl fühlen und an dem Sie ungestört bleiben. Entzünden Sie zu Beginn die Kerze, um Ihre Beziehung zu symbolisieren. Sprechen Sie abwechselnd, hören Sie Ihrem Partner so aufmerksam zu, wie Sie wollen, dass Ihr Partner Ihnen zuhört.

Wenn Sie fertig sind, begraben Sie Ihre Eheringe zusammen in der Erde, werfen Sie sie in ein Gewässer oder zerschmettern Sie sie mit einem Stein. Machen Sie sich beide klar, dass Ihre Bindung aufgelöst ist, indem Sie die Kerze ausblasen. Tauschen Sie einen Türkis oder einen Lapislazuli aus als Symbol Ihrer künftigen Beziehung.

## Das Ritual im Einsatz

Die zehnjährige Ehe von Rodney und Dorothy endete mit Zorn, Tränen und dem überwältigenden Gefühl des Unglaubens. Die beiden hatten sich auf der High School kennen und lieben gelernt und sie hatten sich während des Studiums und während der anstrengenden Phase zu Beginn ihrer Karriere gegenseitig unterstützt. Doch als sie sich schließlich für den Rest ihres Lebens zusammengerauft hatten, da stellten sie fest, dass sie einander nicht länger leiden konnten. Ihr Verhältnis wurde immer schlechter, bis Dorothy eines Abends, nach einer schweigend eingenommenen Mahlzeit, Rodney beichtete, dass sie ihn nicht länger liebte. Zu ihrer Überraschung erwiderte Rodney, dass er schon seit über einem Jahr keine Liebe mehr für sie empfand, er jedoch zu verwirrt und ängstlich gewesen war, um es ihr zu sagen.

Gegenseitige Beschuldigungen und Verletzungen füllten die Zeit der Trennung und die Vorbereitung auf ihre Scheidung. Als Dorothy das offizielle Schreiben in ihrem Briefkasten fand, hatten die beiden seit Monaten nicht mehr miteinander gesprochen. Sie las den Brief das ganze Wochenende immer wieder durch und versuchte, seine ganze Tragweite zu begreifen.

Bevor sie am Montagmorgen zur Arbeit ging, rief sie Rodney an und bat ihn, an einer Abschiedszeremonie teilzunehmen. Er erklärte sich einverstanden und räumte sein eigenes Bedürfnis nach einem besseren Verständnis all dessen ein, was sie durchgemacht hatten. An diesem Abend unterhielten sie sich am Telefon und beschlossen, dass sie beide ihre individuelle Erfahrung in Zwei-Jahres-Abschnitten notieren würden, einschließlich aller Gefühle – gute wie schlechte –, an die sie sich erinnern konnten. Sie machten einen Termin aus und beschlossen, sich im Park unter ihrem ehemaligen Lieblingsbaum zu treffen. Rodney versprach, etwas Wein mitzubringen, und Dorothy wollte für die Gläser und die Kerze sorgen.

Der Tag dämmerte grau und kalt herauf. Als Rodney und Dorothy sich trafen, hellte der Himmel etwas auf, obwohl die Sonne immer noch hinter den Wolken verborgen blieb. Feierlich zündete Rodney Dorothys Kerze an, während sie das Fotoalbum aufschlug. Es enthielt sorglose, glückliche Bilder, die während des letzten Jahres an der High School aufgenommen worden waren. Der Tag schritt voran. Sie blätterten die Seiten um und sprachen von ihren Erinnerungen, Hoffnungen und Enttäuschungen. Sie lachten über vergessene Freuden und weinten über verlorene Träume. Schließlich bliesen sie die Kerze gemeinsam aus und öffneten den Wein. Sie stießen auf das Ende ihrer Ehe und auf den Anfang einer neuen Phase in ihrem Leben an. Dann gelobten sie sich feierlich, Freunde zu bleiben.

## Das Einzel-Ritual

### *Absicht*

Ein Gefühl der Vollendung zu erlangen und sich das Versprechen zu geben, für sich selbst da zu sein.

### *Zeitpunkt*

Sobald wie möglich nach Inkrafttreten der Scheidung.

### *Zutaten*

Ein Foto Ihres Ex-Partners, zwei Kerzen – eine weiße (Vergangenheit) und eine orangefarbene (Zukunft), Papier und Stift, ein neuer Ring. Zur freien Wahl: Wein oder Saft (Feier).

### *Rezept*

Nehmen Sie sich vor der Zeremonie etwas Zeit für sich und schreiben Sie alles auf, was Sie Ihrem ehemaligen Partner mitteilen wollen. Dafür müssen Sie sich möglicherweise mehr als einmal zurückziehen, aber denken Sie daran, es handelt sich hierbei nur um einen vorbereitenden Schritt, also lassen Sie es nicht zu lange ausarten. Versuchen Sie, ein Gleichgewicht zwischen Schlechtem und Gutem zu finden; erinnern Sie sich an die anfängliche Liebe zwischen Ihnen ebenso wie an das spätere Unglück. Überlegen Sie sich, ob Sie Freunde zu diesem Ritual einladen wollen oder nicht. (Ich halte es schon für wichtig, dass Zeugen diesem Ritual beiwohnen, aber manchen Menschen fällt das einfach zu schwer.)

Entzünden Sie zu Beginn eine Kerze, die Ihr Eheleben repräsentieren soll. Stellen Sie daneben ein Foto Ihres ehemaligen

Partners auf. Lesen Sie nun laut vor, was Sie über Ihre Ehe aufgeschrieben haben. Sprechen Sie langsam und wenden Sie sich dabei direkt an das Foto. Lassen Sie jeden Punkt den Raum zwischen Ihnen und dem Abbild füllen, bevor Sie zum nächsten Punkt übergehen. Ehren Sie Ihre Emotionen – die Trauer, die Wut, den Stolz und die Scham, den Wunsch nach Wiedervereinigung oder nach Rache und die Erschöpfung. Reden Sie, toben Sie. Weinen und lachen Sie. Lassen Sie den Heilungsprozess beginnen.

Tragen Sie anschließend Kerze und Foto zur Küchenspüle. Verbrennen Sie das Foto in der Flamme und löschen Sie die Kerze aus. Spülen Sie die Asche den Abguss hinunter. Spüren Sie das Ende der Beziehung.

## Das Ritual im Einsatz

Vor kurzem begegnete ich zufällig einer alten Kommilitonin. Zu meiner Überraschung erfuhr ich, dass Marcias Ehemann Bruce, ein Vertreter, sie nach annähernd zwanzig Jahren Ehe verlassen hatte. Eines Abends kam er von einer Geschäftsreise nach Hause und teilte ihr mit, dass er jemand anderes kennen gelernt hatte.

Marcia, die als freie Lektorin arbeitete, war mehr als erschüttert. Bruce war die Liebe ihres Lebens, und sie hatte es nicht kommen sehen. Schlimmer noch, weil er nicht mit ihr reden wollte, blieb sie mit einem Berg an Gefühlen und ohne Abschluss zurück. Sie war sich nicht sicher, ob sie sich jemals davon erholen konnte.

Ich schlug ihr mein Scheidungsritual vor. Früher hatte Marcia stets zu denen gehört, die als Erste etwas Neues ausprobierten, darum überraschte es mich nicht, dass sie sofort erwiderte: »Ich bin dabei.« Ich warnte sie, dass dieser Prozess angesichts ihrer Situation wahrscheinlich eine Flut an Emotionen freisetzen, aber letztendlich auch die Heilung bringen würde. Und tatsächlich, als Marcia den ersten Schritt unternahm – und Erinnerungen an ihre Ehe hochkommen ließ –, verbrachte sie mehrere Tage damit, nur zu weinen.

Sie bat mich, dem zweiten Teil ihres Rituals beizuwohnen, und sie lud auch noch andere enge Freundinnen ein. Wir vier setzten uns auf dem Boden kreisförmig um Marcia, die weiße Kerze und das gerahmte Hochzeitsbild herum. Marcia spielte als beruhigende Hintergrundmusik ihre Lieblingssymphonie. Nachdem sie die Kerze entzündet hatte, las sie unter Tränen die guten und schlechten Punkte ihrer Ehe laut vor. Dann nahm sie das Hochzeitsfoto aus dem Rahmen und schnitt Bruce heraus. Sie verbrannte sein Abbild auf einem kleinen hitzebeständigen Teller.

Dann fassten wir uns alle an den Händen und sagten laut: »Das ist das offizielle Ende von Marcia und Bruce. Das ist der offizielle Anfang von Marcias neuem Leben.« Marcia entschied sich gegen einen neuen Ring. »Ich will mich völlig frei fühlen«, meinte sie. In den darauf folgenden Tagen und Wochen merkte sie zu ihrem Erstaunen, wie erleichtert sie sich fühlte. Sie erkannte, dass sie nach zwanzig Jahren Ehe so daran gewöhnt war, sich um Bruces Wohlbefinden zu sorgen, dass ihre eigenen Wünsche oft unerfüllt geblieben waren. Sie versprach sich, jetzt immer das zu beherzigen, was *sie* wollte.

### *Nachbereitung*

Setzen Sie binnen zwei Tagen nach dem Ritual einen Hingabe-Vertrag mit sich selbst auf. Schreiben Sie Ihre Absicht hinein, Ihre Fähigkeiten und Bedürfnisse, Wünsche und Träume und Ihre Gefühle zu lieben und zu ehren. Zünden Sie eine neue Kerze neben einem Spiegel an. Sehen Sie sich in die Augen, während Sie sich versprechen, Ihre eigenen Visionen und Anstrengungen zu unterstützen. Streifen Sie nun den neuen Ring über – als ständige Erinnerung an dieses Versprechen, das Sie sich gegeben haben.

# 7

# Rituale der Bindung

Haben Sie jemals mit den Augen gerollt, wenn Ihr Großvater und seine Freunde von den »guten alten Zeiten« sprachen? Oder haben Sie einfach gelächelt? Je jünger wir sind, desto mehr neigen wir dazu, über das zu spotten, was wir für eine glorifizierte Sicht der Vergangenheit halten. Je älter wir werden, desto heftiger überkommen uns nostalgische Gefühle und wir wünschen uns immer öfter, dass alles so sein möge, wie es Großvaters Worten zufolge einmal gewesen ist.

Die meisten von uns sind mit den Medien als Hauptnachrichtenquelle aufgewachsen, aber wir alle haben ältere Verwandte von der Zeit vor Fernsehen, Kassetten, Videos und Computern reden hören. Es war, so heißt es, eine Zeit der Geschichten. Die Familie saß stundenlang am Esszimmertisch oder mit Nachbarn auf der Veranda zusammen. Die Frauen nähten Quiltdecken, und die Männer arbeiteten Seite an Seite beim Bau der Scheune. Sie sprachen die ganze Zeit miteinander, erzählten sich Ereignisse von heute und Erinnerungen an früher, umrahmt mit Geschichten ihrer Ahnen und ihren Träumen für ihre Kinder.

Heute fühlen wir uns häufig überwältigt, nicht nur von den gesellschaftlichen Veränderungen, sondern auch von unserem eigenen viel zu vollen Terminkalender. Wir fühlen uns von unseren Wurzeln abgeschnitten und in der Gesellschaft isoliert, und wir haben weder die Zeit noch die Energie, um in Muße das Beisammensein mit Freunden und Familienmitgliedern zu genießen. Die folgenden Rituale berücksichtigen unsere Gefühle der Überlastung, bieten jedoch gleichzeitig die Gelegenheit, das Gefühl der Zusammengehörigkeit in unserer Familie, im Kollegenkreis und in der Gemeinde zu erneuern.

## Bewusste Feiertage

Die meisten unserer Feiertage finden zu Ehren religiöser oder staatlicher Ereignisse statt oder sollen den Jahreswechsel und andere Geschehnisse in der Natur unterstreichen. Da jedoch so viele unserer Feste in einen kommerziellen Kaufrausch verwandelt wurden, vergessen wir häufig die *wahre* Bedeutung eines Feiertages. Beim vierten Juli geht es nur noch um das Feuerwerk, an Erntedank kochen und essen wir, anstatt unsere Segnungen zu zählen, und das Stichwort Weihnachten ruft Bilder des Einkaufens hervor, nicht der Wunder. Unsere Gesellschaft hat ihren Schwerpunkt vom Sinn zum Materialismus verlagert, und unsere Erinnerungen an diese besonderen Tage sind häufig mit unrealistischen Erwartungen überfrachtet.

Warum nicht einfach kreativ sein? Verwandeln Sie Ihren nächsten Feiertag in ein Ritual, dem Ihre *Absicht* seine besondere Bedeutung verleiht; denken Sie an den Anfang und an das Ende. Das nenne ich *bewusste* Feiertage. Schauen Sie sich um. Sehen Sie, was es zu feiern gibt, denken Sie über den Sinn nach und überlegen Sie sich, wie Sie eine fröhliche Tradition ins Leben rufen können, die spirituell lohnend ist. Sie können sogar Ihren eigenen Feiertag schaffen, als Erinnerung an einen besonderen Jahrestag, etwa den Tag, an dem Sie Arzt wurden, oder der Tag, an dem Sie Ihre neue Staatsbürgerschaft erhielten.

Sie können Ihre Lieblingselemente eines vertrauten Feiertages auswählen und in Ihren besonderen Feiertag integrieren. Fügen Sie Variationen hinzu, die Ihrer Vision entsprechen. Wenn Sie beispielsweise beim jährlichen Truthahnessen mit lieben, aber entfernten Verwandten Ihre engsten Freunde vermissen, gibt es keinen Grund, warum Sie nicht Ihr eigenes Thanksgiving-Essen veranstalten sollten – im Januar oder im Juli, an einem

Samstagnachmittag oder einem Dienstagabend –, wann immer Sie das Gefühl haben, es sei der richtige Zeitpunkt. Planen Sie im Voraus. Wenn Sie denken, es könnte Spaß machen, Papptruthähne aufzuhängen und Laub im April zu verteilen, dann sammeln Sie schon im November Blätter. Frieren Sie Preiselbeeren ein, trocknen Sie die Blätter in einem Buch und achten Sie darauf, dass Sie genügend Vorräte an all den Dingen haben, die es zu dieser Jahreszeit nicht geben wird.

Das folgende Ritual führe ich mit meiner Familie und meinen Freunden jedes Jahr an Thanksgiving durch, aber man kann es an jeden anderen Feiertag anpassen. Es rührt die Herzen aller, selbst die von Kleinkindern, und hat unsere Familie näher zusammengebracht. Ich hoffe, bei Ihrer Familie wird das ebenso sein.

### *Absicht*

Mit Freunden und Familienangehörigen Dank zu sagen.

### *Zeitpunkt*

Wann immer Sie es wünschen.

### *Zutaten*

Familienangehörige, Freunde, traditionelle und unübliche Lebensmittel, die mit Ihrer Familiengeschichte zu tun haben, passende Dekorationen – beispielsweise Frühlingsblumen für Pessach, Kürbisse für Halloween –, zwei weiße Kerzen (Dankbarkeit), eine Staffelei, einen Malkasten. Zur freien Wahl: Gegenstände aus dem Künstlerbedarf, Geschenke.

## *Rezept*

Denken Sie zu Beginn über die wahre Bedeutung eines *Feiertags* nach, den das Wörterbuch als »heiligen Tag« definiert, als »Tag der Erinnerung«. Es folgen die Elemente eines *bewussten* Feiertags: Überlegen Sie sich zuerst, *warum* Sie feiern. Pessach steht zum Beispiel für Befreiung, Ostern für Erneuerung und beim Volkstrauertag geht es um das Erinnern. Konzentrieren Sie sich zweitens auf Ihre *Absicht*. Denken Sie darüber nach, wer sich Ihnen an diesem Tag anschließen wird und wie Sie als Gruppe Ihre kollektive Vision umsetzen können. Entwerfen Sie als Nächstes Einladungen, die Ihre Absicht widerspiegeln und verschicken Sie sie rechtzeitig, damit die Menschen, die Ihnen wichtig sind, den Tag in ihrem Kalender anstreichen können. Bitten Sie Ihre Gäste nicht nur um eine Zusage mitsamt einem Lieblingsrezept oder einer alten Tradition, sondern auch darum, ihre Teilnahme an den Vorbereitungen einzuplanen.

Läuten Sie den Tag früh ein, damit alle das Essen gemeinsam zubereiten können. Stellen Sie vor dem Eintreffen der Gäste die Staffelei mit einem großen Stück Malkarton auf und einer Schachtel mit Stiften daneben. Als Gastgeber beziehungsweise Gastgeberin wollen Sie sicher als Erste Ihre Gedanken zu diesem Ereignis aufschreiben; Sie können die Fläche jedoch auch weiß lassen und später mit den anderen etwas darauf schreiben. Dekorieren Sie den Tisch mit passenden Gegenständen; richten Sie Arbeitsplätze mit besonderen Rezepten, Zutaten und Utensilien ein. Ihre Gäste können dann entweder frei wählen, mit wem sie zusammenarbeiten wollen, oder Namen aus einem Hut ziehen. Während alle arbeiten, schlagen Sie vor, dass jeder seine Erinnerungen über diesen Feiertag teilt – die besten und die schlimmsten Erinnerungen, die besten und die schlimmsten Bräuche.

Wenn das Essen serviert wurde und Ihre Gäste am Tisch sitzen, entzünden Sie die Kerzen und laden Sie alle ein, darüber zu sprechen, was ihnen in der Vergangenheit am meisten bedeutet hat und wofür sie sich in der Gegenwart am dankbarsten fühlen. Führen Sie diese Unterhaltung während der verschiedenen Gänge fort. Ermutigen Sie jeden, Liebe und Dankbarkeit, Wehmut und Hoffnung auszudrücken. Zeigen Sie die Großmut an Geist und Verständnis, die Sie und Ihre Freunde überhaupt erst zusammenbrachte. Erinnern Sie alle daran, ihre Gedanken auf der Staffelei festzuhalten.

## Das Ritual im Einsatz

Feiertagsrituale sind so einzigartig wie die Familien und Freunde, die sie erschaffen.

David und Karen, ein Paar mit unterschiedlicher Religionszugehörigkeit, beschloss, ein Feiertagsritual zu erschaffen, das die jeweiligen Traditionen ihrer irisch-katholischen und russisch-jüdischen Familien zusammenbrachte. Da Karens Familie nicht gern »über Gefühle sprach«, stellten sie ein großes Pappschild auf eine Staffelei im Wohnzimmer. Sie baten alle Anwesenden, das aufzuschreiben, wofür sie dankbar waren, auch ihren Dank an ganz bestimmte Menschen. Karens Mutter, die nun nicht laut sprechen musste, schrieb ein wunderschönes Gedicht für ihre Töchter; John, Davids Onkel, zeichnete eine herrliche Karikatur der gesamten Familie und Samantha, Karens vierjährige Nichte, malte die Familienkatze.

Den ganzen Tag über gingen die Gäste immer wieder zu dem Pappkarton und lasen, was die anderen geschrieben hatten. Diese normalerweise konservative und stille Familie wurde regelrecht munter. Großmutter Sophia wusste von den Feiertagen auf dem Land bei Moskau zu berichten, an die sie sich aus ihrer Kindheit erinnerte, und das entfachte

Großvater Michaels Erinnerung an Geschichten vor den Toren Dublins.

Ein anderes Paar, Stuart und Cynthia, verwandelte Familiengeburtstage in einen einzigen großen Feiertag. Es fing vor ungefähr sieben Jahren an, als ihnen klar wurde, dass kein Einziges ihrer erwachsenen Kinder zu ihren Geburtstagen nach Hause kam. Nachdem sie darüber nachgedacht hatten, schrieben sie allen einen Brief, in dem es hieß, dass zwar kein einziger Geburtstag im Juni lag, aber dieser Monat von nun an der »Geburtstagsmonat« sei. Die Kinder sollten sich absprechen und dann einige Tage bestimmen, an denen sie alle zusammen nach Hause kämen. Erwachsen, wie sie waren, fanden die Kinder diese Idee herrlich – hatten sie doch ihre Eltern und Geschwister an ihren Geburtstagen immer vermisst, ebenso die Art, wie man Geburtstage in ihrer Familie zu feiern pflegte.

Seitdem bereiten Stuart und Cynthia die Geburtstage immer wochenlang im Voraus vor. Sie erstellen die Speisekarte mit allen Lieblingsgerichten der Kinder, packen Geschenke ein, wählen eine passende Dekoration aus und planen diverse Aktivitäten. Neue Rituale kommen zu den alten hinzu. So erhält beispielsweise jedes erwachsene Kind eine besondere Kerze, die von Jahr zu Jahr aufbewahrt wird. Während des Abendessens entzünden alle ihre Kerzen und berichten von dem wichtigsten Ereignis des vergangenen Jahres und warum es so bedeutsam war; wenn sie die Kerze ausblasen, darf sich jeder für das nächste Jahr – laut – etwas wünschen. Cynthia schreibt alles in das Juni-Geburtstagsbuch. In diesem Jahr fangen sie mit dem dritten Band an. Eltern wie Kinder lieben es, diese Bücher durchzublättern und sich die Fotos, Servietten und andere Erinnerungsstücke anzusehen. Ganz besonders lieben sie die Rückschau auf die wichtigen Ereignisse und die Wünsche der vergangenen Jahre.

## Ein Lob den Kolleginnen und Kollegen

Aus irgendeinem Grund neigen wir dazu, positive Verhaltensweisen für selbstverständlich zu erachten. Viel zu schnell kritisieren wir andere, wenn sie die Dinge nicht so angehen, wie wir es wollen, und nur selten erkennen wir all das Gute an, das sie tun. Das gilt besonders für unseren Arbeitsplatz, wo wir mehr Wachstunden verbringen als sonst wo. Die Beziehungen zu unseren Kolleginnen und Kollegen sind von entscheidender Bedeutung – ein schlechter Tag im Büro kann zu einem schlechten Abend zu Hause führen.

Dieses Ritual kann die Art und Weise verändern, wie wir andere sehen, aber auch die Ereignisse und Interaktionen an unserem Arbeitsplatz. Sie hatten bestimmt schon einmal das Gefühl, von Ihrem Chef nicht angemessen gewürdigt zu werden, aber ist Ihnen jemals der Gedanke gekommen, dass sich Ihr Chef von Ihnen nicht genug gewürdigt fühlen könnte? Seine Bewunderung auszudrücken – gegenüber Vorgesetzten, Gleichgestellten oder Mitarbeitern und Mitarbeiterinnen – ist überaus heilsam. Sie fühlen sich besser, weil Sie es gesagt haben, und die anderen fühlen sich besser, weil sie es gehört haben. Seien Sie nicht überrascht, wenn Sie nach diesem Ritual langsam, aber sicher eine signifikante Veränderung in der Atmosphäre im Büro wahrnehmen – das gute Gefühl, das sich einstellt, wenn man sich gegenseitig Respekt zollt, kann ansteckend sein.

### *Absicht*

Gefühle der Wertschätzung und des Vertrauens auszudrücken.

### *Zeitpunkt*

Mindestens einmal im Monat oder zu besonderen Gelegenheiten.

### *Zutaten*

Ein wasserfester Marker, eine purpurfarbene Kerze (Spiritualität), eine grüne Kerze (Heilung), Salbeiöl (Läuterung), Limonenschale (Freude), ein »Talking Stick«, glatte Steine.

### *Rezept*

Nehmen Sie sich Zeit, um die Gefühle vor sich zu sehen, die Sie bei diesem Ritual hervorrufen wollen. Wählen Sie für jede Person, die Sie dazu eingeladen haben, einen glatten Stein und schreiben Sie mit dem wasserfesten Filzstift einen positiven Begriff darauf – beispielsweise *Zuversicht, Freude, Geduld, Liebe, Frieden, Wachstum* oder einen anderen Begriff, der Ihnen angemessen erscheint. Suchen Sie sich einen Ast (ungefähr drei Zentimeter breit und einen halben Meter lang), einen Taktstock oder eine Röhre aus Pappkarton – irgendetwas, das als »Talking Stick« dienen kann. Die Person, die bei den amerikanischen Ureinwohnern bei Stammeszusammenkünften den »Talking Stick« hielt, war die einzige in der Gruppe, die das Recht hatte zu sprechen und die Aufmerksamkeit und den Respekt der Zuhörer erhielt. Sie können Ihren Talking Stick auch mit Symbolen für Ihre Arbeitsstätte verstehen.

Wenn Sie eine klare Vision erlangt haben, laden Sie Ihre Kollegen und Kolleginnen ein, sich Ihnen an einem gemütlichen Ort anzuschließen; das kann bei Ihnen zu Hause sein, an einer geschützten Stelle im Freien oder sogar im Nebenzimmer eines Restaurants. Bevor alle eintreffen, errichten Sie einen Altar, indem Sie einen Korb, in dem die Steine liegen, in die Mitte stellen und die Kerzen daneben. Stellen Sie die Stühle kreisförmig um den Korb auf. Wann immer sich einer setzt, bitten Sie ihn, die Augen zu schließen und ein paar Mal tief durchzuatmen. Da dies wahrscheinlich das erste Mal ist, dass Sie alle an diesem Tag in der Lage sind, ruhig dazusitzen – ganz zu schweigen davon, tief durchzuatmen –, sagen Sie ihnen, dass sie es genießen sollen.

Bitten Sie Ihre Kollegen und Kolleginnen nach einigen Momenten, die Hand auf ihr Herz zu legen und sich die Freiheit vorzustellen, zu geben und zu nehmen. Schlagen Sie vor, langsam einzuatmen und die Herzenergie von der Person zur Linken aufzunehmen und dann beim Ausatmen ihre Herzenergie der Person zur Rechten darzureichen. Atmen Sie weiter ein und aus, bis sich alle vorstellen können, dass ein Band aus Energie die gesamte Gruppe verbindet. Entzünden Sie nun die grüne und die purpurfarbene Kerze und beschreiben Sie deren symbolische Bedeutung sowie deren direkte Bedeutung für diese Gruppe. Geben Sie ein paar Tropfen Salbeiöl in eine Duftlampe oder verbrennen Sie etwas Salbei mit Holzkohle und geben Sie die Limonenschale in eine Schüssel. Erklären Sie währenddessen die traditionelle Bedeutung jedes Gegenstands. Führen Sie anschließend den Talking Stick ein, erzählen Sie von seiner Geschichte und welchen Zweck er gleich haben wird, nämlich allen, die das Wort ergreifen, zu helfen, ihre Wertschätzung für die Menschen in diesem Kreis auszudrücken. Erklären Sie allen, dass es gleichermaßen wichtig ist, für etwas so Einfaches, wie jemand eine Tasse Tee zu bringen, dankbar zu sein, wie für etwas so Kompliziertes, wie einem trauernden Kollegen liebevoll zuzuhören. Versichern Sie allen Teilnehmenden, dass sie etwas Gutes tun, wenn sie einem anderen erlauben, auf bedeutsame Weise zu geben – selbst wenn es ihnen unangenehm ist, Dankbarkeit entgegenzunehmen. Das Geben und Empfangen ist ein lohnenswerter Zyklus. Je mehr Sie sich dem Empfangen öffnen können, desto mehr gibt Ihnen das Universum. Reichen Sie nun den Talking Stick dem Menschen, den Sie zum ersten Redner bestimmt haben. Nachdem jeder mindestens einmal gesprochen hat, fordern Sie alle Anwesenden auf, die Augen zu schließen und einen Stein aus dem Korb zu wählen. Ermutigen Sie sie, ihn am Arbeitsplatz aufzubewahren als Erinnerung an die Wertschätzung, die sie während dieses Rituals empfangen und gegeben haben.

## Das Ritual im Einsatz

Gerade in dem Moment, als Joanne beschlossen hatte, ihren Job, den sie für eine Sackgasse hielt, zu kündigen, erhielt sie eine doppelte Beförderung. Als sie an diesem Abend nach Hause kam, erzählte sie ihrem Ehemann Bruce, dass sie nicht wusste, was sie mehr verblüffte: die Beförderung oder die Tatsache, dass ihre Chefin, Ms. Green, es ihr auf dieselbe Weise mitgeteilt hatte, wie sie immer mit ihr sprach – eine einfache Mitteilung der Tatsache, ohne ein Lächeln oder auch nur ein Wort des Lobes oder der Ermutigung.

Bruce war ganz anders als Ms. Green. Er zeigte sich angesichts dieser Neuigkeiten hoch erfreut. Er öffnete eine Flasche Champagner und brachte einen Trinkspruch auf Joannes Fähigkeiten und Leistungen aus. Danach kochte er ihr Lieblingsgericht. Während sie aßen, hörte er Joannes Vorstellung ihrer neuen Position, bei der sie sechs Mitarbeiterinnen und Mitarbeiter unter sich hatte, aufmerksam zu.

Am nächsten Morgen bat Joanne alle sechs, sich bei der Anordnung der Möbel und Akten in ihrem neuen Büro zu beteiligen. Obwohl sie anfangs wachsam waren, erwärmten sie sich allmählich für Joannes Interesse an ihrer Meinung zu allem – vom Dekor bis zur Schwerpunktsetzung bei den Projekten.

Gegen halb zwei waren sie fertig und Joanne schlug vor, den Tag mit einem ausgedehnten Mittagessen zu beenden – auf ihre Kosten. Als sie gerade gehen wollten, sah Joanne ihre Chefin allein in ihrem Büro sitzen. Aus einer Laune heraus bat sie sie, sich ihnen anzuschließen.

Als sie ihre Bestellung aufgaben, schien es mehr als wahrscheinlich, dass die reservierte Ms. Green eine dunkle Wolke über die Feier werfen würde. Joanne wusste jedoch, wie sie diese Katastrophe abwenden konnte. Sie erinnerte sich daran, wie ihr eine Freundin von einem Wertschätzungsritual erzählt hatte, und beschloss, es während des Essens leicht abgeändert durchzuführen. Joanne brachte als Erstes einen Toast auf ihre Chefin aus und dankte Ms. Green dafür, sie eingestellt und ihr so viele Chancen geboten zu haben, einschließlich ihrer Beförderung. Dann forderte sie alle auf zu sagen, was sie an ihren Kollegen und Kolleginnen am meisten schätzten. Als Ms. Green an der Reihe war, hielt Joanne den Atem an.

An diesem Abend erzählte sie Bruce, dass ihre Chefin – nach einer Stille, die endlos schien – ihr für das wunderbare Essen dankte – und dabei habe sie *fast* gelächelt. Joanne beschloss, das Wertschätzungsritual zu einem regelmäßigen Teil ihrer Belegschaftssitzungen zu machen – und dass sie Ms. Green zu jeder einzelnen Sitzung einladen würde.

## Eine Gemeinschaft aufbauen

Ob wir in der Stadt, in einem Vorort oder auf dem Land wohnen, heutzutage finden wir uns häufig inmitten der unterschiedlichsten Kulturen wieder. Traditionen und Überzeugungen unterscheiden sich von Familie zu Familie, und viele von uns fühlen sich ihren Nachbarn entfremdet. Junge Menschen schließen sich manchmal einer Gang an, weil »man dann irgendwo dazugehört«, wie es ein Junge in einem Interview der *New York Times* einmal ausdrückte.

Wir Erwachsenen können bessere Optionen anbieten, für unsere Kinder und für uns selbst. Der erste Schritt besteht in der Einsicht, dass wir alle eine Gemeinschaft bilden. In einem zweiten Schritt müssen wir zusammenkommen und Gefühle der Zusammengehörigkeit und der gegenseitigen Hilfsbereitschaft austauschen. Wir können damit beginnen, indem wir einander unsere Aufmerksamkeit schenken, über unsere Stärken und Bedürfnisse reden, Ideen austauschen und ein Umfeld schaffen, in dem wir gemeinsame Ziele verfolgen.

### *Absicht*

Ein Gefühl für Gemeinschaft zu errichten und zu bewahren.

### *Zeitpunkt*

Wann immer eine neue Gemeinschaft gebildet wird oder eine bestehende an ihre gemeinsamen Wurzeln erinnert werden muss.

### *Zutaten*

Gegenstände von kultureller oder familiärer Bedeutung, spezielle Speisen, Gegenstände aus dem Künstlerbedarf.

### *Rezept*

Stellen Sie eine Gruppe von Nachbarn zusammen, die daran interessiert sind, eine Gemeinschaft aufzubauen. Suchen Sie sich einen Raum, zum Beispiel im Keller einer Kirche oder eines Tempels oder in einem Gemeindezentrum, den Sie als regelmäßigen Treffpunkt benützen können. Streichen Sie die Wände, fügen Sie ein Wandgemälde hinzu, füllen Sie den Raum mit Pflanzen, Bildern und Gegenständen, die die unterschiedlichen Traditionen feiern. Trotz unterschiedlicher Herkunft werden Sie so eine Atmosphäre des Miteinanders und der gemeinsamen Interessen schaffen. Beziehen Sie auch die Kinder mit ein. Teilen Sie ihnen Aufgaben zu, die ihrem Alter angemessen sind, oder ermutigen Sie sie, ihre eigenen künstlerischen Meisterwerke zu schaffen. Machen Sie Fotos von den Leuten bei der Arbeit, kleben Sie diese auf große Pappkartons und stellen Sie sie an einer gut sichtbaren Stelle aus. Durch die gemeinsame Arbeit wird dieser Raum allen gehören.

Feiern Sie eine Party, wenn Sie mit der Renovierung fertig sind. Jede Familie sollte ein Gericht beisteuern, das ihr kulturelles Erbe widerspiegelt. Wer musikalisch veranlagt ist, kann die Versammlung unterhalten und das Brauchtum hinter den Stücken erklären. Laden Sie den örtlichen Geistlichen, alle Ladenbesitzer, die Polizei und die Feuerwehr ein, um mit Ihnen und Ihren Nachbarn den Reichtum Ihrer Verschiedenartigkeit zu feiern.

## Das Ritual im Einsatz

Janice kam vor 55 Jahren in einem kleinen Dorf an der Küste von New Jersey zur Welt. In den letzten zehn Jahren mussten sie und ihre Freunde erstaunt mit ansehen, wie ihre Kleinstadt zu *dem* Modewohnort für Horden von ehemaligen Stadtbewohnern wurde. Vor einem Jahr berief Janice ein Treffen der alten Nachbarn ein. Nach einer Stunde voller Klagen und Wehmut unterbrach sie die Redner: »Na gut, genau aus diesem Grund sollten wir etwas unternehmen. Lasst uns nicht länger wünschen, das Rad der Zeit zurückzudrehen, sondern uns fragen, was wir heute unternehmen können.« Am Ende des Abends hatte die kleine Gruppe eine Liste von Ereignissen und Projekten erstellt, die die neu Hinzugezogenen nicht nur mit einschloss, sondern auch die Veränderungen und die Vielfalt feierte, die sie mitgebracht hatten. Janices Freundinnen aus High-School-Tagen, Doris und Nina, fanden einen großen Raum im Keller der Kirche, der mit Erlaubnis des Pfarrers als Gemeindetreffpunkt genützt werden konnte. Ninas Ehemann Paul steuerte ein freistehendes Grundstück hinter seinem Eisenwarenladen an der Hauptstraße als gemeinschaftlichen Gemüsegarten bei und er versprach, auch noch ein paar Gartengeräte und etwas Saatgut zu spenden.

Als alles vorbereitet war, traf sich die ursprüngliche Gruppe erneut, um einen Kalender an Aktivitäten zu erstellen, den sie fotokopierten und in den Schaufenstern in der ganzen Stadt verteilten. Zu diesen Terminen gehörten mehrere Arbeitssamstage im April und Mai, gefolgt von der großen Eröffnung des Gemeindezentrums Mitte Juni. Unsicher, ob sich auch genügend Neubürger anschließen würden, entwarfen Janice, Doris und Nina eine Telefonkette und verbrachten mehrere Abende damit, persönlich die zuletzt hinzugezogenen Nachbarn einzuladen, um ihre Zeit, Speisen und was immer sie an Gegenständen oder Talenten noch hatten, beizusteuern.

Am zweiten Samstag im Juni sahen fast 200 Menschen zu, wie Kinder Mais, Tomaten, Karotten und verschiedene Kräuter in dem frisch geharkten Garten hinter Pauls Laden pflanzten. Dann trafen sie sich alle im nahe gelegenen Gemeindezentrum, um die fröhlichen Dekorationen und die bunte Möblierung zu bewundern, die die Gruppe zusammengetragen hatte. Eine gro-ße Vielzahl an Speisen war aufgebaut. Die Leute sangen abwechselnd oder spielten ein Instrument vor dem Mikrophon, das der Pastor von seiner Kanzel heruntergeholt hatte. Gegen Ende des Nachmittags bat Janice alle, den Aktivitätenkalender für die nächsten drei Monate aufzufüllen. Ihr Aufruf nach Freiwilligen zur Vorbereitung der nächsten Veranstaltungen wurde mit mehr erhobenen Händen beantwortet, als sie zählen konnte. Janice lächelte und meinte: »Nun, ich schätze, wir haben jetzt eine echte Gemeinschaft.« Begeistertes Jubeln erfüllte den Raum.

### *Nachbereitung*

Erstellen Sie einen Gemeindekalender, der die wichtigen Feiertage für jede kulturelle Gruppe Ihrer Gemeinde aufführt. Tragen Sie den Geburtstag Ihrer Nachbarn und deren Jahrestage ein. Feiern Sie Partys, um neue Familien zu begrüßen, und bitten Sie diese, etwas zur Dekoration beizutragen. Achten Sie darauf, die Fotos dieser neuen Familien dem großen Gemeinschaftsposter hinzuzufügen.

## Unsere Ahnen ehren

In vielen Kulturen rund um den Globus ist es ein altehrwürdiger Brauch, jene zu ehren, die gestorben sind. Die alten Afrikaner, Ägypter, Asiaten und die amerikanischen Ureinwohner glaubten allesamt, dass die Ahnen in der Geisterwelt weiterlebten und von den Gaben zehrten, die ihnen von den Lebenden dargebracht wurden. Ausgefeilte Rituale fanden in Schreinen und Tempeln statt, um die Erinnerung zu heiligen und Weisheit und Führung zu erflehen. Einige dieser Riten werden in verschiedenen Teilen der Welt bis heute praktiziert. Auf Hawaii ist es beispielsweise jedes Mal, wenn der Hula bei einer Zeremonie getanzt wird, gleichzeitig eine Gabe an die Ahnen, die Elemente und den Schöpfer. Schauen Sie nicht in Ihren Atlas, schauen Sie sich einfach um. Die Menschen entzünden Kerzen für die Toten und rezitieren Gebete für sie in der katholischen Kirche um die Ecke, und in der Synagoge gegenüber wird das Kaddisch gesprochen.

Luisah Teish schreibt in *Carnival of the Spirit*, dass ein Kind Gottes, das zur Erde kommt, eine heilige Mission erfüllt und dann zur Quelle zurückkehrt, aber die Erinnerung an die Taten dieses Menschen dient dazu, den Rest der Menschheit anzuleiten. Lassen Sie uns den Reichtum unserer Vergangenheit neu entdecken und die Schätze unseres Erbes aufspüren. Luisah Teish ruft uns auch ins Gedächtnis, dass wir die Ahnen der Zukunft sind.

Je mehr wir über unsere Vergangenheit lernen, desto lebendiger wird sie für uns. Mit Hilfe dieses Rituals können wir uns daran erinnern, woher wir kommen, um so unsere Gegenwart zu bereichern.

### *Absicht*

Sich mit der Vergangenheit zu verbinden und sie zu ehren.

### *Zeitpunkt*

Einmal im Jahr.

### *Zutaten*

Ein Foto Ihrer Ahnen, Speisen, die sie gemocht haben würden, ein Tuch, Kerzen – gelb (Freude), orangefarben (Gesundheit) und weiß (Glaube).

### *Rezept*

Treiben Sie zuerst Recherche in Ihrer Familie. Sehen Sie alte Foto- und Erinnerungsalben durch, stellen Sie Fragen und sehen Sie zu, was Sie über das Internet herausfinden können. Schreiben Sie alles auf, was Sie für wichtig halten. Nehmen Sie sich Zeit, um sich Ihre Ahnen vorzustellen, ihr inneres und ihr äußeres Leben. Visualisieren Sie Ihre Wünsche für dieses Ritual. Laden Sie nahe und ferne Familienmitglieder ein, daran teilzunehmen, und wenn sie eintreffen, breiten Sie ein Tuch mit Ihrem Stammbaum auf einem Tisch aus. Wenn Ihre Familie aus verschiedenen Kulturen stammt, legen Sie ein Stück Stoff für jede einzelne Kultur aus – etwas irisches Leinen, Seide aus Japan, Batik aus Indonesien oder festliche Baumwolle aus Afrika. Stellen Sie jene Speisen auf den Tisch, die Ihre Ahnen zu sich genommen haben. Während Sie die drei Kerzen entzünden, sprechen Sie ein kurzes Erinnerungsgebet oder erzählen Sie eine alte Familiengeschichte. Sie können sich auch Kostüme aus alter Zeit anziehen, alte Filme zeigen, wenn Sie solche besitzen, oder Musik aus der Vergangenheit spielen. Beenden Sie das Ritual, indem Sie Ihre Ahnen um deren Segen für die Speisen bitten, die Sie miteinander teilen werden.

## Das Ritual im Einsatz

Als Linda zehn war, erkannten ihre Eltern, Eric und Susan, schwedische Amerikaner der zweiten Generation, dass ihre Tochter überhaupt nichts über ihr Erbe wusste. Sie beschlossen, dieses Ritual durchzuführen und ihre Tochter an der Recherche und Vorbereitung zu beteiligen. Susan wählte den Tag der heiligen Lucia für dieses Ereignis aus. Es kennzeichnet die feierliche Zeit zur Rückkehr des Lichts nach dem langen Winter. Die Tradition schreibt vor, jeden Raum im Haus mit dem Licht hell strahlender Kerzen zu erfüllen. Linda liebte es, die großen weißen Wachskerzen und die kleinen Votivkerzen überall im Wohnzimmer aufzustellen. Sie bat beide Elternteile, Geschichten über die ernst blickenden Verwandten auf den alten Fotos zu erzählen, die sie für dieses Fest eingerahmt hatten. Ihr Lieblingsfoto war das von einem Mädchen, ungefähr in Lindas Alter, das winzig und ernsthaft neben ihrem Puppenhaus stand.

Zur festgesetzten Stunde entzündeten Susan und Eric alle Kerzen und riefen Linda ins Wohnzimmer. Sie war von dem Licht derart hingerissen, dass sie nicht einmal den Nachbau des Puppenhauses sah, den Eric als Überraschung für sie gebaut hatte. Die kleine Familie aß ein traditionelles Sankt-Lucia-Mahl, und jeder erzählte ein schwedisches Märchen. Nach dem Dessert erfanden sie einen Volkstanz in Erinnerung an ihre Ahnen.

Vor dem Schlafengehen zeigten Lindas Eltern ihr eine herrliche goldblonde Locke, die ihrer Urgroßmutter gehört hatte. Als Linda einschlief, versprach sie sich selbst, für den Rest ihres Lebens jedes Jahr den Tag der heiligen Lucia zu feiern.

## Verbundenheitsrituale für Gruppen

Wenn Sie jemals einen Team-Pulli, ein Vereins-T-Shirt oder einen Verbindungsring Ihr eigen nannten, dann wissen Sie, wie es ist, wenn man etwas trägt, das einen mit einer größeren Gruppe verbindet. Viele von uns gehören formellen und informellen Gemeinschaften an – Diskussionsrunden oder Vereinen, Bücherclubs oder Investmentgruppen –, aber wir besitzen keine äußerlichen Symbole unserer Mitgliedschaft.

Schamanen und Priester verstanden immer schon die Kraft der Symbole und achteten darauf, dass ihre Zeremonialroben oder heiligen Gegenstände ein wichtiger Bestandteil jeden Rituals waren. Selbst heute noch legen Richter eine Robe an, bekleiden sich in manchen Ländern die Studenten für ihre Abschlussfeier mit Barrett und Talar und Geistliche tragen heilige Kleidung, wenn sie einen Gottesdienst durchführen.

Symbole besitzen für die Psyche eine tiefe Bedeutung. Sie sprechen eine universelle Sprache, die uns Zugang zum »kollektiven Unterbewusstsein« verschafft, wie Carl Gustav Jung es nennt. Ein Kreuz, der Davidstern, die Sonne und der Mond – alle sprechen in symbolischer Sprache die Seele an.

Dieses Ritual soll Mitgliedern einer Gruppe helfen, einen Gegenstand zu finden, der gegenseitige Unterstützung und Zusammengehörigkeit verkörpert. Gleichzeitig ist es eine einfache und heitere Möglichkeit, sich mit Vereinsmitgliedern oder Freunden zu verbinden.

### *Absicht*

Ein Symbol Ihrer Verbundenheit zu erschaffen.

### *Zeitpunkt*

Sobald sich die Gruppe geformt hat.

### *Zutaten*

Halbedelsteine oder Amulette (gibt es in Spezialgeschäften oder großen Kaufhäusern), Draht, Brot (Nährkraft), eine gelbe Kerze (Verbundenheit), Tulpen (Grundlage).

### *Rezept*

Setzen Sie sich in einen Kreis. Entzünden Sie die gelbe Kerze, holen Sie ein paar Mal tief Luft und halten Sie einen Augenblick inne, um sich mental auf die Verbundenheit einzustimmen. Stellen Sie die Tulpen in die Mitte des Kreises, neben den Laib Brot.

Jede Person sollte genügend Perlen aus Halbedelsteinen für alle Mitglieder der Gruppe mitbringen. Wenn die Gruppe etwa aus sechs Mitgliedern besteht, dann sollte jeder mit sechs Perlen kommen. Suchen Sie Steine aus, die einen Teil von Ihnen repräsentieren. So könnte beispielsweise einer eine Topasperle wählen als Zeichen für einen Neuanfang, eine andere eine Quarzperle als Symbol für Konzentration, ein dritter eine goldfarbene Perle für Wohlstand oder eine rote für Leidenschaft.

Gehen Sie im Kreis herum, verteilen Sie Ihre Steine und erklären Sie, was sie bedeuten. Wenn alle Steine verteilt worden sind, ziehen Sie sie für jede Person auf einen Draht auf, um so einen Armreif oder eine Kette zu formen. Dieses Schmuckstück kann getragen werden, man kann einen »Talking Stick« damit dekorieren oder es auf seinen Altar legen.

Beenden Sie das Ritual, indem Sie das Brot miteinander brechen – ein Symbol für Ihre gegenseitige Unterstützung und Hilfe.

## Das Ritual im Einsatz

Sie können dieses Ritual auch durchführen, wenn ein Mitglied die Gruppe verlässt. Eine meiner Schülerinnen, eine 45-jährige Designerin, nahm einen Job in Chicago an. Sie hatte fünf Jahre lang unserer Meditationsgruppe angehört und machte sich angesichts der Trennung Sorgen. Wir schufen eine wunderschöne Kette für sie, die sie mit auf ihre Reise nehmen konnte. Jedes Mitglied hatte in die Perle, die sie ihr schenkte, einen besonderen Segen gewoben, damit sie das Gefühl hatte, einen Teil der Gruppe mit sich in ihr neues Heim zu nehmen.

Seitdem hat sie mehreren Mitgliedern der Gruppe mitgeteilt, dass sie nur die Kette ansehen muss, die sie am Spiegel im Schlafzimmer befestigt hat, wenn sie sich niedergeschlagen oder ängstlich fühlt, und schon ist sie voller Hoffnung und Mut. Wie der Teddybär, den sie als Kind mit sich herumtrug, verleiht ihr die Kette das Gefühl von Sicherheit und Verbundenheit.

# 8

# Rituale für die Gesundheit

Die verblüffende Kraft der Geist-Körper-Verbindung wurde in vielen Kulturen immer schon anerkannt und vor kurzem auch von der modernen medizinischen Forschung bestätigt. Mediziner und Heiler wissen ebenso wie die Patienten, dass man den Körper dazu ermutigt, den natürlichen Heilungsmechanismus zu aktivieren, wenn man sein Herz öffnet, den Verstand beruhigt und die Gedanken auf ein positives Ergebnis lenkt. Laut Dr. Christiane Northrup, der Autorin von *Frauen-Körper, Frauen-Weisheit*, wird die Wirkung eines Traumas auf Körper, Geist und Emotionen weitestgehend davon bestimmt, wie wir ein Ereignis interpretieren und welche Bedeutung wir ihm beimessen. Warum können also zwei Menschen auf ein- und dasselbe Ereignis völlig unterschiedlich reagieren? Meine Freundin Jody muss einen Tag im Bett verbringen, wenn ihr Zahnarzt ihr einen Zahn plombiert hat, während ihre Schwester Sally dasselbe Ereignis wie eine lästige kleine Unannehmlichkeit behandelt.

Mit der Zeit haben Heilungsrituale unterschiedliche Formen angenommen. Die alten Ägypter und Griechen gossen Salzwasser über heilige Statuen, sammelten es anschließend in kleinen Gefäßen und ließen es die Kranken trinken. In Teilen von Asien und Afrika stellen die Menschen heute noch Fotos oder

Schnitzereien ihrer erkrankten Körperteile in Tempeln auf, weil sie hoffen, dass die Gebete der Frommen sie heilen werden. Millionen Pilger besuchen jedes Jahr Lourdes, Fatima oder andere christliche Wallfahrtsorte und suchen Heilung als Erwiderung ihres Glaubens.

Imaginationstechniken – bei denen man mit inneren Bildern des Geistes den Körper heilt – finden sich ebenfalls in vielen Kulturen, einschließlich unserer eigenen. Das eigene Wohlbefinden zu visualisieren kann mächtige Heilkräfte aktivieren, sowohl körperlich als auch spirituell, die unser Immunsystem ebenso stärken wie unsere Entschlossenheit zur Genesung. Die Rituale in diesem Kapitel vereinen Imagination unter Anleitung mit konkreten Symbolen, um Ihrem Unterbewusstsein die Botschaft zu übermitteln, dass Sie sich Ihrer Gesundheit und Ihrem Wohlbefinden verpflichtet haben. Sie werden dadurch in der Lage sein, heilende Energie in jede Situation zu tragen, sei es in Ihrem Wohnzimmer, Ihrem Büro oder in einem unpersönlichen Krankenhauszimmer.

## Das Selbst heilen

Je häufiger Sie positive geistige Botschaften an Ihr Gehirn schicken, desto stärker reagiert Ihr Körper und vereinfacht die Heilung. Manchmal tritt die Heilung umgehend ein, dann wieder ist sie ein langsamer Prozess. In manchen Fällen wird nur der Geist und nicht der Körper geheilt.

Sie müssen verstehen lernen, wie sehr Ihre Erholung durch Ihre aktive Teilnahme beeinflusst wird. Ihre Reise beginnt, wenn Sie alle Emotionen ausgedrückt haben, die Sie normalerweise in sich verschlossen halten. Diese Gefühle verstopfen Ihre Körpersysteme und führen nicht nur zu Krankheiten beziehungsweise verstärken sie noch, sondern hemmen auch Ihre Genesung. Wenn Sie diese Gefühle aktiv aufarbeiten und untersuchen, führt das zu sofortigen *und* zu allmählichen Einblicken in Ihre Methode, das Leben in den Griff zu bekommen. Wenn Sie mit diesen Gefühlen arbeiten, werden Sie eine sofortige *und* eine allmähliche Verbesserung an Körper und Geist erfahren.

Manchmal erben wir die Neigung zu bestimmten Krankheiten, dann wieder bedroht unsere Lebensweise unsere Gesundheit. Wie auch immer, seien Sie nachsichtig mit sich. Machen Sie sich keine Vorwürfe und fühlen Sie sich nicht schuldig, wenn Sie krank werden. Dieses Ritual wird Ihnen helfen, sich mit Ihrem spirituellen Selbst und den unbegrenzten Möglichkeiten der Gnade zu verbinden. Diese Verbindung kann Ihnen helfen, wieder zur Ganzheit zu finden.

### *Absicht*

Ihr Potential der körperlichen und emotionalen Selbstheilung zu stärken.

### *Zeitpunkt*

Wann immer Sie sich krank oder traurig fühlen, gestresst sind und ausgelaugt oder nicht wissen, wie es weitergehen soll.

### *Zutaten*

Eine grüne Kerze (Heilung), Eukalyptusöl, Wacholderöl oder Sandelholzöl (Heilung), eine Blume (Regeneration), beruhigende Musik, ein heilendes Tuch (eine kleine Decke oder jedes Stück Stoff, das ausschließlich für Heilungsrituale verwendet wird).

### *Rezept*

Führen Sie dieses Ritual durch, wenn Sie mindestens zwanzig Minuten lang von niemandem gestört werden. Stellen Sie zu Anfang die Blume in eine Vase und reiben Sie die Kerze mit einem der heilenden Öle ein. Beten Sie mit Ihren eigenen Worten und sagen Sie dem Schöpfer Dank für die Heilung, die sogleich stattfinden wird. Schalten Sie die Musik ein und legen Sie sich auf Ihr Bett oder auf einen Teppich auf dem Boden. Legen Sie das heilende Tuch auf Ihre Brust. Schließen Sie die Augen und gehen Sie mit einer Technik, die Ihren Geist beruhigt, in den Zustand tiefer Entspannung über (siehe den Abschnitt über *Visualisierungen* im Kapitel »Die Gerätschaften«).

Stellen Sie sich nun vor, dass Sie von einer Gruppe von Heilern umgeben sind, die Ihren Schmerz und das Ungleichgewicht Ihres Körpers lindern wollen. Spüren Sie, wie die Heiler Ihren Körper mit einem weißen Strahlen erfüllen, das die Negativität auflöst und Gleichgewicht in Ihre zellularen Strukturen bringt. Sehen und spüren Sie dieses Strahlen, das in Ihren Kopf eindringt und durch Ihren Körper wandert, als ob Sie in diesen Lichtstrahlen duschen würden. Atmen Sie langsam und tief und seien Sie sich des Lichts bewusst, das in Ihr Immunsystem hineinstrahlt, Ihre Organe stärkt, Ihr Blut reinigt und jeder Zelle Ihres Körpers Heilung bringt.

Bitten Sie um Informationen über Ihre Krankheit, Ihr »Unwohlsein«. Viele von uns glauben, dass unser Körper uns auffordert, das Tempo zu drosseln, wenn wir die Grippe bekommen. Was will Ihr Körper Ihnen in diesem Augenblick sagen? Wenn Sie merken, dass Ihre Gedanken auf Wanderschaft gehen, dann konzentrieren Sie sich auf den Duft des Öls und das Gefühl des Stoffs auf Ihrer Brust. Atmen Sie tief und werden Sie mit jedem Atemzug heil. Spüren Sie Ihre inneren Heiler.

Wo auch immer Sie die stärkste Einschnürung, den stärksten Schmerz verspüren, lenken Sie das Licht an diese Stelle. Lösen Sie sanft alle Spannung auf. Je entspannter Sie werden, desto mehr spüren Sie, wie Ihr Körper an Kraft zunimmt. Sie nehmen wahr, wie das Licht durch Sie hindurchströmt – wie es Sie reinigt, heilt, erneuert. Sehen Sie sich vor Ihrem geistigen Auge ganz und gesund, strahlend und voller Energie. Genießen Sie diese Vision und verbringen Sie einige Augenblicke damit, sie fest in Ihrem Herzen und in Ihrem Kopf zu verankern. Spüren Sie, wie der neue Fluss an Energie durch Ihren Körper strömt.

Danken Sie zu guter Letzt für die Heilung, die stattgefunden hat. Sprechen Sie Ihre Licht spendenden Heiler an und bitten Sie sie um ein Symbol, das Sie mit sich tragen können, um ihre Energie herbeizurufen, wann immer Sie sich mit ihr verbinden müssen. Machen Sie sich klar, dass Ihre Heiler auftauchen und Ihnen helfen werden, wann immer Sie sie brauchen – Ihre ureigenste innere Selbsthilfegruppe. Sobald Sie sich dazu bereit fühlen, stehen Sie ganz langsam auf. Blasen Sie die Kerze aus. Stellen Sie sich vor, dass die Blume Ihren Schmerz und Ihre Krankheit in sich aufgenommen hat, und werfen Sie sie weg.

## Das Ritual im Einsatz

Ich konnte feststellen, dass die Menschen dieses Ritual oft an ihre Persönlichkeit und an ihr individuelles Problem anpassen:

- Seit seiner Pubertät litt Joe, ein 37-jähriger Computerspezialist, an äußerst schmerzhaften Migräne-Anfällen. Wann immer diese furchtbaren Kopfschmerzen einsetzten, war er völlig geschwächt, konnte weder arbeiten noch sich seinen Freizeitvergnügungen hingeben noch klar denken. Als er zu mir kam, war Joe verzweifelt und bereit, alles auszuprobieren, was ihn von diesen schrecklichen, vertrauten Qualen befreien konnte.

  Ich schlug eine Variante des oben genannten Rituals vor. Seitdem zündet Joe, wenn er einen Migräne-Anfall nahen fühlt, eine grüne Kerze an und nimmt einen Turmalin in die Hand für Heilung und Gleichgewicht. Dann legt er sich hin, schließt die Augen und atmet langsam und tief. Er stellt sich seine Migräne als Eiskugel vor. Sobald er sein Team an Heilern ruft, sieht er, wie sie strahlendes Licht in seinen Kopf abgeben, das wärmer und immer wärmer wird und die schmerzliche Eiskugel langsam zum Schmelzen bringt. Joe atmet weiter tief, während er zusieht, wie die Eiskugel flüssig wird und aus seinem Körper fließt. Die Spannung verschwindet und die Kopfschmerzen hören auf.

  Nachdem er dieses Ritual ein paar Mal durchgeführt hatte, wurde Joe nicht nur zuversichtlicher, sich selbst heilen zu können, er erlangte außerdem wichtige Erkenntnisse über sich, die durch das heilende Licht herausgefiltert zu werden schienen. Er erkannte, dass er beunruhigende Gedanken und Gefühle normalerweise unterdrückte. Heute versucht er, mit den täglichen Überraschungen sofort umzugehen, wenn sie auftreten, und sie dann loszulassen. Ihm wurde außerdem klar, dass ihm seine sitzende Lebensweise und seine schlechten Essgewohnheiten Kraft raubten, und er kam zu dem Entschluss, das zu ändern. Die Heilkraft dieses Rituals, die damit einhergehenden Erkenntnisse und die Veränderungen, die sie herbeiführten, befreiten Joe von seiner Migräne und deren lähmenden Folgen.

Als man bei Georgia, einer hoch dotierten Marketingmanagerin aus dem Bundesstaat New York, Dickdarmkrebs diagnostizierte, war sie verzweifelt. Nachdem sie gelesen hatte, wie wichtig es ist, den Geist zu beruhigen, wenn man den Körper heilen will, rief sie mich an. Sie hatte allerdings noch nie Yoga-Unterricht genommen oder auch nur meditiert. Für diese logische, effiziente Frau bedeutete es, vollkommenes Neuland zu betreten, nun an die Weiterentwicklung ihrer spirituellen Seite zu denken. Um diesen Schritt nicht ganz so gewaltig zu machen, bat ich Georgia, mir von ihrem Lieblingsort zu erzählen. »Natürlich der Strand!«, rief sie aus. Ich schlug vor, sie solle sich mit inneren Bildern vom Strand beruhigen und entspannen. Wann immer sie sich ängstlich und aller Energie beraubt fühlt, ruft sie nun Erinnerungen an ihre schönste Zeit am Strand hervor. In ihrem Wohnzimmer knipst sie eine helle Lampe an, legt eine CD mit Meeresklängen ein und breitet ein riesiges Badetuch auf dem Teppich aus. Sie gießt sich ein Glas Ananassaft ein, zieht ihren Badeanzug an und reibt ihren Körper mit Kokosöl ein. Anschließend legt sie sich hin und holt mehrmals tief Luft. Innerhalb von Minuten fühlt sich Georgia völlig entspannt und treibt in ihrer herrlichen heilenden Visualisierung.

Georgias Freunde staunten nicht schlecht über ihre veränderte Einstellung. Georgia selbst schreibt sie ihrem Heilungsritual zu, das ihr die Kraft gab, sich erfolgreich einer Operation und einer Chemotherapie zu unterziehen. Ihr Arzt meinte vor kurzem, dass ihr Heilungsprozess doppelt so schnell wie erwartet voranschreitet.

## Wie man schwere medizinische Eingriffe übersteht

Aus der Ferne begrüßen wir alle nur zu gern Fortschritte in der Gerätemedizin, die langes Leiden ersparen und die Lebenserwartung verlängern. Aber was geschieht, wenn wir selbst oder Menschen, die wir lieben, verzweifelt diese Gerätemedizin benötigen – und gleichzeitig fürchten –, mit der eine lebensbedrohliche Krankheit geheilt werden kann?

Nach einer Diagnose und bevor die Behandlung beginnt, spüren wir verständlicherweise Angst angesichts des Unbekannten: Wir müssen ins Krankenhaus, in eine kalte und sterile Umgebung, mit fremden Praktiken und Methoden, einem ungewissen Ergebnis der Behandlung und den Nebenwirkungen der Medikamente. Während der Behandlung nimmt unsere Angst noch zu – wir haben keine Kontrolle über unseren Körper und darüber, was mit ihm angestellt wird. Wir sind überwältigt von allem, was wir sehen, hören, riechen und von den Überraschungen, ganz zu schweigen vom Schmerz. All das erschwert es unseren natürlichen Verteidigungsmechanismen, aktiv zu werden.

Die gute Nachricht lautet, dass eine Vielzahl von Untersuchungen, darunter auch eine von der medizinischen Fakultät der State University of New York in Buffalo, wiederholt nachweisen konnten, dass Menschen, die bei Operationen Imagination und Musik einsetzen, den Herzrhythmus, ihren Blutdruck und die Stressbelastung zu senken vermochten. Das gilt auch für Bestrahlungen und Chemotherapie – für die meisten Menschen mit enormem Stress verbunden.

Der Punkt ist der: Sie *können* ihre Ängste mindern, indem Sie heilende Rituale erschaffen, die vertraute und beruhigende

Elemente enthalten. Sie werden Ihnen helfen, das Gefühl der Kontrolle zurückzuerlangen und sie werden Ihre psychologische und physische Entschlossenheit stärken, wieder gesund zu werden. Darüber hinaus besteht dann eine größere Chance, das ganze Procedere gut zu überstehen und Ihre Genesung zu beschleunigen, den Einsatz von Schmerzmitteln zu reduzieren und Ihren Aufenthalt im Krankenhaus zu verkürzen.

### *Absicht*

Einen »Healing Stick«, einen heilenden Stab, zu fertigen, der jede medizinische Behandlung und jedes Verfahren leichter und effektiver macht.

### *Zeitpunkt*

Wann immer Sie sich einer ernsten Behandlung unterziehen müssen, beispielsweise einer Operation, einer Bestrahlung oder einer Chemotherapie.

### *Zutaten*

Ihre liebste Beruhigungsmusik, Salzwasser (Läuterung), Lavendelöl (Beruhigung), eine grüne Kerze (universelle Heilung), mehrere kurze Fäden in unterschiedlichen Farben, ein kleiner Stock.

### *Rezept*

Legen Sie die Zutaten an einen bequemen Ort, an dem Sie in Ruhe arbeiten können. Entzünden Sie als Erstes die grüne Kerze und schalten Sie die Musik ein. Geben Sie einige Tropfen Lavendelöl auf einen Wattebausch und atmen Sie den Duft ein.

Spritzen Sie das Salzwasser auf Ihren Kopf und in einem Kreis um sich herum, um sich zu reinigen. Atmen Sie tief durch und denken Sie an all Ihre Freunde und Freundinnen und deren bewundernswerteste Eigenschaften – Mut, Humor, ein liebevolles Herz. Überlegen Sie, welche Stärken für Sie in dieser Situation am wertvollsten wären.

Wählen Sie ein Stück Faden und durchtränken Sie ihn mit einer dieser Eigenschaften. Stellen Sie sich beispielsweise vor, dass der gelbe Faden mit dem Mut Ihrer besten Freundin erfüllt ist. Halten Sie den Faden mit Ihren Händen fest umschlossen, während Sie sich an Momente voller Mut erinnern, die Sie miterlebt haben, und stellen Sie sich vor, dass diese Augenblicke in die Fasern eingewoben werden. Wiederholen Sie diesen Vorgang und wählen Sie die Farben entsprechend der Tugenden Ihrer Freunde, bis Sie zwischen sieben und elf Fäden auf diese Weise behandelt haben. Binden Sie die Fäden an den Stock, in einem Muster, das Ihnen gefällt.

Sie haben somit einen »Healing Stick«, einen heilenden Medizinstab, geschaffen. Halten Sie ihn in der Hand und stellen Sie sich die anstehende Behandlung als mächtigen Verbündeten vor; seien Sie dankbar für die Vorteile, die sie Ihnen verspricht. Segnen Sie Ihre Freunde und deren Tugenden, die nun Ihrem »Healing Stick« innewohnen. Ziehen Sie Kraft daraus und erklären Sie Ihrem Körper, dass er sich entspannen und mit der Behandlung zusammenarbeiten soll, anstatt gegen sie anzukämpfen. Wiederholen Sie diese Visualisierung in den Tagen vor dem Behandlungsbeginn, so oft Sie können.

Nehmen Sie Ihren »Healing Stick« mit ins Krankenhaus und teilen Sie dem Arzt mit, dass Sie ihn jederzeit bei sich haben müssen. Erklären Sie seinen Zweck; wenn es Ihnen peinlich ist, sagen Sie einfach, es sei Ihr »Glücksbringer«. Ich habe festgestellt, dass die meisten Ärzte und Krankenschwestern alles unterstützen, was ihre Patientinnen und Patienten positiver stimmt.

Fragen Sie, ob das Personal Ihre Ritualmusik während der Behandlung spielen kann; selbst in Narkose wird sie Ihren Geist beruhigen.

## Das Ritual im Einsatz

Elizabeth, eine schöne 32-jährige Werbeleiterin, ängstigte der Gedanke an ihre bevorstehende Brustamputation und die anschließende Chemotherapie. Essen und Schlafen fiel ihr gleichermaßen schwer, und sie wirkte bleich und gedankenverloren. Sie zitterte, als sie mir von all den negativen Nebenwirkungen erzählte, von denen sie gelesen hatte – Schwäche, Haarausfall, Schwindelgefühle, Depressionen und der völlige Verlust des Selbstwertgefühls. Außerdem hatte Elizabeth einen Fehler begangen, den viele Krebspatienten nach der Diagnose begehen: Sie hatte sich ganz in sich selbst zurückgezogen und litt unter ihren Gefühlen der Hilflosigkeit und des Entsetzens – alleine.

Ich half Elizabeth, einen »Healing Stick« zu fertigen, und brachte ihr dann einfache Meditationstechniken bei (siehe das Kapitel »Die Gerätschaften« und dort den Abschnitt *Visualisierung*). Sie arbeitete schwer daran, ihre Ängste und ihre Isolation zu überwinden. Je wohler Elizabeth sich beim Meditieren fühlte und je mehr Kraft sie aus ihrem »Healing Stick« zog, desto mehr öffnete sie sich der wunderbaren Unterstützung durch ihre Freunde und ihre Familie. Sie wurde immer zuversichtlicher, was ihre Fähigkeit betraf, die Behandlung durchzustehen, und auch hinsichtlich des Ergebnisses. Ihr Appetit kehrte zurück, und sie schlief nachts wieder.

Als Elizabeths Behandlung begann, war der natürliche Heilungsmechanismus ihres Körpers bereits bestens aktiviert, unterstützt durch ihre Überzeugung, dass die Chemotherapie ihr Verbündeter war. Während der gesamten Behandlung hörte Elizabeth ihre Lieblingsheilungsmusik auf dem Walkman, während sie meditierte. Bei der letzten Untersuchung war sie krebsfrei. Sie setzt das Heilungsritual als festen Bestandteil ihres Lebens auch heute noch fort.

## Einander heilen

Kulturen in aller Welt wussten die Kraft der kollektiven Energie für Heilrituale zu nutzen. Ruinen von Heiltempeln wurden in Griechenland, der Türkei und in Ägypten ausgehoben. Die Schamanen der amerikanischen Ureinwohner verwenden heute noch Sandgemälde im Rahmen ausgefeilter Heilpraktiken, bei denen mit weichen Sandsteinen in verschiedenen Farben heilige Muster gemalt werden, die heilende Geister herbeirufen sollen. Die Patienten setzen sich dann auf die Malerei, während der Schamane chantet und die entsprechenden Kräfte einlädt, in das Bild zu fahren und den Patienten zu heilen. Am Ende wird der Sand, der alle negativen Kräfte absorbiert hat, weggekehrt.

Andere Kulturen bedienen sich anderer Rituale. In Tenganan, einem kleinen Dorf auf Bali, sollen besondere *Ika*-Kleidungsstücke (*kamben geringsing*) die Trägerinnen und Träger vor Krankheiten schützen; sie werden ausschließlich bei zeremoniellen Heilungen getragen. Und gläubige Menschen in aller Welt nehmen an Gebetskreisen teil, bei denen ein krankes Gemeindemitglied geheilt werden soll.

Bei meiner Heilungsarbeit agiere ich als Kanal, durch den die universelle Heilungsenergie strömt – einige halten es für eine göttliche Kraft, für einen Gott oder eine Göttin, andere einfach für eine kollektive Gebetskraft. Ich »heile« nicht, sondern agiere als Vermittlerin, während ich Das Göttliche in jedem Menschen anerkenne.

Bei dieser Arbeit habe ich vier wichtige Punkte im Heilungsprozess festgestellt. Erstens, wenn Sie jemand helfen wollen, der leidet, dann müssen Sie um seine Erlaubnis *bitten* – ob eine Person geheilt werden will oder nicht, ist letztlich ihre Entscheidung. Zweitens, wenn die Person zu irgendeinem Zeitpunkt Unbehagen spürt, muss die Sitzung sofort abgebrochen werden. Drittens, die Information, die ein Heiler über einen Patienten während der Heilungssitzung spürt, kann akkurat sein, muss es aber nicht; fragen Sie daher nach der medizinischen Diagnose und versuchen Sie, die Krankheit genau zu verstehen. Vielleicht möchten Sie sogar über die Krankheit nachlesen oder einen Arzt konsultieren, bevor Sie damit anfangen, den Heilungsprozess eines anderen zu erleichtern. Viertens, führen Sie keine Heilungszeremonien durch, wenn Sie selbst krank sind; das wird dem anderen nicht helfen – und Ihnen entzieht es die Energie, die Sie benötigen, um wieder gesund zu werden.

Meiner Erfahrung nach sind Heilungszirkel sehr machtvoll, und es können durchaus »Wunder« geschehen. Heilungsrituale in der Gruppe können dem Patienten darüber hinaus das Gefühl vermitteln, geschätzt und umsorgt zu werden. Die Tatsache, dass Sie sich die Zeit nehmen, um an einem Heilungszirkel mitzuwirken, sendet eine positive Botschaft der Liebe an Ihren Freund oder Angehörigen. Je mehr Sie Ihre Fähigkeit, intuitiv zu spüren, einüben, desto mehr werden sich Ihre natürlichen Fähigkeiten entwickeln und desto machtvoller wird die Heilung sein.

### *Absicht*

Den innewohnenden Heilungsmechanismus eines Menschen zu aktivieren und zu stärken.

### *Zeitpunkt*

Wann immer ein Mensch krank ist oder Schmerz leidet.

### *Zutaten*

Ein Bett oder eine Matte auf dem Fußboden, Gewürznelken (um die ungewollte Situation loszulassen), eine kleine Schüssel, ein Turmalin, Kristall oder Türkis (Gleichgewicht), eine purpurfarbene Kerze (Geist), ein grüner oder blauer Schal (Gleichgewicht), ein Foto des Patienten beziehungsweise der Patientin in gesunden Tagen.

### *Rezept*

Wählen Sie einen Zeitpunkt, an dem Sie mindestens eine halbe Stunde lang von niemand gestört werden. Errichten Sie einen Altar und platzieren Sie alle Zutaten darauf. Zerdrücken Sie die Gewürznelken in einer kleinen Schüssel, entzünden Sie die Kerze und legen Sie Ihr Symbol für Gleichgewicht und Harmonie neben das Foto des Menschen, der geheilt werden soll. Nehmen Sie sich einige Augenblicke Zeit, um sich zu zentrieren (siehe den Abschnitt *Bewusstes Atmen* im Kapitel »Die Gerätschaften«).

Bitten Sie den Patienten, sich in bequemer Lage auf das Bett oder die Matte zu legen. Helfen Sie ihm, seine Absicht zu formulieren, offen für den Heilungsprozess zu sein. Seien Sie für ihn da, bis Sie merken, dass er ruhig und entspannt ist. Der Heiler oder die Gruppe an Heilern, sollte sich anschließend so aufstellen, dass die Hände etwas oberhalb der liegenden Person gehalten werden können. (Dieser Vorgang wird ungefähr zwanzig Minuten dauern, also machen Sie es sich so bequem wie möglich.)

Fangen Sie mit einem Gebet an, mit dem Sie alles herbeirufen, was im besten Interesse des Patienten ist. Konzentrieren Sie sich auf eine machtvolle Quelle der Gesundheit, ein universelles Symbol für die Heilung – manche Menschen visualisieren eine starke religiöse Figur wie Buddha, die Jungfrau Maria oder ihren Lieblingsheiligen. Was immer Sie auswählen, achten Sie darauf, dass es Ihnen vertraut ist und mit Ihren Überzeugungen in Einklang steht. (Jede Person in der Gruppe kann sich auf eine andere Heilungsgestalt konzentrieren, aber auch alle auf dieselbe.) Atmen Sie tief und lassen Sie die Heilungsenergie durch Ihren ganzen Körper bis in Ihre Hände strömen. Denken Sie daran, nicht *Sie* vollziehen die Heilung. Sie dienen nur als Gefäß, durch das die Heilungskräfte übertragen werden. Stellen Sie sich vor, Sie seien ein elektrischer Draht, der dem Strom erlaubt, von der Quelle zum Licht zu fließen.

Sobald Sie sich mit einer heilenden Kraft verbunden haben, stellen Sie sich vor, dass sie die Eigenschaften des Herz-Zentrums aktiviert – die innewohnende Harmonie und Heilung, das Mitgefühl und die bedingungslose Liebe. Wenn diese Energie zunimmt, leiten Sie sie durch Ihre Hände in den Menschen, der sie braucht. Manche Heiler spüren ein Pulsieren in ihren Handflächen, andere empfinden Wärme, Kälte oder ein Prickeln. Einigen gelingt es sofort, ihre natürliche Fähigkeit, Energie zu kanalisieren, zu wecken, andere müssen Monate, vielleicht sogar Jahre üben. In jedem Fall reicht es aus, sich machtvoll an die *Absicht* zu halten, als Gefäß der Heilung zu agieren – dann wird dieses Ritual erfolgreich sein.

Bewegen Sie Ihre Hände über den Körper des Patienten, lassen Sie sie über den Bereichen, die es am dringendsten benötigen, einige Zeit schweben. Konzentrieren Sie sich darauf, diesen Menschen gesund und ganz zu sehen. Für die meisten Kranken ist das eine entspannende und angenehme Erfahrung. Einige schlafen dabei sogar ein. Wenn dies geschieht, fahren Sie mit der Heilung einfach fort.

Wenn Sie intuitiv spüren, dass Sie genügend Energie übertragen haben – für gewöhnlich nach fünfzehn bis zwanzig Minuten –, beenden Sie das Ritual mit einem kurzen Dankgebet.

Geben Sie dem Patienten all die Zeit, die er braucht, bevor er aufsteht. Bieten Sie ihm ein Glas Wasser an und schlagen Sie vor, er solle sich ein wenig ausruhen, bevor er seine Tagesaktivitäten wieder aufnimmt. Legen Sie den Schal um den Hals des Patienten und lassen Sie ihn den Kristall als Symbol der Heilung in der Hand halten.

## Das Ritual im Einsatz

Seit 1982 führe ich mindestens zweimal im Monat Heilungszirkel durch. Eines Abends vor einigen Jahren bat Susan, eine 26-jährige Schauspielerin, eine meiner Gruppen, ihr mit einem fibroiden Tumor zu helfen, der ihr große Schmerzen verursachte. Nachdem wir uns über ihre Krankheit und ihren Schmerz erkundigt hatten, schufen wir einen Heilungskreis. Am Ende füllte ich eine Flasche mit Wasser und bat alle Anwesenden, sie in die Hand zu nehmen und dabei ihre individuelle Heilungskraft zu visualisieren, die das Wasser mit Wohlbefinden durchdrang. Als die Flasche zu Susan kam, nahm sie einen Schluck von dem Wasser und trug den Rest mit nach Hause, um in schwierigen Augenblicken davon zu trinken.

Bei ihrer nächsten Untersuchung stellte sich heraus, dass der Tumor um 50 Prozent geschrumpft war! Es überrascht nicht, dass Susan von da an Selbstheilungstechniken praktizierte und regelmäßig an unseren Heilungszirkeln teilnahm.

### *Nachbereitung*

Sie können Ihren Heilungskreis einmal die Woche oder einmal im Monat durchführen. In schweren Fällen, wie beispielsweise Krebs oder AIDS, finden Heilungszirkel oft alle paar Tage statt.

## Der Umgang mit der Trauer

Sie haben vor kurzem Ihre Mutter an Krebs verloren. Ihr Lieblingsonkel ist mit 85 Jahren im Schlaf verschieden. Ein Freund aus Studientagen wird bei einem Autounfall getötet. Es ist immer schmerzlich und schwierig, einen geliebten Menschen zu verlieren – selbst wenn der Betreffende lange krank oder sehr alt war. Sie werden höchstwahrscheinlich alle Phasen der Trauer durchlaufen: Schock, Wut, Depression, Verdrängung, Schmerz und schließlich Akzeptanz. Aber es gibt Rituale, die Ihnen in dieser dunklen, einsamen Zeit Trost bieten.

Trauerrituale finden sich in allen Kulturen. Die Hindus führen komplizierte Verbrennungszeremonien durch, bei denen ganze Dorfgemeinschaften zusammenkommen und die Angehörigen der trauernden Familie die Unterstützung ihrer Freunde spüren. In afrikanischen Dörfern finden oft eine ganze Reihe von Trauerritualen statt, die wochenlang dauern können. Bei den Juden muss die Beerdigung binnen 24 Stunden nach Eintritt des Todes vollzogen werden, aber eine siebentägige Trauerwache – man sagt dazu »die Schiwa sitzen« – lässt die Trauernden zusammenfinden und sich gegenseitig trösten. Die katholischen Iren halten Totenwachen, bei denen sie sich Geschichten über den Verblichenen erzählen; bei solchen Ereignissen mischt sich oft Humor mit Traurigkeit und Menschen, die durch Zeit und Entfernung getrennt waren, kommen wieder zusammen.

Zu vielen Trauerritualen gehört eine Ende-des-Jahres-Zeremonie, in der der Trauernde seine Trauer loslässt und sich vornimmt, die Trauerkleider abzulegen und wieder am gesellschaftlichen Leben teilzunehmen. In weniger religiösen Gesellschaften fühlen sich die Leute jedoch mit langen Trauerphasen unwohl, sie wollen, dass »alles wieder in den Normalzustand« zurückkehrt, und finden es schwer, jene zu unterstützen, die »allzu lange« unter einem Verlust leiden. Aber manche von uns brauchen einfach Zeit, um zu genesen.

Dieses Ritual kann Ihnen helfen, mit dem Verlust eines geliebten Menschen umzugehen, denn es bietet ein sicheres Ventil, um alle Gefühle auszudrücken, die Sie loslassen müssen. Sie müssen dabei jedoch verstehen, dass man seine Trauer auf vielerlei Weise verarbeiten kann; Trauer braucht so lange, wie sie eben braucht. *Sie müssen Ihren ureigensten Weg zur Heilung finden.* Das folgende Ritual kann ein Schritt in die richtige Richtung sein.

### *Absicht*

Von der Trauer zur Akzeptanz Ihres Verlustes zu finden.

### *Zeitpunkt*

Jederzeit nach dem Tod eines geliebten Menschen.

### *Zutaten*

Ein Video oder einige Fotos des geliebten Menschen, eine Pflanze (Kontinuität), ein Löffel, das Lieblingsparfüm oder Cologne des geliebten Menschen beziehungsweise Zypressenessenz (Trost).

### *Rezept*

Führen Sie dieses Ritual durch, wenn Sie so viel Zeit haben, wie Sie brauchen, ohne gestört zu werden. Sehen Sie sich als Erstes das Video oder die Fotos des geliebten Menschen an.

Lassen Sie es zu, ja, fordern Sie es, dass Ihre Gefühle an die Oberfläche dringen. Zensieren Sie sich nicht selbst. Es können alle möglichen Gefühle auftauchen: Schmerz, Wut, Trauer, sogar Freude. Es ist ein gesunder Teil der Trauerverarbeitung, diese Achterbahn der Gefühle zu erleben.

Atmen Sie den Duft ein, der Sie an den Toten erinnert, oder benützen Sie etwas Zypressenessenz, um sich selbst Trost zu spenden. Sprechen Sie Ihre Gefühle laut aus und glauben Sie fest daran, dass der geliebte Mensch Sie hören kann. Viele Kulturen in aller Welt sind davon überzeugt, dass die Seele eine dynamische Kraft bleibt, zu der man auch nach dem Tod noch Kontakt aufnehmen kann. Wenn man bewusst, laut und ganz konkret kommuniziert, kann man weiterhin gegenseitige Liebe und Unterstützung in dieser Beziehung erfahren. Nehmen Sie sich dafür so viel Zeit, wie Sie brauchen.

Setzen Sie sich stumm einige Minuten mit der Pflanze in Ihren Händen hin und segnen Sie sie. Gehen Sie ins Freie und graben Sie mit dem Löffel ein Loch in den Erdboden. Wenn Sie nicht ins Freie gehen können, füllen Sie einen großen Topf mit Erde. Stellen Sie sich vor, wie Ihre Liebe für diesen Menschen die Erde nährt. Sagen Sie laut »Ich liebe dich« oder »Ich vermisse dich« oder was immer Ihre Empfindungen zum Ausdruck bringt. Bekräftigen Sie Ihre Erinnerung durch die Pflanze.

## Das Ritual im Einsatz

Das Ritual, das ich im Kapitel »Was ist ein Ritual?« beschrieben habe und mit dem ich den Tod meiner Schwester verkraftete, zeigt beispielhaft auf, wie ein *individuelles* Trauerritual aussehen kann. Aber Menschen können auch *gemeinsam* trauern. Hier einige Beispiele:

- An einem kalten, regnerischen Morgen erhielt Joanne die entsetzliche Nachricht, dass Todd, ihr kleiner Bruder, mit

23 Jahren im Golfkrieg ums Leben gekommen war. 18 Monate später trauerte sie immer noch um diesen Verlust, und an dem Tag, der eigentlich Todds 25. Geburtstag gewesen wäre, beschloss Joanne, im elterlichen Ferienhaus am See ein Trauerritual durchzuführen. Sie und Todd hatten dort viele glückliche Sommermonate verbracht, und sie fühlte sich ihm unter den Pinien am See besonders nahe.

Joanne füllte einen großen Picknickkorb mit Todds Lieblingsspeisen – Brote mit kaltem Braten, Gewürzgurken, Maischips, Malzbier und ein Schokoladenkuchen. Auf die Speisen legte sie Geburtstagskerzen, sein Jahrbuch von der High School, Fotos von ihnen beiden als Kinder und schließlich ein Foto von ihm, wie er stolz in seiner Uniform posierte. Auf ihrem Weg aus der Stadt hinaus kaufte sie in einer Baumschule einen Ahornsetzling, den sie am See als lebende Erinnerung an ihren Bruder pflanzen wollte.

Die Sonne schien, als Joanne die Speisen und Fotos auf dem Picknicktisch neben dem verlassenen Haus aufbaute. Ihre Aufmerksamkeit konzentrierte sich auf das Foto von Todd in seiner Uniform, und sie ließ ihrer Wut über seine Entscheidung, der Armee beizutreten, freien Lauf. Dann fing sie an zu weinen. Ihre Tränen benetzten den jungen Baum, während sie ihn einpflanzte. Joanne beendete das Ritual, indem sie die Geburtstagskerzen auf dem Kuchen entzündete und Todd ein Geburtstagsständchen brachte.

Ein eindringliches Beispiel für ein kollektives Trauerritual ereignete sich am 7. September 1997, als Millionen Menschen an der Beerdigung von Diana, Prinzessin von Wales, teilnahmen. Es war eines der größten spontanen Trauerrituale in diesem Jahrhundert. Noch Wochen später hinterlegten Menschen aller Klassen, Religionen und Länder Blumen, entzündeten Kerzen und ließen die Öffentlichkeit an ihren Gefühlen teilhaben. Manche hätten das den normalerweise so reservierten und auf ihre Privatsphäre bedachten Briten überhaupt nicht zugetraut. Die *New York Times* berichtete, dass über eine Million Blumensträuße vor den königlichen Palästen abgelegt worden waren. Über fünf Millionen Menschen in den Vereinigten Staaten sahen sich die Prozession im Fernsehen an. Weitere Millionen trugen schwarze Trauerbänder. Die britischen Botschaften in aller Welt wurden mit Karten und Blumen überhäuft.

So untypisch es für die Engländer auch gewesen sein mochte, dieses gewaltige Ausleben der Trauer erlaubte es den Menschen, von diesem Verlust zu genesen. Es war eine Zeit, um die Prinzessin noch einmal zu ehren, aber auch eine Zeit, um der Trauer Luft zu machen, und das half der Familie, Freunden und Fremden, diesen großen Verlust zu überwinden.

### *Nachbereitung*

Führen Sie dieses Ritual so oft durch, wie Sie müssen; Trauer kennt keine zeitliche Begrenzung. Stellen Sie die Pflanze an einen gut sichtbaren Ort; Sie können sie auch im Freien einpflanzen.

# 9

# Rituale für Frauen

Frauen hegen und pflegen – das ist unsere Erwartungshaltung, unsere Erfahrung, die zeitlose Legende und eine historische Tatsache in unserem Leben. Erst in diesem Jahrhundert hinterfragen wir langsam den Sinn und den Preis dieser uralten Ansicht. Warum ist das Hegen und Pflegen zu unserem ausschließlichen Hoheitsgebiet geworden? Was ist mit unseren eigenen Bedürfnissen, wenn wir uns so intensiv auf andere konzentrieren? Wer kümmert sich um *unsere* Wünsche, *unser* Begehren? Wann finden wir die Zeit, unsere inneren Ressourcen wieder aufzufüllen? Wenn wir unsere aufgestauten Emotionen nicht erkennen und ehren, leisten wir uns nicht nur selbst einen Bärendienst, auch die Menschen, die wir lieben, müssen leiden. Irgendwann haben wir nichts mehr, was wir geben könnten. Wo suchen *wir* Hilfe?

Im Laufe der Geschichte haben sich Frauen immer wieder zu »traditioneller Frauenarbeit« zusammengeschlossen. Dort erlebten sie Verständnis, Trost, Unterstützung und selbst Humor, während sie gemeinsam arbeiteten – kochten, nähten und die Kinder versorgten. Heute basiert die Karriere vieler Frauen jedoch auf männlichen Rollenvorbildern, und Frauen erleben eine immer größere Distanz zueinander.

In Wahrheit haben viele von uns die Weisheit unserer Großmütter verloren – ihre Sanftheit, ihr Gemeinschaftsgefühl und die Entspanntheit, mit der sie teilten. Wir müssen unser weibliches Erbe wieder einfordern. Es gab eine Zeit, als Frauen *und* Männer die weibliche Gottheit ehrten. Merlin Stone schreibt in *Als Gott eine Frau war*, dass Frauen in aller Welt, ungeachtet von Rasse oder Religion, die Göttin in sich wieder einfordern. »Es heißt, dass sie in allem Leben existiert und dass alles Leben heilig ist.«

Die Rituale in diesem Kapitel dienen einem doppelten Zweck: Sie sollen Frauen Kraft geben, damit sie ihre wahre Stärke und ihre Talente erkennen und feiern, und sie sollen Frauen dabei helfen, ihre körperlichen und emotionalen Bedürfnisse zu akzeptieren, zu ehren und zu erfüllen.

## Feiern Sie Ihre Sinnlichkeit

Die Menschen der Antike feierten die weibliche Sexualität als eine Kraft der Erneuerung, die den Segen der Götter in sich trägt. Astarte, die phönizische Göttin der Schönheit, Fruchtbarkeit und Liebe, stand in höherem Ansehen als alle anderen Gottheiten. In Ägypten nannte man sie Isis, in Griechenland Aphrodite, in Babylonien Ischtar, in Sumer Inanna und in Rom Venus.

Unsere heutige Gesellschaft fürchtet und verunglimpft dagegen die weibliche Sexualität. Infolgedessen haben viele von uns den Kontakt zu unserer sexuellen Energie und unserer natürlichen Fähigkeit zur Ekstase verloren. Andrew Harvey und Anne Baring kommen in ihrem Buch *The Divine Feminine* zu dem Schluss, dass Aphrodite überall dort, wo sie nicht geehrt wird, in negativer Form Einzug hält – in sexuellen Obsessionen, Pornographie und sadistischen Fantasien, die auch von unserer Gesellschaft Besitz ergriffen haben. Wir erleben das in den Medien immer wieder aufs Neue, denken Sie nur an die weiblichen Charaktere in *Basic Instinct* oder *Eine verhängnisvolle Affäre* oder in vielen populären Musikvideos.

Doch allmählich fordern Frauen die sexuelle und sinnliche Göttin in sich wieder ein. Wir lernen von neuem, unseren Körper und die uns innewohnende Schönheit zu lieben. Wir erkennen, dass wir Rocksängerinnen, Models oder Filmstars nicht nacheifern müssen, um in Berührung mit der in uns wohnenden Verführerin zu kommen. Sie wartet nur darauf, von uns freigelassen zu werden – vibrierend, voller Selbstvertrauen und in absoluter Harmonie mit ihrer Sexualität. Sie liebt das Gefühl von Seide auf ihrer Haut, ein warmes Schaumbad, frische Blumen und exotische Düfte. Mit etwas Übung können wir lernen, sie zu sehen, uns an ihr zu erfreuen und sie als lebenswichtigen Teil unseres Wesens in Besitz zu nehmen.

### *Absicht*

Die Sinnlichkeit in uns selbst zu erwecken.

### *Zeitpunkt*

Wann immer Sie wollen – doch insbesondere dann, wenn Sie sich von Ihrem sexuellen Ich entfremdet fühlen. Kurz vor dem Schlafengehen ist ein idealer Zeitpunkt, aber Sie können dieses Ritual jederzeit durchführen. Nehmen Sie sich mindestens eineinhalb Stunden Zeit, um es zu genießen.

### *Zutaten*

Eine rote Kerze (Leidenschaft), Ylang-Ylang-Essenz oder Jasminessenz (Sinnlichkeit), Ihr Lieblingsparfüm, Schokolade (Sinnlichkeit), sinnliche Musik. Zur freien Wahl: Seidenlaken (Sinnlichkeit).

Bereiten Sie außerdem folgendes wunderbare Tonikum zu und trinken Sie es zum Abschluss des Rituals. Es wird Ihre Sinne entzücken und die Zügel Ihrer schlummernden Sinnlichkeit entfesseln: Mischen Sie eine halbe Tasse Papayasaft, eine Viertel Tasse pürierte Bananen, eine viertel Tasse Wassermelonensaft und einen halben Teelöffel Gewürznelken (Letzteres nach Wahl). Sie können auch eine Tasse Milch mit einer Messerspitze Zimt und einem Spritzer Rosenwasser mischen. Wenn Ihnen all das nicht zur Verfügung steht, tun es auch eine Tasse heiße Schokolade, Traubensaft oder ein Glas Rotwein.

### *Rezept*

Schaffen Sie eine sinnliche Atmosphäre, die Ihre innere Verführerin aus ihrem Versteck lockt. Wählen Sie dafür eine Zeit, in der Sie niemand stört. Stöpseln Sie das Telefon aus. Beziehen Sie Ihre Bettwäsche neu – Seide wäre dafür großartig! Dimmen Sie das Licht und entzünden Sie die Kerze. Geben Sie einige Tropfen ätherisches Öl in eine Duftlampe.

Legen Sie nun etwas von Ihrem Lieblingsparfüm auf und konzentrieren Sie sich dabei auf den Bereich zwischen Ihren Brüsten und Ihrem Schambein. Legen Sie sich auf den Rücken, ziehen Sie Ihre Knie an und öffnen Sie die Beine. Atmen Sie ein, langsam und tief, und zählen Sie bis Vier; atmen Sie anschließend auf dieselbe Weise aus. Spüren Sie nun Ihren Atem, als ob die Luft durch Ihre Vagina strömt. Fahren Sie damit fort, bis diese Atemzüge Sie mit Ihrem tiefsten Kern verbinden. Lassen Sie den Atem wie einen Fluss aus Energie strömen. Spüren Sie das Fließen – die Sinnlichkeit – und visualisieren Sie die leidenschaftliche Frau in Ihrem Inneren, die mit Ihnen reden möchte. Stellen Sie sich vor, dass sie Ihnen von sich erzählen möchte. Stellen Sie ihr Fragen: Welche Kleider trägt sie am liebsten? Was isst sie am liebsten? Was macht sie emotional und körperlich glücklich? Wie sieht ihre Beziehung zu Ihrem Körper aus? Wie möchte sie berührt werden? Was will sie von Ihnen?

Lassen Sie zu, dass diese Energie – die aus Ihrem leidenschaftlichen Kern erstrahlt – Sie vollkommen durchdringt. Denken Sie daran, es ist Ihre eigene Schöpfung, es ist ein Teil von Ihnen, also zensieren Sie die Worte und Gefühle nicht. Seien Sie offen dafür, etwas zu lernen.

Wenn Sie sich bereit dazu fühlen, stehen Sie auf. Lassen Sie sich ein warmes Bad einlaufen und geben Sie das Öl Ihrer Wahl ins Badewasser. Legen Sie Ihre Lieblingsmusik ein und entzünden Sie die Kerze neben der Wanne. Lassen Sie Ihren

Körper mit dem duftenden Wasser verschmelzen, berühren Sie sich selbst so, wie es sich für Sie am besten anfühlt.

Trocknen Sie sich anschließend mit einem warmen Handtuch ab, schlüpfen Sie ins Bett und trinken Sie Ihr Tonikum. Nippen Sie langsam daran. *Spüren* Sie diese sinnliche Frau, werden Sie zu ihr. Lassen Sie Ihre Fantasie spielen und tauchen Sie ganz in dieses Gefühl hedonistischen Entzückens ein.

## Das Ritual im Einsatz

Sandra, eine erfolgreiche 32-jährige Geschäftsfrau, hatte die letzten zehn Jahre damit verbracht, nach männlichen Mentoren zu suchen, die ihr helfen sollten, ihre ehrgeizigen Karriereziele voranzutreiben. Als ihr klar wurde, dass sie dadurch ihr Frausein ins Abseits gedrängt hatte, bat sie mich um Hilfe. Sie sprach von ihrer Sehnsucht, mit ihrer Weiblichkeit in Berührung zu kommen und Romantik und Leidenschaft in ihr Leben zu bringen. Sie erkannte, dass sich ein Teil von ihr raffinierte Dessous wünschte, auserlesene Düfte und das Gefühl, verwöhnt zu werden. All das hatte sie sich bislang versagt.

Das Ritual, das wir uns ausdachten, bestand aus zwei Teilen. Zum einen schickte ich Sandra auf eine Schatzsuche nach Seidendessous und sinnlichen Körperölen. Das gefiel ihr sehr. Anstatt ihrem Büro nur wenige Minuten fernzubleiben, verbrachte sie zwei Stunden damit, zauberhafte Spitzenunterwäsche und -nachthemden anzuprobieren. Sie schnupperte sich nach Herzenslust durch Öle und Parfüms und wählte mehrere Düfte aus. Als sie nach Hause kam, breitete sie ihre Schätze aus und feierte ihre Sinnlichkeit mit dem oben geschilderten Rezept.

Der zweite Teil von Sandras Ritual sollte ihren Fortschritt gewährleisten. Es dauerte eine Weile und beinhaltete eine dauerhafte Konversation mit ihrem inneren leidenschaftlichen

Selbst. Ihr Ziel bestand darin, die Eigenschaften zu entdecken, die sie sich in einer Beziehung wünschte, insbesondere, wie sie sich körperlich und emotional fühlen wollte. Sie gönnte sich wunderbare Aromatherapiemassagen mit Suzanne, ihrer Lieblingsmasseurin. An jedem Arbeitstag trug Sandra nun verführerische Unterwäsche unter ihren geschäftsmäßigen Kostümen und stellte frische Blumen in ihrem Büro auf. Bald schon bemerkte sie, dass Männer vermehrt Interesse an ihr bekundeten. Und was noch viel wichtiger war: Je sinnlicher sie sich fühlte, desto selbstsicherer wurde sie.

### *Nachbereitung*

Verbringen Sie jeden Tag einige Minuten damit, die Sinnlichkeit Ihres Körpers zu würdigen. Bewahren Sie Öle, Parfüms und Duftkerzen in Ihrem Schlafzimmer und in Ihrem Badezimmer auf.

## Feierlichkeiten vor der Hochzeit

Den Brauch von Feiern vor der eigentlichen Hochzeit haben wir von unseren Ahnen in aller Welt geerbt. Alte europäische, afrikanische und asiatische Kulturen erlauben Eheverbindungen von Männern mit sehr jungen Mädchen, die rigorose Einweisungen in die ehelichen Künste benötigten. Die erfahrensten Frauen führten diese praktischen Lektionen durch, die sich zu komplizierten Ritualen entwickelten. Dabei wurden die jungen Frauen auf alles vorbereitet, von den Pflichten einer Hausfrau bis hin zur Defloration, aber diese Riten beinhalteten auch stärkende, spirituelle Aspekte, etwa den Solidaritätsgedanken unter Frauen, Erneuerung für die älteren Frauen und Zuspruch für die Braut.

Mit der Zeit und angesichts sich verändernder kultureller Realitäten hat die zentrale Bedeutung dieser Übergangsriten abgenommen, ebenso wie ihre spirituellen Vorzüge. Die Feierlichkeiten vor der Hochzeit, die übrig blieben, betonen stattdessen das Ansammeln materieller Besitztümer und ein wenig Spaß. Die meisten Braut- oder Junggesellenpartys beflügeln die Fantasie nur insofern, als man sich fragt, welche Geschenke man kaufen soll, welches Essen serviert und was für Spiele gespielt werden sollen.

Dieses Ritual zielt darauf ab, die verlorenen spirituellen Elemente wieder einzufangen, indem es Frauen zusammenführt, um die heilige Reise in den Ehestand zu ehren und sich an die Bedeutung dieses Ereignisses zu erinnern.

### *Absicht*

Einen Kreis der verwandtschaftlichen Gefühle und der Unterstützung zu erschaffen.

### *Zeitpunkt*

Einige Tage oder auch Monate vor der Hochzeit.

### *Zutaten*

Musik, Gardenien (Sinnlichkeit), die Duftnoten Ylang-Ylang (Freude), Rose (Liebe) und Jasmin (Sinnlichkeit), ein Foto oder eine Skulptur eines Schmetterlings (der die Metamorphose versinnbildlicht), Salzwasser (Läuterung), Rosenwasser (um das Herz zu öffnen), eine Tasse, ein Ei (Ganzheit), eine goldene und eine silberne Kerze (männlich und weiblich), eine kleine Schüssel, etwas Altes (vorzugsweise von der Mutter oder Großmutter), etwas Neues (von Freundinnen), etwas Geborgtes (von der Frau mit den meisten Kindern oder der Frau, die aus der größten Familie stammt) und etwas Blaues (um die Große Göttin zu symbolisieren).

### *Rezept*

Versammeln Sie die engsten Freundinnen und weiblichen Verwandten der Braut und bestimmen Sie eine Frau, die als Führerin agieren soll. Spielen Sie leise Hintergrundmusik und entzünden Sie den Duft Ihrer Wahl, um Freude, Liebe oder Sinnlichkeit herbeizurufen. Errichten Sie einen Altar für den Schmetterling, die Kerzen und die Blumen. Setzen Sie sich alle im Kreis um den Altar und halten Sie sich an den Händen. Atmen Sie dabei eine oder zwei Minuten lang langsam und tief.

Reichen Sie eine Schüssel mit Rosenwasser herum und lassen Sie jede Frau davon trinken. Das öffnet die Herzen und verbindet den Kreis symbolisch zu einem heiligen Behältnis, das die künftige Braut auf ihrer Reise in die Ehe unterstützt. Bitten Sie die Braut, mit beiden Händen ein Ei zu halten, und ihre Ängste und Unsicherheiten mit Ihnen zu teilen, aber auch all die Dinge, die sie nicht in die Ehe einbringen will. Das Ei absorbiert symbolisch die Energie dieser Kümmernisse. Anschließend zerschlägt die Braut es in einer der Schüsseln und wirft es weg. Reichen Sie der Braut ein kleines Glas Salzwasser, um ihren Geist für die Ehe zu reinigen.

Fordern Sie die künftige Braut nun auf, ihre Hoffnungen und Träume zu teilen und mit dem Gelübde zu enden, das sie sich für ihr Eheleben gibt. Dazu sollte das Versprechen gehören, ihr inneres Selbst zu ehren und zu respektieren, ihr eigenes Wachstum zu nähren, ebenso wie das ihres Ehemannes, und stets ehrlich zu sich und zu ihm zu sein. Nachdem alle Frauen laut bestätigt haben, dass sie die Gelübde der Braut unterstützen werden, überreichen sie ihr die Geschenke, die von Familienerbstücken bis zu sexy Unterwäsche reichen können, vom Praktischen (wie Rezepten oder Küchengeräten) zum Symbolischen (Gaben der Ermutigung, des Humors und der Liebe).

Wenn alle Geschenke ausgepackt wurden, reichen Sie der Braut etwas Altes, um die Familie zu symbolisieren. Sollte die Mutter oder Großmutter der Braut anwesend sein, so ist sie diejenige, die die Verbindung zwischen dem künftigen Leben der Braut und ihrem Stammbaum zieht. Eine Freundin oder jemand, der die Familie des Bräutigams repräsentiert, schenkt ihr daraufhin etwas Neues, um die neue Familie zu symbolisieren, die sie gründen wird. Als Symbol der Fruchtbarkeit leiht die Frau mit den meisten Kindern oder die Frau, die die meisten Geschwister hat, der künftigen Braut etwas, das sie zur Hochzeit tragen kann, beispielsweise ein kleines Schmuckstück, ein Band, das sie an ihren Unterrock anheftet, oder eine Haarnadel. Dann schenkt ihr die gesamte Gruppe etwas Blaues, beispielsweise ein Strumpfband, um die Energie der Göttin in ihre Ehe zu tragen. Bitten Sie jede Frau, der Braut neben ihrem Geschenk auch ein paar Worte ehelicher Weisheit zukommen zu lassen.

Fordern Sie die Braut zum Schluss auf, die beiden Kerzen zu entzünden – die silberne stellt sie selbst dar, die goldene steht für ihren künftigen Ehemann. Es folgen einige Momente der Stille, dann drückt die Braut ihren Dank für die Unterstützung aus, die sie von ihren Freundinnen und Familienangehörigen empfangen hat. Servieren Sie anschließend Speisen und Getränke.

## Das Ritual im Einsatz

Donna hatte gerade ihr Studium der Kommunikationswissenschaften abgeschlossen, als sie Tom traf. Sie freute sich darauf, ihre Karriere als Fernsehproduzentin zu beginnen, war aber auch entschlossen, diese neue Beziehung funktionieren zu lassen. Erfolgreich jonglierte sie beide Teile ihres Lebens. Zwei Jahre später verkündeten Tom und sie ihre Verlobung. Zu dieser Zeit trug Donna bereits enorme Verantwortung als stellvertretende Produzentin. Die Planung ihrer großen, eleganten Hochzeit laugte sie völlig aus. Ihre Freundinnen, die ursprünglich eine konventionelle Brautparty ausrichten wollten, reagierten auf ihre Ängste, indem sie ein beruhigenderes und spirituelles Fest vorbereiteten.

Zur festgesetzten Zeit kam Donna im Haus ihrer Freundin Jessica an. Sie erwartete einen Abend voller unflätiger Witze, rauen Gelächters und zu viel fettem Essen. Jessica begrüßte sie ruhig an der Haustür. Als sie ins Wohnzimmer traten, sah Donna Hunderte von Kerzen, die flackerten und den Kreis ihrer Schwestern, engsten Freundinnen, ihrer Lieblingstante und ihrer Mutter erhellten. Letztere läutete eine kleine Glocke, um den Anfang zu symbolisieren.

Donna staunte über den Frieden und die Schönheit, die ihr von diesen geliebten Menschen entgegenströmten. Sie hörte fasziniert zu, als ihre Tante erklärte, dass der Kelch mit Rosenwasser und Zitronenessenz, den sie herumreichte, die Herzen all jener öffnen und reinigen würde, die davon tranken. Die verheirateten Frauen erzählten von ihrer Erfahrung ehelichen Segens und ehelicher Härten und teilten mit ihr die Lektionen, die sie selbst gelernt hatten; die allein stehenden Frauen erzählten von ihren Träumen von der Ehe. Ihre Schwester Jan beendete diesen Teil des Abends, indem sie eine Passage aus Kahlil Gibrans *Der Prophet* vorlas, die mit den Worten begann: »Liebt einander, aber macht die Liebe nicht zur Fessel: Lasst sie eher ein wogendes Meer zwischen den Ufern eurer Seelen sein.«

Mit Tränen in den Augen dankte Donna allen Anwesenden. Ihre Schwestern erhoben sich, entzündeten eine Kerze und stellten sie neben Donna auf – nun war es an ihr, ihre Träume von der Ehe und ihre Ängste mit den anderen zu teilen. Nachdem sie fertig war, löschte ihre Mutter die Kerze und legte sie in eine Schachtel aus Teakholz – das erste von vielen wunderbaren Geschenken, die Donna an diesem Abend erhielt. Dann tischten die Frauen ein rituelles Mahl auf, bestehend aus Donnas Lieblingsspeisen, von der Kindheit bis zu diesem Tag. Am Ende des Abends fühlte sich Donna sicherer und besser vorbereitet, diese neue Phase ihres Lebens zu betreten.

## Die eigene Kraft finden

Was bedeutet es, eine wirklich mächtige Frau zu sein? Obwohl wir seit den feministischen Anfängen in den frühen Siebzigern viele Veränderungen erlebt haben, debattieren die Leute bis zum heutigen Tag, was es für eine Frau bedeutet, ihre Macht zu erkennen, einzusetzen und zu genießen. Selbst heute noch führt die Vorstellung von Frauen in Führungsrollen zu negativen Bildern, die bereits existierende Klischees weiter verstärken. Wir müssen erst noch eine Frau zur Bundespräsidentin wählen – ganz zu schweigen von einer weiblichen Mehrheit im Parlament.

Viele Frauen definieren die alte Vorstellung von »Macht über« neu: Sie halten Aggression, Hierarchie und Konfrontation – Monopole männlicher Macht – nicht nur für schädlich, sondern sogar für kontraproduktiv. Gleichzeitig halten viele Frauen das weibliche Model von »Macht unter« – mitspielen, um weiterzukommen – für ebenso schädlich und kontraproduktiv. Wahre Macht verlässt sich bei beiden Geschlechtern nicht auf Spielchen, sondern entsteht immer dann, wenn man sich selbst treu bleibt. Manchmal führt man, manchmal folgt man, manchmal setzt man sich durch und steht ein für das, was man will, weil man weiß, dass man Recht hat, und manchmal gibt man nach und unterwirft sich dem größeren Nutzen.

Als Frauen müssen wir mit unserer wahren, innewohnenden Kraft Risiken eingehen. Wir müssen unsere Intuition einsetzen und uns auf unsere Fähigkeit zur Zusammenarbeit verlassen. Das ist ein neues Paradigma, das von immer mehr Frauen *und* Männern vertreten wird. Anstatt zum Opfer der Gewinner-Verlierer-Mentalität zu werden, können wir Situationen schaffen, in der beide Seiten gewinnen – bei der Arbeit, in unseren Beziehungen und in unseren Familien.

Der erste Schritt besteht darin, Ihre eigenen einzigartigen Talente zu würdigen. Finden Sie sie und achten Sie sie. Nehmen Sie sie in Besitz. Haben Sie den Mut, sie gut einzusetzen. Um Ihnen dabei zu helfen, bediene ich mich einer Übung der amerikanischen Ureinwohner: symbolische Gegenstände erschaffen, die besondere Gaben repräsentieren und somit den Menschen Kraft geben, um diverse Übergangsriten durchzuführen oder sich an eine schwierige Reise oder Aufgabe zu wagen. Die Navajos kennen zum Beispiel das »Medizin-Schild« – ein Rahmen aus Zweigen, bedeckt mit weichem Leder oder Leinwand. Man hielt dieses Schild für einen Quell des Trostes; es bot Schutz vor Ängsten und erinnerte daran, dass der Träger beziehungsweise die Trägerin mit dem Heiligen verbunden war. Seit Jahrhunderten haben Männer und Frauen bestimmten Kleidungsstücken eine symbolische Bedeutung zugesprochen – der Robe eines Richters, dem Gebetsschal, der Uniform eines Polizisten oder einem schamanischen Kopfschmuck.

Anstelle eines Medizin-Schilds habe ich in Abänderung dieser Tradition ein symbolisches Unterhemd erschaffen, das ich das »Medizin-Hemd« nenne. Wann immer Sie es tragen, werden die Eigenschaften, die es repräsentiert, für Sie leichter zugänglich sein.

### *Absicht*

Selbst auferlegte Grenzen hinter sich zu lassen und die mächtige Frau in Ihrem Inneren zu entdecken.

### *Zeitpunkt*

Wann immer Sie sich von anderen dominiert fühlen oder den Kontakt zu Ihrer eigenen Kraft verloren haben.

### *Zutaten*

Eine goldene Kerze (Selbstvertrauen), Ingwerwasser (Mut), Bergamotteöl (Beruhigung), ein Wattebausch, Dill (Klarheit), ein weißes Unterhemd, viele farbige Stoffstifte, inspirierende Musik.

### *Rezept*

Suchen Sie sich einen Ort, an dem Sie sich gut bewegen können und wo niemand Sie stören wird. Legen Sie alle Zutaten zurecht und entzünden Sie die Kerze. Geben Sie einige Tropfen Bergamotteöl auf den Wattebausch und atmen Sie den Duft ein. Richten Sie alle Angst oder persönlichen Abneigungen aus Ihrem Körper hinaus. Stellen Sie sich vor, wie diese Negativität von Ihrem Scheitel aus Ihren Torso und Ihre Gliedmaßen durchwandert und Ihren Körper durch die Fußsohlen verlässt.

Atmen Sie nun mehrmals langsam und tief durch und meditieren Sie über Ihre einzigartigen Gaben. Seien Sie sich selbst dankbar und spielen Sie Ihre Leistungen nicht herunter. Wenn Sie sich bei Ihrer Inventur an Gaben sicher genug fühlen, atmen Sie das Dill-Aroma ein und konzentrieren Sie sich auf die Eigenschaften, die Sie noch entwickeln müssen. Lassen Sie ein Bild – ein Tier oder eine Göttin –, das diese Eigenschaften verkörpert, vor ihrem geistigen Auge entstehen. Sie können eine Löwin als Symbol für Führungskraft sehen, eine Bärin für Mut, eine Ameise für Geduld, einen Adler für Perspektive, eine Hündin für Loyalität oder einen Delfin für Verspieltheit. Oder Sie sehen die Göttin Isis als Symbol für Nährkraft, Brigid oder Sarasvati für Zuversicht, Lilith für Wahrnehmung, Sophia für die Weisheit, Baubo und Sheela na Gig für das Lachen, Amaterasu Omikami für Tollkühnheit, Oshun für Freude und Sinnlichkeit oder Coatlicue für göttliche Führung.

Sobald Sie einen klaren Eindruck davon haben, malen oder zeichnen Sie die Symbole und Bilder, die die Kräfte, die Sie brauchen, darstellen, auf Ihr Unterhemd. Spielen Sie zur Inspiration die Musik ab, die Sie ausgewählt haben. (Ich persönlich ziehe Helen Reddys *I am Woman* vor, höre aber auch gern *Matriarch*, eine CD mit den Gesängen amerikanischer Ureinwohnerinnen, *Ancient Mother* oder andere Frauenmusik.) Wenn Sie fertig sind, nehmen Sie einen Schluck von dem Ingwerwasser. Sobald das Hemd getrocknet ist, ziehen Sie es an. Nehmen Sie die Eigenschaften in sich auf, die Sie auf Ihrem Medizin-Hemd abgebildet haben.

## Das Ritual im Einsatz

Bei ihrem monatlichen Treffen boten mehrere kürzlich geschiedene Frauen einander Verständnis und Unterstützung. Sie waren sich alle einig, dass sie sich gemeinsam sicher fühlten, sogar mächtig, aber draußen in der Welt waren sie immer noch unsicher, häufig von Angst oder einem Gefühl der Unzulänglichkeit gequält. Ich traf sie, um mit ihnen ein Ritual zu entwickeln, das ihnen helfen würde, ihre Gefühle der Sicherheit und der Zuversicht zu bewahren, auch wenn sie nicht zusammen waren. Nachdem ich von dem oben beschriebenen Ritual erzählt hatte, beschlossen sie, dass sie keine Medizin-Hemden, sondern machtvolle Ketten kreieren würden – ein Schmuckstück, das sie alle gern trugen.

Die Frauen kauften Steine in vielen verschiedenen Farben, die all jene Eigenschaften darstellten, die sie in ihrem Leben zu verankern hofften. Als sie zusammensaßen und ihre Ketten aufzogen, sprach jede Frau davon, wie sie die neue Kraft einzusetzen hoffte. Sie beendeten das Ritual, indem sie einander die Schmuckstücke zeremoniell um den Hals legten.

Einige Monate später lud mich die Gruppe zu einem ihrer

Treffen ein. Jede Frau hatte über ihre Kraftkette eine Geschichte zu erzählen. Mehrere von ihnen bemerkten eine Verbesserung in ihrem Verhandlungsgeschick dank einem wachsenden Gefühl für die eigene Stärke. Jane, eine Collegeprofessorin, trug ihre Kette unter ihrem Talar, als sie vor der Studentenschaft einer großen Universität einen Vortrag hielt. Ihre Rede war nicht nur gelungen, sie schilderte auch, dass sie auf einige schwierige Fragen nach ihrem Vortrag besser reagieren konnte. Stacey, das jüngste Mitglied der Gruppe, vertraute uns an, dass sie ihre Kette immer bei Verabredungen trug, um sie an ihren Selbstwert zu erinnern.

### *Nachbereitung*

Wann immer Sie etwas Mut brauchen, tragen Sie Ihr Medizin-Hemd unter Ihrer Kleidung – es ist ein machtvoller Talisman.

## Klimakterium – Die Macht der Veränderung ehren

Mitten in der Nacht werden Sie plötzlich aus dem Schlaf gerissen durch das Klopfen Ihres Herzens und die höllische Hitze Ihres eigenen Körpers. Am nächsten Tag sind Sie schrecklich nervös, aufbrausend und wechseln unkontrollierbar von einer Stimmung in die andere. Sie haben sich auf ein ruhiges Abendessen mit Freunden gefreut und wollen gerade einen Aperitif ordern, als die Temperatur im Raum – völlig ohne Vorwarnung – auf 40 Grad Celsius zu steigen scheint. Sie brechen in Schweiß aus und Ihre Kleider sind klatschnass. Ist das die Menopause?

Sie erinnern sich an all die Witze und die peinlichen Kommentare von »älteren Frauen«, die sich Luft zufächeln. Während Sie versuchen, Ihre Haltung wiederzugewinnen, schießen Ihnen alle möglichen Gedanken durch den Kopf: »Ist es das jetzt? Bin ich jetzt eine ›ältere Frau‹? Wenn das eine Hitze*wallung* war, wieso hat es dann zehn Minuten gedauert? Warum hier? Warum jetzt? Lachen gerade alle über mich?«

Würden wir in einer matriarchalischen Kultur leben, dann hätte diese Zeit einen völlig anderen Stellenwert, nicht nur bei den Frauen in den Wechseljahren, sondern bei der ganzen Gesellschaft. Unsere Kultur würde uns in Ehren halten, unterstützen und achten, wenn wir die zeugungsfähige Zeit unseres Lebens für die nächste, kreative Phase verlassen. Hitzewallungen wären Kraftausbrüche oder das Aufsteigen von Kundalini, der vitalen Lebenskraft. Wir würden ermutigt, viel Zeit in Einsamkeit und Kontemplation zu verbringen. Die Frauen der Zulu treffen schon in ihrer Jugend Vorbereitungen für diese Zeit und freuen sich auf diese Phase des Innehaltens. Die Griechen der Antike widmeten den jungen »Alten« – den Frauen, die eben ins Klimakterium eingetreten waren und nun zu voller Weisheit erblühten – ganze Tempel der Unterstützung.

In diesem Moment sind über 43 Millionen Frauen in den Vereinigten Staaten mitten in den Wechseljahren oder bereits darüber hinaus. Wir müssen das Altern neu definieren und es als die mächtigste Phase im Leben einer Frau sehen. Um die Hochachtung und die Fröhlichkeit einzufordern, die unsere Ahninnen in der Mitte ihres Lebens einst umgab und tröstete, dürfen wir unsere Wechseljahre nicht als Verlust der Produktivität betrachten, sondern als bedeutsamen spirituellen Übergang. Dieses Ritual wird uns dazu inspirieren, unser Erbe als Frauen der Weisheit und Schönheit anzutreten und diesen Übergang als eine bedeutungsvolle spirituelle Reise zu erleben.

### *Absicht*

Den Übergang zur Weisheit zu ehren.

### *Zeitpunkt*

Ein Jahr und einen Tag nach Ihrer letzten Periode. Wenn Sie sich des genauen Datums nicht sicher sind, schätzen Sie nach bestem Wissen und Gewissen.

### *Zutaten*

Fünf Kerzen (um die fünf Lebensphasen zu symbolisieren), fünf individuelle Kerzenhalter, Scharlachsalbeiöl (für die Weiblichkeit), eine Schüssel warmes Wasser, sechs Kristalle – Nickel (Jugend), Hämatit (Mut), Silber (Fruchtbarkeit, Nährkraft), Obsidian (inneres Wachstum), Amethyst (spirituelles Bewusstsein) und Lapislazuli (Kommunikation), frische Blumen (Schönheit und Natur) und feierliche Musik.

### *Rezept*

Versammeln Sie all Ihre Freundinnen an einem Ort um sich, an dem Sie nicht gestört werden. Nachdem Sie alle Zutaten zurechtgelegt haben, bitten Sie alle, sich in einen Kreis zu setzen und an den Händen zu halten. Laden Sie den Geist der Göttin und all Ihrer weiblichen Vorfahren zu sich ein. Geben Sie das Scharlachsalbeiöl in die Schüssel mit dem warmen Wasser und reichen Sie die Schüssel herum. Jede Frau sollte sich etwas von dem Wasser über den Kopf spritzen, um sich der neuen weiblichen Energie zu öffnen.

Die geehrte Frau entzündet die Kerzen, eine nach der anderen, und hält bei jeder Kerze inne, um sich an die Zeit zu erinnern, für die sie steht. Die erste Kerze und der Nickelstein stehen für die Kindheit, eine Zeit des Wachstums, in der sie herausfand, wer sie ist, und sich an die Gesellschaft anpasste. Die zweite Kerze verkörpert ihre Teenagerzeit und wird neben dem Hämatit aufgestellt. In dieser Zeit fand sie den Mut, ihre einzigartigen Gaben und Talente auszuleben, und wurde zur Frau initiiert. Die dritte Kerze neben dem Silberstück symbolisiert die Zeit der Ehe und der Mutterschaft beziehungsweise eine Zeit der Beziehungen und der Fürsorge. Die vierte Kerze nimmt Bezug auf das innere Wachstum und die innere Erforschung. Die fünfte symbolisiert die neue Phase, in die sie nun eintritt, und wird neben den Amethyst gestellt, der den Weg in die Weisheit symbolisiert, und neben den Lapislazuli, mit dem sie ihre Weisheit der Welt mitteilt.

Zeigen Sie bei dieser Zeremonie der geehrten Frau gegenüber Einfühlsamkeit und liebevolle Zuneigung, während sie sich an diese Kapitel ihres Lebens erinnert, mit all der Freude und dem Schmerz, mit all der Trauer und all den Wundern. Seien Sie darauf gefasst, dass manche Erinnerungen schwieriger sind als andere. Wenn sie beispielsweise keine Kinder bekommen konnte, wenn ihre Beziehungen ein einziges Chaos waren oder wenn sie sich auf Kosten ihres eigenen Wachstums um andere kümmern musste, kann es ihr sehr schwer fallen, die dritte Kerze zu entzünden. Mit der fünften Kerze wiederum kann die Angst vor dem Altern oder vor dem Alleinsein hochkommen. Helfen Sie ihr, die Macht und die spirituellen Vorteile zu sehen, die sie als weise Frau erwarten.

Wenn alle Kerzen angezündet und kreisförmig aufgestellt wurden, jede neben dem ihr zugehörigen Kristall, feiern Sie mit Singen, Trommeln oder fröhlich-zeremonieller Musik. Überschütten Sie die Geehrte mit frischen Blumen oder setzen Sie ihr eine Blumenkrone auf den Kopf, um ihren Weg in die weise Phase ihres Lebens zu symbolisieren. Salben Sie sie mit ihrem Lieblingsöl. Stellen Sie sich im Kreis auf und bekräftigen Sie Ihre Liebe und Unterstützung füreinander.

## Das Ritual im Einsatz

Die 52-jährige Carol bat ihre engsten Freundinnen, sich ihr zum Jahrestag des Endes ihrer Periode anzuschließen. Sie war eine viel beschäftigte, erfolgreiche Sängerin, die nie ein Kind bekommen hatte und nun das Bedürfnis verspürte, über diesen Mangel zu trauern, bevor sie in die nächste Phase ihres Lebens eintreten konnte.

Carol liebte den kleinen Fluss hinter ihrem Haus in Massachusetts und beschloss, die Zeremonie dort abzuhalten. Alle versammelten sich am grasbewachsenen Ufer und hielten sich an den Händen, sangen ein Lied für Yemaya, die afrikanische Göttin des Meeres, Wächterin des universellen Schoßes aller Schöpfung. Carol ließ alle an ihren Gefühlen des Bedauerns teilhaben, dass sie niemals die Freude erleben würde, ein Kind großzuziehen. Voll bekleidet stieg sie in den Fluss und tauchte unter. Dann zog sie ihre Kleider aus und ließ sie in einer symbolischen Geste davontreiben, womit sie ihr altes Selbst losließ. Ihre Freundinnen wateten mit ihr zum gegenüberliegenden Flussufer. Dort zogen sie ihr eine herrliche, neue, vielfarbige Robe an, die die vielen Gelegenheiten darstellte, die auf sie warteten. Sie errichteten ein Freudenfeuer, kochten ein leckeres Mahl und nachdem sie alle gegessen hatten, sang Carol für ihre Freundinnen und versprach, ihre Gaben mit den Frauen in aller Welt zu teilen.

Mit der neuen Energie, die sie aus dem Ritual gewann, fand Carol einen Weg, ihr älteres, weiseres Selbst praktisch umzusetzen. Heute führt sie Workshops für Frauen durch, die »ihre Stimme finden« wollen, und sie arbeitet als freiwillige Helferin in einem Kinderzentrum, ein Zeichen ihrer Fähigkeit, der Gesellschaft etwas zurückzugeben.

## Die Trauer um ein ungeborenes Kind

Millionen von Frauen in aller Welt erleben den Verlust eines Kindes durch Fehlgeburt oder Schwangerschaftsabbruch. Und doch bietet die Gesellschaft unseligerweise keine Möglichkeit, um dieses psychologische und körperliche Trauma zu betrauern. Es gibt keine Begräbniszeremonien oder Gedenkgottesdienste, und die spirituellen Wunden, die dem Verlust eines Kindes folgen, werden vernachlässigt.

In unserem Land können die Ansichten der Befürworter und der Gegner von Schwangerschaftsabbrüchen die Art und Weise beeinflussen, wie die Gesellschaft reagiert – oder eben nicht reagiert. Leider verfinstern diese gegensätzlichen Einstellungen das Wesentliche. Ungeachtet der Haltung einer Frau in dieser Frage führt der Verlust eines Kindes zu großer Trauer und zu Schmerz und folglich braucht sie Trost und Heilung. Das ist nicht die Zeit für politische Stellungnahmen oder medizinische Meinungen, sondern erfordert einen angemessenen Trauerprozess.

In anderen Kulturen kennt man eine deutlichere Einstellung angesichts dieses Verlusts. Die Chinesen und Japaner führen beispielsweise jedes Jahr komplizierte Zeremonien durch, um die Ungeborenen zu ehren. Familienangehörige und Freunde bringen Blumen und Speisen zu den Friedhöfen und sprechen spezielle Gebete für all diese Kinder und ihre Familien. Wir sollten diesen Brauch, angepasst an unsere eigenen Trauerriten, übernehmen. Diese Rituale werden uns helfen, jene Gefühle auszudrücken, die zu Unfruchtbarkeit und Geisteskrankheiten führen können, wenn man sie verdrängt. Das folgende Ritual soll dieses Ausleben der Gefühle fördern und den Heilungsprozess einleiten.

### *Absicht*

Akzeptanz und Abschluss zu bringen und uns zu helfen, mit unserem Leben fortzufahren.

### *Zeitpunkt*

Nach dem Verlust eines ungeborenen Kindes.

### *Zutaten*

Ein roter Stift (als Zeichen des Opfers), Papier, eine weiße Kerze (um das Kind zu ehren), eine purpurne Kerze (um sich mit dem universellen Geist zu verbinden), eine Muschel (Gebärmutter), eine weiße Blume (Reinheit), Zimt (Glück), Lavendelräucherwerk oder -essenz (um Schuldgefühle loszulassen und Zugang zur Trauer zu finden), eine schwarze Bluse (Trauer), eine weiße Bluse (Neuanfänge), Trauermusik wie Mozarts *Requiem,* das *Kol Nidre* oder der *Trauermarsch* von Albinoni.

### *Rezept*

Errichten Sie einen Altar an einem friedlichen Ort und legen Sie die folgenden Bestandteile darauf bereit: die Kerzen, die Muschel, den Zimt und die Blume. Beginnen Sie, indem Sie das Räucherwerk entzünden oder einige Tropfen der Lavendelessenz in eine Schüssel warmes Wasser oder eine Duftlampe geben. Ziehen Sie die schwarze Bluse als Symbol der Trauer an. Schalten Sie die Musik ein, schließen Sie die Augen und lassen Sie sich von Ihren Gefühlen des Verlustes, der Trauer, des Schmerzes und der Wut mitreißen. Geben Sie sich die Erlaubnis zu weinen, zu schreien, auf den Boden einzuschlagen – was immer Sie tun müssen, um Ihre Emotionen herauszulassen. Lassen Sie Ihre Gefühle so lange zu, wie es eben dauert. Haben Sie Geduld und seien Sie sanft zu sich selbst.

Wenn Sie bereit sind, nennen Sie das ungeborene Kind beim Namen und entzünden Sie die weiße Kerze, um den Geist des Kindes zu ehren. Nehmen Sie den Buntstift und das Papier zur Hand und schreiben Sie alles auf, was Sie dem Kind sagen möchten. Wenn Sie fertig sind, legen Sie den Brief auf den Altar. Ziehen Sie die schwarze Bluse aus und die weiße Bluse an. Entzünden Sie die purpurfarbene Kerze als Symbol dafür, dass Sie den Schmerz loslassen. Atmen Sie den Zimtduft ein und lassen Sie sich durch den süßen Duft von dem Trauma reinigen, das Sie erlitten haben. Halten Sie die Muschel in Ihrer Hand mit der Überzeugung, dass Sie die kosmische Mutter darstellt – die Spenderin allen Lebens. Spüren Sie, dass Sie sowohl spirituell als auch körperlich getragen werden. Wenn Sie wollen, rufen Sie eine positive Mutter-Gestalt herbei, beispielsweise Maria, die Göttin Tyemaya oder Isis – oder auch Ihre eigene Mutter oder Großmutter. Bewahren Sie den Brief an einem sicheren Ort auf. Ruhen Sie ruhig und friedvoll in sich, bis die Kerzen völlig heruntergebrannt sind.

## Das Ritual im Einsatz

Alle paar Monate treffe ich mich mit einer Gruppe von Frauen aller Altersstufen und Klassen, die zusammenkommen, um ihren Schmerz und ihre Trauer über den Verlust eines ungeborenen Kindes loszulassen. Ich möchte Ihnen einige ihrer Geschichten erzählen, denn diese universellen Themen lassen uns nicht nur die Bandbreite leidvoller Erfahrungen in Folge einer Abtreibung oder Fehlgeburt begreifen, sondern auch den schrecklichen Preis der Isolation und des Schweigens. In jeder dieser Geschichten begegnen wir dem Schmerz – Schmerz, der durch das Fehlen von Verständnis und Unterstützung in der Vergangenheit jeder dieser Frauen noch schlimmer wurde. Wie dieses Ritual auf drastische Weise zeigt, können Frauen die Hand ausstrecken und einander helfen – und dabei alte Wunden heilen.

- Sarah, eine Südstaatenschönheit, mittlerweile in den Achtzigern, ließ die anderen teilhaben an ihrer Trauer über die Fehlgeburt, die sie im Alter von nur 17 Jahren hatte. Seit über sechzig Jahren trägt sie diese Last mit sich herum, denn als es geschah, durfte sie dieses Trauma keiner Menschenseele gegenüber erwähnen.
- Gloria, eine 20-jährige Tanzschülerin, ließ vor zwei Jahren einen Schwangerschaftsabbruch durchführen, nachdem ihr Freund sie verlassen hatte. Verzweifelt und auf sich gestellt, fühlte sie sich erst dann in der Lage, ihre Trauer und ihre Wut zum Ausdruck zu bringen, als sie sich dieser Gruppe anschloss.
- Karen, eine ehemalige Drogenabhängige in den Dreißigern, hatte drei Abtreibungen und zwei Fehlgeburten hinter sich, bevor sie clean wurde. Ihre Emotionen werden von einem übergroßen Gefühl der Scham beherrscht – selbst in dieser Gruppe verständnisvoller Frauen. Im Laufe der Zeit hat sie erkannt, dass ihre Teilnahme an der Gruppenarbeit für ihr Wohlbefinden von entscheidender Bedeutung ist, und allmählich kann sie offener darüber sprechen.
- Denise, ein prominentes Mitglied der oberen Zehntausend, teilte mit den Frauen Einzelheiten ihrer beiden Fehlgeburten in fortgeschrittenen Phasen ihrer Schwangerschaft und die völlige Unfähigkeit ihres Ehemannes in beiden Fällen, ihr Trost zu spenden.
- Judith, eine 39-jährige Geschäftsfrau, gibt immer noch einer Abtreibung, die sie vor 18 Jahren durchführen ließ, die Schuld an ihrer offensichtlichen Unfruchtbarkeit.

Am Ende dieser Trauersitzungen halten sich die Teilnehmerinnen an den Händen und bringen ihre Bewunderung für den Mut und den Glauben zum Ausdruck, die sie zusammengebracht haben. Sie prosten sich mit Traubensaft zu und danken für ihre schwesterliche Solidarität. Dieses Ritual hat jeder von ihnen geholfen, sich mit ihrem Verlust abzufinden, und ihnen die innere Kraft gegeben, mit ihren Emotionen umzugehen.

### *Nachbereitung*

Führen Sie das Ritual an jedem Jahrestag Ihres Verlusts durch oder wann immer Sie das Bedürfnis danach verspüren. Sie können es auch mit Ihrem Partner teilen.

# 10

# Rituale für Männer

Macht und Liebe kennen kein Geschlecht. Es sind wichtige Charakteristika von Männern und Frauen, denn wir finden Fürsorge und Mitgefühl bei reifen Männern und selbstbewusstes Vorgehen bei reifen Frauen. Doch überholte Erwartungshaltungen beeinflussen immer noch die Art und Weise, wie wir diese Eigenschaften in den beiden Geschlechtern wahrnehmen. Alte Rollenbilder prallen heute mit der modernen Realität aufeinander wie nie zuvor, und sowohl Männer als auch Frauen kämpfen um ihre wahre Identität.

Bis vor kurzem war die Rolle des Mannes in der Gesellschaft eindeutig definiert. Ein Mann zu werden bedeutete, sich eine Ehefrau zu nehmen, eine Familie zu gründen und ein verantwortliches Mitglied der Gesellschaft zu werden. Heute jedoch fühlen sich Männer oft allein gelassen, wenn sie versuchen, die gegensätzlichen Botschaften der Gesellschaft zu verstehen: »Greif nach den Verlockungen von Macht, Geld, Status und Sex, ohne dabei an andere zu denken« und »Sei sensibel, zeige deine Gefühle und kümmere dich um andere.« Kein Wunder, dass Männer oft verwirrt sind!

In frühen Kulturen wurden die Jungen von den Frauen getrennt und durch uralte Initiationsriten in männliche Verhaltensweisen eingeführt. Häufig mussten sie extreme Härten und Schmerzen durchstehen, während sie Überlebenstechniken und die Stammesgeschichte lernten. Wenn die Jungen nach Hause zurückkehrten, hatten sie sich einer radikalen körperlichen und emotionalen Transformation unterzogen – und wurden nun als »Männer« behandelt.

Vor gar nicht langer Zeit wurden männliche Teenager auf ähnliche Weise zum Mann initiiert, sobald man sie zum Militär einzog – mit vielen ähnlich alten Praktiken und Erwartungshaltungen. Wenn wir genau hinsehen, finden wir Variationen dieses Themas in den Ritualen von Mannschaftssportarten, Studentenverbindungen und sogar den Trainingsprogrammen großer Konzerne. Sam Keen, Autor des Bestsellers *Feuer im Bauch*, hat öffentlich ausgesprochen, was viele Männer insgeheim dachten, dass nämlich unsere modernen Übergangsriten – Krieg, Arbeit und Sex – zur Verarmung und Entfremdung des Mannes beitragen.

Seit den siebziger Jahren versucht eine beständig wachsende Zahl von Männern, die maskuline Rolle in der Gesellschaft neu zu definieren. Heutzutage nehmen Männer an Gruppen teil, die sie dazu ermutigen, ihre Gefühle auszusprechen und anderen mit mehr Einfühlungsvermögen zu begegnen. Sie arbeiten hart daran, diese neuen Fähigkeiten in ihr Büro und ihre Familie einzubringen, ihre Beziehungen zu anderen voller Mitgefühl zu gestalten und die Normen und Werte der Elternschaft neu zu definieren. Die folgenden Rituale stammen aus der Zeit, die ich mit einigen außergewöhnlichen Männern verbracht habe, einschließlich meinem Sohn und meinem Bruder, die sich auf der Reise zu ihrer Ganzheit befinden.

## Kontakt zum Vater finden

In der ägyptischen Mythologie war Geb, der Erdgott, als Vater der Götter bekannt und wurde als Quelle väterlicher Autorität und Fülle dargestellt. Die alten Kelten verehrten Daghda als den Vater/Gott, der Gerechtigkeit und Glück bot. (Viele »Fernsehväter«, etwa Bill Cosby, sind moderne Versionen dieser beiden Gottheiten.) Die Griechen allerdings fürchteten ihren Vater/Gott Zeus, der sie einschüchterte, indem er seine Macht willkürlich ausübte und seinen Zorn an seinen Kindern ausließ, wann immer er frustriert war – ganz ähnlich den modernen Vätern, die nicht in der Lage sind, ihre Gefühle angemessen zum Ausdruck zu bringen.

Verschiedene Aspekte unserer Gesellschaft tragen zum Fortbestand des Zeus-Modells bei. Väter von heute erleben einen ungeheuren ökonomischen und emotionalen Druck, der zu Anspannung führt und wenig Zeit für ihre eigenen Emotionen lässt, ganz zu schweigen von denen ihrer Kinder. Arbeitswut, Stress in der Familie und Scheidung führen bei vielen Jungen zu dem Gefühl, gar keinen Vater zu haben. Eine erstaunliche Statistik spiegelt diese Beobachtung wider: Über 50 Prozent aller Jungen, die nach 1985 zur Welt kamen, leben nicht mit ihrem biologischen Vater zusammen.

Wenn junge Männer an den Schmerz denken, den ihnen ihr abwesender Vater verursacht hat, dann versuchen sie, zu ihren eigenen Söhnen eine andere Verbindung aufzubauen. Es ist daher keine Überraschung, wie viele Männer bei sich das Bedürfnis feststellen, sich mit ihrem eigenen Vater auszusöhnen. Einige haben herausgefunden, dass die ältere Generation zwar sehr zurückhaltend auf einen verbalen Ausdruck der Liebe reagiert, doch wenn es denn geschieht, schafft es eine neue und wertvolle Intimität.

Führen Sie dieses Ritual allein durch. Wenn es sich nach dem Ende des Rituals richtig anfühlt, dann können Sie Teile davon mit Ihrem Vater wiederholen. Falls Sie Ihren Vater nicht kennen oder in Ihrer Kindheit und Jugend kaum Kontakt zu ihm hatten, visualisieren Sie die Eigenschaften, die Sie an anderen Vätern am meisten bewundern. Dieses Ritual soll Ihnen mit jenen Gefühlen helfen, die Sie verborgen hielten, und es soll die Beziehung zu Ihrem Vater verändern.

### *Absicht*

Die in Ihrem Innersten verborgenen Gefühle zu wecken und sich mit Ihrem Vater auszusöhnen.

### *Zeitpunkt*

Wenn Sie erforschen, was es heißt, ein Mann zu sein, wenn Sie dabei sind, selbst Vater zu werden, oder wann immer es sich für Sie richtig anfühlt.

### *Zutaten*

Sandelholzräucherwerk (um Sie in einen ruhigen Zustand zu versetzen), Papier, Stifte, Karteikarten, Erinnerungsstücke an Ihren Vater oder Fotos von ihm, eine spezielle Holz- oder Metallschachtel.

### *Rezept*

Entzünden Sie das Räucherwerk und atmen Sie den Duft einige Augenblicke tief ein. Schreiben Sie anschließend, ohne zu urteilen oder sich zu zensieren, auf ein Blatt Papier:

*Mein Vater ist* _______.

Fügen Sie hier so viele Eigenschaften ein, wie Sie können. Schreiben Sie anschließend:

*Von meinem Vater habe ich gelernt, was es heißt, ein Mann zu sein, nämlich:* _______.

(Fügen Sie hier die Lektionen ein, was man als Mann tun beziehungsweise *nicht* tun sollte.)

*Am meisten gleiche ich meinem Vater, wenn ich* _______.

*Am wenigsten gleiche ich meinem Vater, wenn ich* _______.

*Vermisst habe ich* _______.

Überlegen Sie sich, wie Ihr Vater in Ihrem Alter wohl gewesen sein mochte. Welche Erfahrungen hat er in dieser Zeit seines Lebens gesammelt? Welche Ressourcen standen ihm zur Verfügung und welche Verantwortlichkeiten lasteten auf ihm? Wenn Sie nicht alle Details kennen, lassen Sie Ihre Fantasie spielen. Schreiben Sie alles auf, was Ihnen dabei wichtig erscheint.

Wenn Sie fertig sind, lesen Sie sich das Geschriebene noch einmal durch, und unterhalten Sie sich mit Ihrem Vater, als ob er vor Ihnen sitzen würde. Manche Männer sprechen es einfach laut aus, andere finden es leichter, einen leeren Stuhl aufzustellen und sich vorzustellen, dass ihr Vater darauf sitzt. Drücken Sie all Ihre Gefühle aus, mit Mitgefühl für ihn und für sich. Wenn Sie starke Emotionen haben, können Sie auch auf- und abgehen, mit den Füßen aufstampfen, auf einen Punchingball einschlagen oder einfach Ihre Tränen strömen lassen. Ja, auch richtige Männer weinen; aus der Verletzlichkeit kann

Stärke entstehen. Begreifen Sie, dass Ihr Vater das Vatersein wahrscheinlich von seinem Vater gelernt hat – das war seit Generationen so.

Entscheiden Sie sich, was Sie von diesem Erbe übernehmen möchten. Schreiben Sie auf die Karteikarten alle Eigenschaften, denen Sie nacheifern möchten und die Sie an Ihren eigenen Sohn weitergeben wollen. Zu dieser Liste können Loyalität, Sinn für Humor, Fairness und künstlerische oder sportliche Fähigkeiten gehören. Legen Sie die Karten in Ihre spezielle Schachtel, ebenso wie Erinnerungsstücke an Ihren Vater und Fotos von ihm – eine Geburtstagskarte, die er Ihnen zum zehnten Geburtstag schickte, einen Fischköder aus längst vergangenen Sommerferien, Fotos von ihm als junger Mann. Stellen Sie sich vor, dass in dieser Schachtel Ihre Wurzeln ruhen. Nehmen Sie sich einen Moment Zeit, um zu spüren, wie der Inhalt Teil Ihres Geistes wird. Schließen Sie nun die Schachtel und legen Sie sie an einen Ort, wo sie Ihnen immer zugänglich ist, wenn Sie das Bedürfnis haben, sich mit dem positiven Vater zu verbinden.

## Das Ritual im Einsatz

Nach dem Tod seiner Mutter half Gary, ein 35-jähriger Fotograf, seinem Vater, ihre Sachen durchzugehen. Dabei stieß er auf eine kleine Schachtel mit Fotos. Gary erkannte, dass diese Fotos für seine Mutter eine besondere Bedeutung gehabt haben mussten – getrennt aufbewahrt und nicht ins Familienalbum geklebt. Auf allen Fotos war sein Vater abgebildet. Er sah seinen Vater als ungelenken Teenager, mit schüchternem und unsicherem Blick, als jungen Mann, der mit zärtlichem Gesichtsausdruck auf seinen neugeborenen Sohn blickte, und als Ehemann in einer Reihe von Aufnahmen, die die ganze Dauer seiner Ehe umspannten. Gary war fasziniert von der offensichtlichen Intimität und Herzlichkeit, die jedes Foto ausstrahlte – insbesondere durch das Gesicht seines Vaters, dessen Ausdruck ihm so fremd schien.

Nachdem sein Vater an diesem Abend ins Bett gegangen war, beschloss Gary, das oben genannte Ritual durchzuführen. Er holte die Schachtel nach unten und breitete die Fotos auf dem Küchentisch aus. Dann öffnete er das Familienalbum und schlug eine Seite mit vertrauteren Szenen auf. Da Gary kein Räucherwerk hatte, nahm er etwas Minze und Dill (für Klarheit) aus dem Küchenschrank seiner Mutter und ließ sie im Wasserbad aufkochen, bis der Duft den ganzen Raum erfüllte. Er fand Papier und einen Bleistift und schrieb all die Gedanken, Bilder und Gefühle auf, die die Fotos von seinem Dad in ihm wachriefen. Ihm wurde klar, dass der Mann in dem Familienalbum ein völlig anderer war als der Mann in der Spezialsammlung seiner Mutter. Gary schrieb seine wichtigsten Erkenntnisse auf ein gesondertes Blatt.

Am nächsten Morgen unterhielt er sich stundenlang mit seinem Vater. Zum ersten Mal in seinem Leben nahm Gary bei seinem Vater jene Gesichtsausdrücke wahr, die auf den Fotos seiner Mutter zu sehen waren, und erlebte das Gefühl echter Nähe zu seinem Vater. Er wählte einige Fotos aus, die er mit nach Hause nehmen und in seiner Dunkelkammer abziehen wollte. Gary klebte sie in ein Album, ebenso wie das Blatt mit seinen Erkenntnissen, und versprach sich selbst, dass er das Album regelmäßig mit seinen eigenen Söhnen ansehen würde.

### *Nachbereitung*

Legen Sie in den kommenden Wochen, Monaten und Jahren immer Neues in die Schachtel. Wenn Sie Eigenschaften in Ihrem Vater oder in anderen männlichen Rollenvorbildern erkennen, denen Sie nacheifern möchten, dann notieren Sie diese, schneiden Sie Fotos aus Zeitschriften aus oder suchen Sie sich einen symbolischen Gegenstand, der Sie an diese Eigenschaften erinnert.

## Die Herausforderung des Abenteuers

Im spanischen Pamplona findet jedes Jahr ein Stierlauf statt, bei dem Tausende spanischer Männer und Jungen durch die engen, verwinkelten Gässchen vor einer donnernden Herde wütender Bullen davonlaufen. Die Jungen riskieren Leben und Gesundheit, um ein Abenteuer zu erleben – fordern sich und das Schicksal heraus, um ihre Männlichkeit unter Beweis zu stellen. In den Vereinigten Staaten begeben sich die jungen Männer der amerikanischen Ureinwohner üblicherweise auf eine »Visionssuche«, bei der sie allein in der Wildnis, ohne jedwede Vorräte, auf der Suche nach einer Vision der Götter den Elementen trotzen.

In gewissem Maße gehören Risiken in allen Kulturen zum Erwachsenwerden dazu. Ob wir die betreffende Aktivität selbst auswählen oder ob sie von der Tradition vorgegeben wird, an einem bestimmten Punkt in unserem Leben werden wir alle dazu gedrängt, die Grenzen unserer Bequemlichkeit zu überschreiten. Diese Erfahrung erleben die Menschen unterschiedlich: Manche halten das Ereignis selbst für nicht so schlimm wie ihre Erwartung davon; andere finden es schwerer, als sie es sich vorgestellt hatten.

Viele von uns zögern, weil wir uns vor einem möglichen Scheitern fürchten oder weil wir uns nicht zutrauen, die Verantwortung, die mit dem Erfolg einhergeht, in den Griff zu bekommen. Aber nur wenn wir lernen, Herausforderungen zu begrüßen und uns ihnen zu stellen, können wir das Leben in seiner ganzen Fülle erfahren. Wenn wir immer den bequemen Weg wählen, werden wir höchstwahrscheinlich in Selbstzweifeln und Versagensängsten versinken. Aber wenn wir unser Bestes geben und die Herausforderung annehmen, gewinnen wir neue Selbstachtung und lernen unsere Stärken und unser Potential kennen. Dieses Ritual gibt Ihnen das Werkzeug an die Hand, das Sie brauchen, um Ihre Sicht von sich selbst und Ihren Fähigkeiten auszuweiten.

### *Absicht*

Ihren Abenteuersinn zu stärken und zu aktivieren.

### *Zeitpunkt*

Wenn Sie es vermeiden, Ihre vermeintlichen Grenzen zu überschreiten, oder wenn Sie vor einer wichtigen Herausforderung stehen.

### *Zutaten*

Eine orangefarbene Kerze (Freiheit von Beschränkungen), Ton, einen Gegenstand oder ein Bild, das ein unmittelbares persönliches Risiko symbolisiert – beispielsweise das Foto eines Fallschirmspringers oder eine Tauchermaske.

### *Rezept*

Nehmen Sie sich etwas Zeit für sich, in der Sie nicht gestört werden. Fangen Sie damit an, dass Sie sich entweder etwas vorstellen, was Sie immer schon ausprobieren wollten, oder sich auf eine anstehende Aufgabe oder ein bevorstehendes Ereignis konzentrieren, das den Rahmen Ihres vertrauten Alltags sprengt. Vielleicht müssen Sie allein an einen unvertrauten Ort reisen, sich einer Gruppe von Freunden zu einer dreitägigen Wanderung durch die Wildnis anschließen, Gesellschaftstänze oder den Umgang mit einem Computer erlernen. Versuchen

Sie, die Grenzen festzustellen, an die Sie dabei stoßen. Sind Sie körperlicher Natur? Intellektueller? Emotionaler?

Entzünden Sie die orangefarbene Kerze und spielen Sie mit dem Tonklumpen in Ihren Händen. Stellen Sie sich vor, Sie könnten ihn mit den Eigenschaften durchdringen, die Sie brauchen, um Ihre Grenzen zu überwinden. Visualisieren Sie Mut, Kreativität, bessere Koordination oder Ausdauer – was immer Sie Ihrer Meinung nach am dringlichsten benötigen. Lenken Sie diese Eigenschaften durch Ihre Finger in den Ton und formen Sie entweder eine abstrakte Figur oder einen konkreten Gegenstand. Arbeiten Sie so lange und so intensiv daran, wie Sie können. Schließen Sie dann Ihre Augen und stellen Sie sich vor, diese Skulptur würde *Sie* darstellen. Spüren Sie, wie all diese Eigenschaften in Ihnen lebendig werden. Beschließen Sie mit dieser neuen Energie und Kraft, was Sie als ersten Schritt in Richtung auf Ihr Ziel unternehmen wollen. Besorgen Sie sich Informationen über Kurse. Schreiben Sie sich in einem Fitnessclub ein. Lesen Sie über andere Männer, die bereits das getan haben, wovon Sie noch träumen. Machen Sie sich klar, dass dies der erste Schritt auf Ihrer Reise zum Abenteuer ist.

Sobald Sie diesen Schritt vollendet haben, erfordert es der nächste Schritt, dass Sie über Ihre Leistung reden. Nehmen Sie sich die Zeit, um sie mit einem Freund zu feiern. Würdigen und applaudieren Sie sich für diesen ersten Schritt. Denken Sie daran, dass unsere Psyche nicht zwischen etwas Realem und etwas Symbolischem unterscheiden kann. Es ist ein wichtiger Bestandteil dieses Rezepts, »Ich habe es getan!« zu sagen. Damit dokumentieren Sie nach außen hin Ihre Leistung und bereiten sich gleichzeitig auf das nächste Risiko vor. Diese Anerkennung der eigenen Leistung lässt Ihre Psyche wissen, dass Sie es mit dem ›Risiken eingehen‹ ernst meinen.

## Das Ritual im Einsatz

Sam überstand den Druck seines letzten Jahres an der Universität, indem er seine eigene Version dieses Rituals durchführte. Anstelle eine Tonfigur zu formen, kaufte er sich eine Landkarte der Vereinigten Staaten und klebte sie an die Wand über seinem Schreibtisch. Die Teile des Landes, die er erforschen wollte, kreiste er ein. Er schrieb Referate, brillierte in den Prüfungen und verkehrte gesellschaftlich mit seinen Kommilitoninnen und Kommilitonen, doch die ganze Zeit über stellte er sich vor, wie er ungewaschen und unrasiert als einsamer Fremder die Wildnis durchzog. Er kaufte einen Atlas und markierte die kurvenreichen Seitenstraßen, denen er von einem Bundesstaat zum nächsten folgen würde. Als seine Mutter zu Besuch kam, teilte Sam ihr seine Pläne mit und versuchte, die Angst in ihren Augen zu ignorieren. Eine Woche nach den Abschlussfeierlichkeiten an der Universität schenkte sie ihrem Sohn einen Gebrauchtwagen, half ihm, seine Ausrüstung einzuladen und gab ihm, stolz und ängstlich zugleich, einen Abschiedskuss.

In seiner ersten Nacht im Freien baute Sam sein Zelt auf, aß zu Abend, genoss die sternenklare Nacht, kletterte in seinen Schlafsack und wurde sofort von Entsetzen gepackt. Sam war ein Stadtmensch; selbst wenn er allein war, hatte er doch immer gewusst, dass andere Menschen in seiner Nähe waren. Nun klang jedes Geräusch viel lauter, und seine Vorstellungskraft gewann die Oberhand. Hörte er da etwa einen Grizzlybären oder gar einen verrückten entflohenen Sträfling? Hatte er seine Vorräte auch sicher verstaut? Was sollte er tun, wenn ein Eindringling – sei es Mensch oder Tier – in sein Zelt stürzte? Sein Traum von der Einsamkeit wurde zu einem Alptraum. Nach drei schlaflosen Stunden wurde Sam klar, dass er die Wahl hatte: Entweder umkehren und nach Hause fahren oder eine Möglichkeit finden, wie er sein Abenteuer angstfrei überstehen konnte.

Er erinnerte sich an das Ritual, das er mit der Landkarte der Vereinigten Staaten durchgeführt hatte. Er zündete seine Laterne an, schürte das Lagerfeuer, sammelte eine Schüssel voller Steine und stellte sich vor, dass jeder Stein einen Mann darstellte, der erfolgreich in der Wildnis überlebt hatte. Sam erkannte, dass er den schwierigsten Schritt bereits durchgeführt hatte (allein das sichere Nest zu verlassen) und dass er auch die nächste Herausforderung überstehen würde. Er erinnerte sich an den Aphorismus, dass Mut nicht Mangel an Angst ist, sondern die Fähigkeit, trotz der Angst weiterzumachen. Als schließlich die Sonne aufging, konnte Sam einschlafen. Beim Aufwachen steckte er einen der Steine in seine Jackentasche, um sich daran zu erinnern, dass er die Fähigkeit besaß, weiterzumachen.

Gegen Mittag war er wieder auf der Straße. Er hielt kurz an, um seine Mutter anzurufen und ihr von seinen Erfahrungen in der Nacht zu erzählen. Sie brachte ihren Stolz auf seine Findigkeit zum Ausdruck und ihre Zuversicht in seine Fähigkeit, nicht nur zu überleben, sondern den Rest seines Abenteuers auch zu genießen. Sam fuhr zu den Wüsten im Südwesten. Er freute sich an seinen wachsenden Fähigkeiten. Obwohl er sich oft einsam fühlte, gewann er neue Erkenntnisse über sich selbst. Als er zwei Monate später nach Hause zurückkehrte, war er voller Zuversicht, dass er sein Leben erfolgreich gestalten und seine Vision der Zukunft umsetzen konnte.

### *Nachbereitung*

Stellen Sie Ihre Tonfigur an einen gut sichtbaren Ort – auf Ihren Altar, Ihren Schreibtisch oder Ihren Nachttisch –, um sich selbst an Ihre neuen Fähigkeiten zu erinnern. Schreiben Sie alles auf, was Sie über sich selbst gelernt haben, und teilen Sie diese Einsichten einem engen Freund mit.

## Ein Ritual tiefer Freundschaft

In Mittelmeerländern küssen sich auch Männer zur Begrüßung oder zum Abschied. Indonesische Männer gehen Hand in Hand die Straße entlang. Aber die Männer, die ich kenne, fühlen sich nach eigener Aussage nicht wohl, wenn sie ihren Freunden gegenüber Gefühle ausdrücken sollen – körperlich wie emotional. Für sie ist es leichter, mit Frauen zu kommunizieren, insbesondere wenn es um Dinge geht, die wirklich wichtig sind. Es ist eine traurige Tatsache, dass Männer nicht wissen, wie sie sich anderen Männern gegenüber verhalten sollen. Die Macho-Erwartungshaltung und homophobischen Tabus unserer Gesellschaft haben machtvolle künstliche Hindernisse erschaffen, die die meisten Männer gefühlsmäßig auf Armeslänge voneinander trennen. Geschäftsbesprechungen, Sportveranstaltungen und Aktivitäten im Freien – selbst das Schlachtfeld – sind die einzigen akzeptierten Bereiche des Zusammenseins. Aber die Emotionen, die an diesen Orten zum Ausdruck kommen, sind oberflächlich und häufig nur ein schwacher Ersatz für tiefere Gefühle.

Dennoch vertrauen die meisten Männer ihren weiblichen Freunden an, dass sie wünschten, es wäre anders – dass sie gern einen männlichen Vertrauten hätten. Sie stellen sich vor, dass eine solche Nähe nicht nur ihr Leben bereichern und ihr Selbstverständnis vertiefen könnte, sondern dass es auch Spaß machen würde. Dieses Ritual soll Männern bei ihren Interaktionen miteinander helfen – es soll ihre Beziehung zu anderen Männern sowohl stärken als auch erhellen.

### *Absicht*

Eine bedeutsame Männerfreundschaft einzugehen und zu stärken.

### *Zeitpunkt*

Regelmäßig und das so oft als möglich.

### *Zutaten*

Zwei indigoblaue Kerzen (um den eigenen Gefühlen zu trauen – und sich auch gegenseitig zu vertrauen), das ätherische Öl der Melisse (Akzeptanz), Papier und Bleistift, ein Kalender, ein Telefonbuch.

### *Rezept*

Laden Sie einen guten Freund zu sich nach Hause zum Mittag- oder Abendessen ein. Bereiten Sie den Esstisch vor seiner Ankunft als Altar vor, indem Sie beide Kerzen anzünden und die Melisse in eine kleine Schüssel warmes Wasser geben. Wenn Sie beide sich zum Essen setzen, erklären Sie den Sinn des Rituals und teilen Sie mit ihm einige weniger komplizierte Geschichten aus Ihrem Leben. Beginnen Sie mit etwas Einfachem – Erinnerungen an Ihre Freundin auf der High School, der erste Triumph Ihrer Sportmannschaft (oder das erste Desaster), frühe Familienbeziehungen – und gehen Sie allmählich zu bedeutsameren Ereignissen über. Das Geben und Nehmen kann sich anfangs etwas merkwürdig anfühlen, aber je mehr gemeinsame Erfahrungen Sie entdecken, desto mehr wird das Unbehagen dem Behagen weichen.

Wenn Sie das Gefühl haben, dass Sie die gewohnte Zurückhaltung durchbrochen haben, sprechen Sie darüber, diese Beziehung auszubauen. Behandeln Sie es als Teamaufgabe, zu der

Hingabe, Übung und regelmäßiges Training Ihrer neuen Fähigkeiten gehören. Schlagen Sie vor, die nächsten Treffen mit dem Besuch neuer Restaurants zu verbinden. Erstellen Sie mit Hilfe des Telefonbuches eine Liste der Restaurants, die am vielversprechendsten klingen, und machen Sie die Termine für die nächsten Monate aus. Seien Sie flexibel – Unterhaltungen beim Frühstück können ebenso lohnend sein wie beim Abendessen.

Blasen Sie die beiden Kerzen aus und schenken Sie eine Ihrem Freund als Erinnerung daran, dem Prozess, den Sie beide eingeläutet haben, zu vertrauen.

## Das Ritual im Einsatz

Seit ihrem Collegeabschluss vor fünfzehn Jahren sind Jason, Musiker aus Philadelphia, und sein ehemaliger Zimmergenosse Alex, Anwalt aus Florida, jeden August zum Zelten gefahren – ein sehr traditionelles männliches Ritual der Verbundenheit. Nur bei diesen Ausflügen fühlten sich die beiden Männer wohl damit, sich über ihre Gefühle auszutauschen. In den Monaten dazwischen suchten sie sich nie auf. Vielmehr wandten sie sich – wie die meisten Männer – an Frauen, wenn sie Trost brauchten.

Doch plötzlich schien das Leben von Alex auseinander zu fallen. Seine Ehe zerbrach, seine Kinder begegneten ihm mit Wut und Feindseligkeit, seine Kanzlei geriet in Schwierigkeiten und, was alles noch viel schlimmer machte, sein Blutdruck und seine Cholesterinwerte schossen in die Höhe. Ende Oktober rief er Jason an und lud sich zum Wochenende nach Philadelphia ein.

Jason holte ihn vom Flughafen ab, und die beiden Männer fielen sofort in das alte, vertraute Muster. Nachdem Alex in seinem Hotel eingecheckt hatte, nahmen sie in der Bar einen Drink. Unbeholfen berichtete Alex von den Ereignissen der vergangenen Monate, aber es fiel ihm sichtlich schwer, seine Verwirrung und seinen Schmerz in Worte zu fassen. Jason sah das Unbehagen seines alten Freundes und schließlich erzählte er ihm vom Ritual der Freundschaft, das er mit einem Kumpel aus seinem Orchester durchgeführt hatte und wie lohnend das gewesen war. Er bat Alex, seinen Aufenthalt zu verlängern, damit sie es einmal miteinander versuchen konnten.

Am nächsten Abend erklärte er bei sich zu Hause die Bedeutung der rituellen Zutaten. Dann bereitete er mit Alex das Essen vor und errichtete auf dem Tisch einen Altar. Sie zündeten die Kerzen an und legten die Melisse in eine Schüssel warmes Wasser zwischen den indigoblauen Kerzen. Als sie zu Abend aßen, sprachen sie über die Grenzen ihrer Freundschaft.

Wie um seinen Punkt zu untermauern, vertraute Jason seinem Freund ein Trauma an, das er zwei Jahre zuvor beim Tod seines Vaters erlitten hatte. Er weinte, als er Alex von all den Gesprächen erzählte, die er mit seinem Dad noch hatte führen wollen. »Darum war es so wichtig für mich, dieses Ritual zu finden«, erklärte er. »Es hat mich gelehrt, wie man über Dinge spricht, die wirklich wichtig sind, mit Menschen, die wirklich wichtig sind.« Mit dem Versprechen, ihre Beziehung im Laufe der nächsten Woche noch zu vertiefen, umarmten sich die beiden Freunde zum ersten Mal in ihrem Leben und verabschiedeten sich für diesen Abend. Sie gelobten, diese neue Ebene ihrer Freundschaft beizubehalten – und sich ebenso oft zu einem Essen zu treffen wie zu »Macho«-Terminen. Zu Hause in Florida fand Alex zwei neue indigoblaue Kerzen, die Jason in seinen Koffer geschmuggelt hatte. Auf der beigefügten Karte stand: »Die kannst du nächste Woche anzünden, wenn ich dich anrufe. Sie sollen dich daran erinnern, weiterzureden.«

### *Nachbereitung*

Errichten Sie einen kleinen Altar mit der indigoblauen Kerze und dem ätherischen Öl und lassen Sie ihn stehen. Setzen Sie sich vor jedem Treffen ruhig vor das weiche Licht der Kerze und atmen Sie den Melissenduft ein. Denken Sie darüber nach, wie Sie zu neuen Ebenen an Vertrauen und Intimität vorstoßen können. Gratulieren Sie sich zu dem Mut und dem Durchhaltevermögen, das Sie bislang gezeigt haben.

## Feierlichkeiten vor der Hochzeit

In zahlreichen Kulturen verbringt der Bräutigam den Abend vor seiner Hochzeit mit Fasten und Beten. Er führt heilige Rituale durch, um seinen Geist und seinen Körper auf die neue Verbindung vorzubereiten, die er in Kürze eingehen wird. Doch in unserer modernen Gesellschaft ist das übliche voreheliche Ritual für einen Mann die Junggesellenparty – die letzte Chance, sich die Hörner ordentlich abzustoßen, eine Orgie, bei der Männer den ganzen Abend lang Stripperinnen zusehen und sich betrinken. Viele meiner Klienten haben mir gegenüber ihre ansonsten unausgesprochene Verachtung und Enttäuschung gegenüber diesem Brauch eingeräumt, aber auch ihren Wunsch nach einer angemesseneren, bedeutsameren Feier. Diese Männer wollen nicht dieselben Erfahrungen wie ihre Verlobte, sie wollen etwas, das ihre männlichen Hoffnungen und Ängste widerspiegelt. Sie suchen ihren eigenen Weg, um ihren Freunden Unterstützung und Verständnis entgegenzubringen. Ich habe ihnen zugehört und über ihre Worte nachgedacht. Das folgende Ritual ist meine Antwort darauf. Es soll die Art und Weise verändern, wie Männer ihren Übergang vom allein stehenden zum verheirateten Leben feiern. Das Ritual konzentriert sich nicht auf das, was sie verlieren, sondern auf all das, was sie zu gewinnen haben.

### *Absicht*

Die Erfahrung vor der Hochzeit zu ehren und zu feiern und gleichzeitig die Verbundenheit mit anderen Männern – sowohl Familienangehörigen als auch Freunden – zu stärken.

### *Zeitpunkt*

Einige Tage oder Wochen vor der Hochzeit.

### *Zutaten*

Ein geschützter Platz im Freien, Holz, Papier, Streichhölzer für ein Freudenfeuer, die ätherischen Öle von Basilikum (Klarheit), Orange (Freude) und Ingwer (Zuversicht), Rosenwasser (öffnet das Herz), Champagner oder Saft (zur Feier).

### *Rezept*

Scharen Sie so viele männliche Angehörige aus der Familie des Bräutigams um sich wie möglich – seinen Vater, Großvater, seine Onkel und Vettern, Männer aller Altersstufen. Wenn er einen Sohn aus einer früheren Ehe hat, machen Sie ihn zum Ehrengast. Bringen Sie alle mit dem Bräutigam zusammen und sammeln Sie Holz für ein Freudenfeuer. Achten Sie darauf, dass Sie viele Speisen haben, die Sie später über dem Feuer rösten können.

Ernennen Sie einen Ritualführer – idealerweise den Ältesten der Gruppe – und setzen Sie sich dann eine oder zwei Minuten schweigend im Kreis um den Holzstapel. Bitten Sie den Ritualführer, das Feuer zu entfachen. Manche Männer werden nervös, wenn sie an Männerritualen teilnehmen sollen, darum fangen Sie damit an, den Zweck des Rituals zu erklären, nämlich Geschichten über die Familie und über Freunde auszutauschen. Reichen Sie anschließend die Öle herum, und während jeder sich einreibt, sprechen Sie über deren Symbolgehalt. Beenden Sie diese Phase mit einem weiteren Augenblick des Schweigens, gefolgt von der Aufforderung, Geschichten über liebevolle Beziehungen, über ihre Freunde und ihre Probleme zu erzählen.

Vielleicht kann der älteste Mann in der Gruppe damit anfangen, über seine eigene Ehe zu erzählen und was sie ihm heute bedeutet. Dieses gegenseitige Teilhabenlassen wird die Männer in Lachen und Nachdenklichkeit vereinen, aber auch einen Erinnerungsschatz voller Weisheit und Unterstützung für den Bräutigam schaffen, auf den er immer wieder zurückgreifen kann.

Beenden Sie das Ritual, indem Sie das Rosenwasser mit dem Champagner mischen (als Symbol für eine Feier mit offenem Herzen) und einen Toast aussprechen – wenn das für die meisten der anwesenden Männer zu viel ist, dann nehmen Sie einfach nur Champagner. Lassen Sie anschließend den Bräutigam ein kleines Bündel Zweige ins Feuer werfen, das seine Ängste verkörpert.

## Das Ritual im Einsatz

Der Bruder und der Vater von Warren wussten, dass er das Zelten liebte, darum baten sie fünf seiner Freunde, sich ihnen einen Abend und eine Nacht auf einer Tour anzuschließen, um die bevorstehende Eheschließung zu feiern. Sie wählten einen abgelegenen Ort, nicht zu weit von der Stadt entfernt und nicht zu schwer zu finden. Als sie alle ihre Zelte aufgebaut und ihre Ausrüstung ausgepackt hatten, sammelten sie Holz für ein Feuer und grillten sich eine deftige Mahlzeit. In der hereinbrechenden Nacht schürten sie das Feuer auf und erzählten unter der Führung des Trauzeugen von den sich ändernden Rollen und Erwartungen, denen sie alle gegenüberstanden. Sie sprachen offen und vertrauensvoll über ihre Hoffnungen. Dann baten sie Warren, ein kleines Bündel Zweige ins Feuer zu werfen, das seine Ängste darstellte. Die Männer jubelten, während sie zusahen, wie die Zweige verbrannten. Sie öffneten den Champagner und tranken auf Warrens Braut, auf sich selbst und auf die Zukunft. Als sie am nächsten Morgen zusammenpackten, war jedes Mitglied der Gruppe ein glücklicher Zelter, dankbar für die Erfahrungen des Vorabends.

## Das Weibliche schätzen

Denken Sie sofort an Frauen, wenn Sie die Worte *Schönheit, Zärtlichkeit, Fürsorge* und *Empfindsamkeit* hören? Wenn ja, dann sind Sie das Opfer eines dieser Klischees, die unsere Gesellschaft heimsuchen und unserem Verständnis dessen, was es heißt, ein Mensch zu sein, Grenzen auferlegen. Visionen, die Wertschätzung alles Schönen und die Fähigkeit, sich um andere zu kümmern, bewahrt *beide* Geschlechter davor, ein isoliertes und profanes Leben zu führen. Italienische Paare weinen offen zusammen, wenn sie eine herzergreifende Arie hören, und von gebildeten Asiaten – Frauen wie Männern – wird erwartet, dass sie sich als wahre Kenner der Schönheit erweisen. Für alle Männer von heute besteht die Aufgabe nun darin, diese Eigenschaften in sich zu integrieren, ohne dabei zu fürchten, dass ihre Fähigkeit zu Konzentration und Strukturierung oder ihr Durchsetzungsvermögen dadurch gefährdet seien. Martin Luther King, Mahatma Gandhi und Winston Churchill sind mächtige Führungsgestalten, die für ihre Überzeugungen kämpften und gleichzeitig für die Menschen da waren.

Männer müssen allmählich Eigenschaften ehren, die wir als *weiblich* etikettiert haben, so wie Frauen die Eigenschaften ehren müssen, die wir gern als *männlich* bezeichnen. Ein Ungleichgewicht tritt immer dann auf, wenn eines der Geschlechter sich mit einer einzigen Seite in Verbindung bringt; Polarität führt zu gegensätzlichen Rollen, die die Kluft zwischen den Geschlechtern nur noch breiter macht. Dieses Ritual hilft Männern, sowohl ihre männlichen als auch ihre weiblichen Eigenschaften auszuleben, um ihre Beziehungen ins Gleichgewicht zu bringen und ein tieferes, erfüllenderes Leben zu führen.

### *Absicht*

Lernen, das Weibliche zu ehren und zu begrüßen.

### *Zeitpunkt*

Wenn Sie nicht wissen, was Sie fühlen, weil Sie zu viel denken.

### *Zutaten*

Eine rosafarbene Kerze (Mitgefühl, Sanftheit, Liebe), Rosenwasser oder Traubensaft (um das Herz zu öffnen), ein Gemälde oder ein Gedicht, eine Schüssel Wasser (das Unbewusste und der sinnlich wahrgenommene Körper).

### *Rezept*

Führen Sie dieses Ritual wenn möglich an einem ruhigen Ort im Freien durch, wo Sie allein sein können. Wenn die Umstände es erfordern, dass Sie im Haus bleiben, dann stöpseln Sie Telefon und Faxgerät aus. Entzünden Sie die Kerze und bitten Sie darum, mit dem Teil von Ihnen verbunden zu werden, der bereit ist, Liebe, Fürsorge und die Wertschätzung der Schönheit zu geben und zu nehmen. Trinken Sie langsam das Rosenwasser oder den Traubensaft und stellen Sie sich vor, wie dieses Tonikum Ihr Herz öffnet und Ihre Fähigkeit vergrößert, mitten im Chaos zentriert zu bleiben, aber auch Heilung, Mitgefühl und bedingungslose Liebe für sich und andere zu kanalisieren.

Halten Sie die Schüssel mit dem Wasser in Ihren Händen. Konzentrieren Sie sich auf den »Fluss« Ihres Lebens. Während Sie sich mit dem Element Wasser verbinden, stellen Sie sich vor, dass Sie den Träumer und Visionär in sich wecken – den

Teil, der mit der Welt in Bezug tritt, der mitfühlend und einfühlsam ist. Dieser Teil von Ihnen ist offen, bereit, seine Gefühle anzunehmen und sich leidenschaftlich dem Leben zu stellen. Der Teil von Ihnen, der sich Ziele setzt, seine Zeit einteilt und Ergebnisse definiert, hat seine Verdienste, aber ohne diesen anderen Aspekt – den femininen – bleiben Sie steif und dem Leben entfremdet.

Konzentrieren Sie sich darauf, den Drang, Dinge in Ihrem Leben geschehen zu lassen, für eine Weile auszusetzen; lassen Sie ab vom typisch männlichen Kampf, die Kontrolle zu behalten. Es gibt Zeiten, da muss man Hindernisse überwinden, und Zeiten, in denen es besser ist, innezuhalten und einfach nachzudenken, sich zu öffnen, damit unkompliziertere Lösungen auftauchen können. Lassen Sie sich – eingedenk Ihres neuen Wissens – Ihre Überzeugungen durch den Kopf gehen. Sind Sie in manchen Bereichen noch festgefahren und weigern sich, neues Gedankengut zuzulassen? Bekämpfen Sie neue Ideen und Ansätze? Lassen Sie jede Halsstarrigkeit und Unbeweglichkeit langsam in die Schüssel gleiten. Wenn Sie das Gefühl haben, dass dieser Vorgang abgeschlossen ist, dann leeren Sie das Wasser auf den Boden.

Nehmen Sie das Gemälde zur Hand oder lesen Sie das Gedicht laut vor. Gestatten Sie sich bewusst, Ihre Gefühle zu spüren. Woher kommen diese Gefühle? Wie können Sie die Worte des Gedichts oder die Pinselstriche des Gemäldes verinnerlichen? Welche Bilder oder Erinnerungen werden dadurch aktiviert? Wenn Sie im Freien sind, dann lassen Sie sich von der Schönheit der Natur um Sie herum leiten. Nehmen Sie die exquisite Farbpalette in sich auf, die Strukturen und die Anordnung. Achten Sie darauf, welchen Einfluss die verschiedenen Farben auf Sie haben. Fühlen Sie sich von Grün beruhigt? Ruft Rot Gefühle der Leidenschaft in Ihnen hervor? Macht Ihnen der blaue Himmel das Herz weit? Möglicherweise erinnern Sie sich an Szenen aus Ihrer Vergangenheit oder Sie verbinden damit Träume und Visionen für Ihre Zukunft. Gestatten Sie sich, die Träume herbeizurufen, die Sie als kleiner Junge hatten, bevor die Sozialisierung Ihre sensible Seite unterdrückte. Lassen Sie diesen Prozess einfach ablaufen. Wenn Sie bereit sind, blicken Sie in die Kerze und geben Sie sich das Versprechen, die weiblichen Aspekte in Ihrem Leben zu ehren.

## Das Ritual im Einsatz

Mike, ein 37-jähriger Versicherungsmanager, verließ sein Büro nach einer schwierigen Belegschaftssitzung früher als gewohnt. Seine Führungsrolle laugte ihn aus, und er fühlte sich wie eine Karikatur – der vom Testosteron getriebene Chef. Also fuhr Mike in die Gebirgsausläufer vor der Stadt und versuchte bewusst, seinen inneren Mann zu beruhigen, indem er sich auf die Schönheit der Natur konzentrierte. Er parkte seinen Wagen auf einer unbefestigten Straße. Plötzlich sah er einen prächtigen Hirschbock, der seinen Kopf wiederholt gegen einen schweren Drahtzaun rammte. Beim Zusehen fiel Mike auf, dass sich nur dreißig Meter weiter links ein großes Loch in dem Zaun befand. Der Bock war völlig vertieft darin, sich den Weg durchzukämpfen, darum fiel ihm diese leichtere Lösung für sein Problem nicht einmal auf. Verblüfft über diese Metapher seines eigenen Lebens, beschloss Mike, dass es an der Zeit war, etwas zu unternehmen.

Er verließ den kämpfenden Hirschbock und fuhr weiter, bis er zu einem Espenhain kam. Mike parkte den Wagen, setzte sich unter die Bäume und verbrachte fünf Minuten mit einer Herzmeditation (siehe den Abschnitt über *Meditation* im Kapitel »Die Gerätschaften«). Als er seine Augen öffnete, entdeckte er in der Nähe einige Wildblumen. Er suchte sich ein paar aus, die er als Erinnerung an die unnötige Aggression des Bocks mit nach Hause nehmen wollte, aber auch zur Erinnerung an die friedliche, nährende Schönheit der Natur. An diesem Abend ging Mike nicht die Unterlagen in seinem Aktenkoffer durch, sondern hörte sich klassische Musik an, um das Ritual zu beenden.

Am nächsten Tag errichtete Mike einen kleinen Altar in seinem Büro mit den Blumen aus dem Wald und einem Rosenquarzkristall (um das Herz zu öffnen), den er als Geschenk von einer engen Freundin bekommen hatte. Er versprach sich, jeden Tag zwanzig ungestörte Minuten vor seinem Altar zu verbringen und einfach nur zu *sein*, anstatt ständig zu *tun*.

Mit der Zeit entdeckte Mike, dass er in der Lage war, mit seinen Freunden und Kollegen intensiver zu kommunizieren. Anstatt in allen Angelegenheiten eine Schwarz-Weiß-Haltung einzunehmen, fühlte er sich jetzt angesichts unterschiedlicher Meinungen toleranter und er freute sich an den neuen Gelegenheiten, die sich ihm eröffneten. Er beschloss sogar, ein Abonnement für das örtliche Philharmonieorchester zu erwerben – ein Schritt, den sein Macho-Ich niemals unternommen hätte.

### *Nachbereitung*

Nehmen Sie sich jeden Tag einige Minuten Zeit, um innerlich ruhig zu werden und sich für die Eigenschaften Ihres Herz-Zentrums zu öffnen – Mitgefühl, Offenheit, Fürsorge, Heilung, Einfühlungsvermögen und bedingungslose Liebe.

# ANHANG

## Danksagung

Ich danke dem universellen Geist, der mich jederzeit führt und beschützt, und der Göttin Kuan Yin, die mich Mitgefühl lehrte.

Ich danke meiner Mutter Diana für ihre bedingungslose Liebe und ihre Unterstützung, auch dann, wenn sie nicht verstand, was ich tat.

Dank an meinen Sohn Jourdan für seine Ermutigung und seine Liebe. Im Rahmen seines eigenen Übergangsrituals räumte er sein Zimmer, damit ich einen heiligen Raum schaffen konnte, um dieses Buch zu schreiben.

Dank auch an meinen Bruder Mark, der immer da war und mir zeigte, wie eine liebevolle, unterstützende männliche Präsenz aussehen kann.

Ich danke Melinda Blau, meiner Schreib-Diva, die mich von Anfang an ermutigte, Schritt für Schritt neben mir stand und mir half, dieses Buch in seine gegenwärtige Form zu bringen.

Ich danke Nancy Walsh, meinem linken und meinem rechten Arm. Ohne ihre Hilfe wäre dieses Buch nicht möglich gewesen.

Ich danke Eleanor Johnson, der spirituellsten Frau, die mir jemals begegnet ist. Eines Tages sagte sie zu mir: »Warum führst du nicht einmal im Monat ein Ritual in meinem Loft durch?« Dann gestattete sie mir den Zugang zu ihrem heiligen Ort, damit ich ein Heim für meine eigene Arbeit hatte.

Ich danke Pamela Serure, der Schlangenfrau, die mich davor bewahrte, innerlich auszubrennen, indem sie mich daran erinnerte, ordentlich zu essen und mir Zeit für mich selbst zu nehmen.

Ich danke Pam Jones, meiner juristischen Superfrau, für ihre Freundschaft und ihr rasiermesserscharfes Verhandlungsgeschick.

Ich danke Joanne Roberts, die den Spiegel des Möglichen hochhielt.

Ich danke Laura Norman, die mir meine positive Stimmung bewahrte. Ihr regelmäßiges Geschenk der Reflexzonenmassage hielt meinen Körper im Gleichgewicht.

Ich danke Laure Yorke von Golden Books – sie ist eine bemerkenswerte Lektorin und machte die Arbeit an meinem ersten Buch zu einer wunderbaren Erfahrung.

Ich danke meiner Agentin Eileen Cope für ihre großartigen Ideen und ihr Fachwissen.

Ich danke all den Heilern, die meinen Körper stark und im Gleichgewicht hielten, insbesondere Dr. Stephen Oswald, Claudia Ascione, Marie Raiche und Kavi.

Ich danke Coralie Romanyshyn und Mar-yannu Hathori, die mich das Tanzen lehrten.

Ich danke all meinen Freunden und Freundinnen, die sich mit meinem hektischen Terminkalender abgefunden haben, insbesondere Sally Germaine, Allan Beinhorn und Franco Miele.

Ich danke Rosemary Serluca und Laura Marini für ihr Geschenk, immer das richtige Wort zu haben.

Ich danke Hannelore Hahn und allen Frauen der *International Women's Writing Guild*, die ihre Geschichten mit mir geteilt haben und mir erlaubten, meinen Traum mit ihnen zu teilen.

Ich danke meiner Meditationsgruppe: den wunderbaren Frauen und Männern, die zusammenkommen, um einen heiligen

Raum zu schaffen und alles möglich zu machen. Sie boten mir das Umfeld, in dem ich erblühen konnte.

Ich danke Stacey Shane, meiner »Tochter«, die mich inspirierte und mir half, mich zu organisieren.

Ich danke Elaine Criscione und John Ottovano, die mich gut aussehen ließen.

Ich danke Michael Owen Schwager für sein Engagement für Spirit and the Enrichment Channel und für seine großzügigen Ratschläge und Hilfsangebote.

Ich danke John Steele, der mir die Aromatherapie beibrachte, für unsere lange Freundschaft.

Ich danke Alex Stark, dem Feng-Shui-Meister, der die Energie in meiner Wohnung in einen heiligen Ort veränderte, der in der Lage ist, meine tiefsten Träume zu bergen.

Ich danke Susan Rosen, die mir das weibliche Gesicht Gottes nahe brachte.

Ich danke Susan Peterson und Claire Ferraro für ihre Freundschaft, ihren Humor, ihre Erkenntnisse und ihre bedingungslose Hilfe.

Ich danke Barbara Gess, die die Möglichkeiten dieses Buches lange vor mir sah.

Ich danke Joan Horton, Robin Quivers, Rande Brown, Virginia Roberts, Meredith Young Sowers, Joanna Hadjiani, Allie Roth, Geneen Whitwar, Marta Houske, Alicia Schmoller, Julia Riva, Norma und Loren Kroll, Elysse und Jay Grayson, Sharon Whitely, Leslie Corn, Phyllis und Lewis Cohen, Miriam Dyak, Monty Farber, Hal und Sidra Stone, Amy Zerner, Carol Martin, Kenny und Mara Wurtenberger, Tony Crawford, Denise O'Connor und Karen LeRaux für ihre Freundschaft und ihre Ermutigung.

Ich danke *The Goddesses*, insbesondere Laurie Sue Brockway, für ihre Ermutigung und ihren praktischen Rat.

Ich danke all meinen Lehrern und Lehrerinnen.

Ich danke Brugh Joy, der mir zeigte, was ein Ritual sein kann.

Ich danke Carolyn Conger, die mir half zu erblühen.

Viele Männer teilten ihr Wissen mit mir; ein besonderes Dankeschön geht an Richard Berger, Dr. Ron Taffel, Dr. Jeffrey Fishman, Michael Goldstein, Dumisani Kumalo, Keith Weinstein, Richard Whitely, Richard Rosen und Nick Barone.

Ich danke Donna Hoffman, Elizabeth Rose Campbell, Katrama und Shelly Ackerman für ihre brillanten Ratschläge.

Ich danke Anna und Igor Sergiyeniko und Anna Shutaya für ihre endlosen Erzählungen über Russland.

Ich danke all den unglaublichen Menschen, die mit mir an Ritualzirkeln teilgenommen haben. Vieles von dem, was in diesem Buch enthalten ist, entstand durch meine Arbeit mit diesen Personen und Gruppen. Ich danke jedem Einzelnen von ihnen.

# Musiktipps

Anugama: *Healing*. (Heilung, Meditation)
Anugama: *Shamanic Dreams*. (Loslassen).
Asher, James: *Feet in the Soil*. (Feier, Tanz)
Colorado Creative Music: *Regeneration. Acoustotherapy*. (Meditation, Entspannung)
Colorado Creative Music: *Relaxation. Acoustotherapy*. (Meditation, Entspannung)
Demby, Constance: *Aeterna*. (Meditation)
Demby, Constance: *Sacred Space Music*. (Heilung, Meditation)
Coxon, Robert Haig: *The Inner Voyage*. (Meditation, Heilung)
Coxon, Robert Haig: *The Silent Path*. (Meditation, Entspannung)
Gass, Robert: *Ancient Mother*. (Frauenrituale)
Goodall, Medwyn: *Medicine Woman*. (Loslassen, Frauenrituale)
Horn, Paul: *Inside the Great Pyramid*. (Den Geist anrufen)
Kobialka, Daniel: *Timeless Motion*. (Meditation, Entspannung)
Lim, Jack: *Inner Peace*. (Meditation, Entspannung)
Noha, Yeha: *Sacred Spirits*. (Den Geist anrufen)
Olatunji, Babatunde: *Drums of Passion*. (Feier, Tanz)
Roth, Gabriel: *Bones*. (Tanz, Loslassen)
Roth, Gabriel: *Initiation*. (Übergangsriten)
Serpentine: *Rock the Goddess*. (Frauenrituale)
Shenandoah, Richard: *Matriarch*. (Frauenrituale)
Shulman, Richard: *Ascension Harmonics*. (Meditation, Heilung)

Skanson, Darren Curtis: *Peace, Earth and Guitars*. (Entspannung)
Stearns, Michael und Sunsinger, Ron: *Singing Stones*. (Loslassen, den Geist anrufen)
Valley of the Sun: *The Eternal OM*. (Meditation)

# Buchtipps

Achterberg, Jeanne: *Gedanken heilen – Die Kraft der Imagination*. Rowohlt, Reinbek 1994.

Arrien, Angeles: *Der vierfache Weg*. Hermann Bauer Verlag, Freiburg im Breisgau 1996.

Brener, Anne: *Mourning & Mitzvah – A Guided Journal for Walking the Mourner's Path Through Grief to Healing*. Jewish Lights Publishing, Woodstock 1993.

Bolen, Jean Shinoda: *Göttinnen in jeder Frau – Psychologie einer neuen Weiblichkeit*. Sphinx Verlag, München 1992.

Bolen, Jean Shinoda: *Götter in jedem Mann – Besser verstehen, wie Männer leben und lieben*. Sphinx Verlag, München 1994.

Campbell, Joseph: *Der Heros in tausend Gestalten*. Suhrkamp Verlag, Frankfurt/Main 1995.

Campbell, Joseph: *Die Masken Gottes*. (4 Bände) dtv, München 1996.

Campbell, Joseph: *Die Kraft der Mythen – Bilder der Seele im Leben des Menschen*. Artemis Verlag, München 1994.

Cunningham, Scott: *Magical Aromatherapy*. Lewellyn Publications, St. Paul 1996.

Eagle, Brook Medicine: *Buffalo Woman Comes Singing*. Ballantine Books, New York 1991.

Gibran, Kahlil: *Der Prophet*. Walter-Verlag, Olten 1973.

Gimbutas, Marija: *Die Sprache der Göttin*. Zweitausendeins, Frankfurt/Main 1995.

Goldstein, Joan und Soares, Manuela: *The Joy Within – A Beginner's Guide to Meditation*. Simon & Schuster, New York 1990.

Graves, Robert: *New Larousse Encyclopedia of Mythology*. Hamly, New York 1968.

Harvey, Andrew und Baring, Anne: *The Divine Feminine – Exploring the Feminine Face of God Around the World.* Conari Press, Berkeley 1996.

Joy, William Brugh: *Der Weg zur Erfüllung.* Ludwig-Verlag, München 1993.

Jung, Carl G.: *Der Mensch und seine Symbole.* Walter-Verlag, Olten 1968.

Keen, Sam: *Feuer im Bauch – Über das Mann-Sein.* Lübbe-Verlag, Bergisch Gladbach 1993.

Levine, Stephen und Levine, Ondra: *In Liebe umarmen.* Context Verlag, Bielefeld 1995.

Moore, Robert und Gillette, Douglas: *König, Krieger, Magier, Liebhaber – Die Stärken des Mannes.* Kösel Verlag, München 1992.

Moore, Thomas: *Education of the Heart.* HarperCollins, New York 1996.

Northrup, Christiane: *Frauen-Körper, Frauen-Weisheit.* Zabert Sandmann Verlag, München 1998.

Phillips, Jan: *Marry Your Muse.* Quest Books, Wheaton 1997.

Saint Claire, Olivia: *Die Venus in dir – Frauen entdecken Lust und Sinnlichkeit.* Heyne Verlag, München 1998.

Sills, Judith: *Liebe nach dem ersten Blick – Handbuch für Romantiker.* Rowohlt, Reinbek 1991.

Speller, John P.: *Seed Money in Actions – Working the Law of the Tenfold Return.* Robert Speller & Sons, New York 1965.

Stone, Merlin: *Als Gott eine Frau war – Die Geschichte der Ur-Religionen unserer Kulturen.* Goldmann Verlag, München 1989.

Teish, Luisah: *Carnival of the Spirit.* Harper San Francisco, San Francisco 1994.

Thich Nhat Hanh: *The Long Road Turns to Joy – A Guide to Walking Meditation.* Parallax Press, Berkeley 1996.

Tisserand, Robert: *Essential Oil Safety Data Manual*. The Association of Tisserand Aromatherapists, Brighton/Sussex 1985.

Walker, Barbara: *Die geheimen Symbole der Frauen*. Hugendubel Verlag, München 1997.

Walker, Barbara: *Das geheime Wissen der Frauen*. Zweitausendeins, Frankfurt/Main 1993.

## Bezugsquellen

Die Zutaten für die beschriebenen Rituale können Sie beziehen über:

Prana Christian Bräter
Postfach 10 43 64
D-69033 Heidelberg
(Ätherische Öle u. ä.)

Rarotonga
Uhlandstr. 57
89551 Königsbronn-Zang
(Meditationsbedarf, Entspannungsmusik, Klangkörper und -schalen u. ä.)

Weitere Adressen über Geschäfte in Ihrer Nähe sowie den Versandhandel finden Sie in:

*Eco-Adressen – Das Alternative Branchenbuch* aus dem Altop Verlag und im Internet unter:
http://www.oneworld.de

Weitere Informationen über Workshops, Kassetten und individuelle Ritualbaukästen erhalten Sie außerdem bei:

Blue Lotus Prodoctions
P. O. Box 500
New York, NY 10014, USA
Tel. 001-212-741-3358
Fax 001-212-463-7852
eMail: britual@aol.com

# Register

**Mosaik**

bei GOLDMANN

*Buch*

Besondere Anlässe bekommen durch bestimmte Rituale eine besondere Note, Wendepunkte des Lebens lassen sich mit lieb gewordenen Gewohnheiten besser meistern. Kerzen, Farben, Düfte, Musik, schöne Gegenstände oder kulinarische Köstlichkeiten tragen zur Entspannung oder Anregung bei und helfen, körperliche und seelische Beschwerden zu lindern und zu heilen. Das Buch erweckt beim Lesen Stimmungen und Gefühle und zeigt Wege zu neuer Lebensfreude auf.

*Autorin*

Barbara Biziou veranstaltet in den USA und Südamerika Seminare und Workshops über die Kunst und die Wirkung von Ritualen. Sie kann dabei auf ihre langjährige Erfahrung als erfolgreiche Geschäftsfrau und Lehrerin zurückgreifen.
Die Autorin lebt in New York.